에드워즈 루이스 컬렉션 2

C. S. 루이스 길라잡이

세움북스는 기독교 가치관으로 교회와 성도를 건강하게 세우는 바른 책을 만들어 갑니다.

에드워즈 루이스 컬렉션 2

C. S. 루이스 길라잡이

순전한 그리도인의 초상을 찾아서

초판 1쇄 인쇄 2022년 6월 20일
초판 1쇄 발행 2022년 6월 25일

엮은이 | 심현찬 · 정성욱
지은이 | 알리스터 맥그래스 · 정성욱 · 심현찬 · 강영안 · 이인성 · 정정호
펴낸이 | 강인구

펴낸곳 | 세움북스
등 록 | 제2014-000144호
주 소 | 서울시 서대문구 연희로 160 연희회관 3층 302호
전 화 | 02-3144-3500
팩 스 | 02-6008-5712
이메일 | cdgn@daum.net

교 정 | 류성민
디자인 | 참디자인

ISBN 979-11-91715-44-6(03230)

C. S. 루이스

길라잡이

리스터 맥그래스 · 정성욱 · 심현찬 · 강영안 · 이인성 · 정정호

에드워즈 루이스 컬렉션 2

순전한 그리스도인의
초상을 찾아서

세움북스

※ **편집에 따른 유의 사항**

1. 본서는 지난 7년간 서울 C. S. 루이스 컨퍼런스에서 행한 다양한 강사들의 논문을 선별한 것이다.

2. 각각의 글 앞에 독자들의 편의를 위해서 요약문을 적었는데, 이는 각 필자들의 것임을 밝힌다.

3. 각 글의 마지막에는 한국 교회와 성도들을 위한 적용점을 제시해서, 보다 실제적인 한국 교회 섬김의 노력이 되고자 배려했다.

4. 참고로 각 강사들의 동영상은 워싱턴 트리니티연구원 웹사이트(TrinityDC.net)의 컨퍼런스 영상 강의에서 무료로 시청할 수 있다.

https://trinitydc.net/cubic/JEC2019

Endorsements

추천사

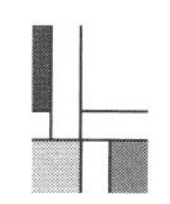

한국의 독자들 사이에 그리스도교 작가로 널리 알려진 C. S. 루이스이지만, 대중적 변증가로서의 유명세는 오히려 그의 작품 세계의 폭과 깊이를 가려 온 감이 없지 않다. 국내에 C. S. 루이스 본인이 쓴 책과 그를 소개하는 입문서는 많았지만, 그가 신학자로서, 철학자로서, 영문학자로서 쌓은 업적 전체를 전문가적 시각에서 풀어 주는 책은 찾아보기 힘들었다. 『C. S. 루이스 길라잡이』는 한국에서 C. S. 루이스가 수용되는 방식에 획기적 변화를 일으킬 수준 높은 논문들로 구성되어 있다. 각 장의 완성도나 주제의 참신함 등을 고려할 때, 이 책은 C. S. 루이스를 익히 알았던 사람이나, 처음 그를 접하는 사람 모두에게 즐겁고 유익한 독서의 경험을 주리라 기대된다.

❙ 김진혁 교수 _ 횃불트리니티신학대학원대학교 조직신학 부교수

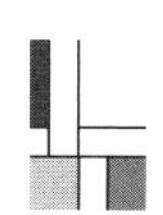

C. S. 루이스의 나니아 연대기는 총 7권이지만, 원주민들이 주인공인 말과 소년을 제외한 나머지 6권에서만 우리 세상의 인물들이 나니아로 들어가는 장면이 등장한다. 그 경로는 반지, 옷장, 뿔 나팔, 그림, 학교 후

문, 열차 사고로 각기 다 다르다. 나니아로 들어가는 이 여섯 가지 경로처럼, 이 책은 신학, 철학, 윤리학, 문학 등 다양한 전공의 전문가들이 제시하는 여섯 편의 논문을 통해 루이스라는 세계에 들어갈 길을 열어 보인다. 입체적인 기독교 사상가 루이스에게 다가가는 데 적절하고 의미 있는 접근 방식임에 분명하다. 사람마다 좀 더 익숙하고 편한 경로가 있겠지만, 생경하고 평소에 잘 접하지 않던 경로를 통해 다가갈 때 그동안 가려져 있던 부분을 볼 수 있어 좋은 배움과 개안의 기회가 될 수 있으리라 생각한다.

❙ 홍종락 _ 번역가. 『오리지널 에필로그』 저자. 『나니아 나라를 찾아서』 공저자

Contents

목차

Acknowledgement

감사의 말씀

본서의 편집자들은 다음과 같이 몇 가지 감사의 말씀을 드린다. 무엇보다도 본서가 출간될 수 있도록 인도해 주신 삼위일체 하나님께 모든 영광과 감사를 드린다. 또한 본서가 나올 수 있었던 것은, 2015년부터 2021년까지 서울 C. S. 루이스 컨퍼런스[1]와 여기에 참여하여 발제해준 강사진 덕분이다. 이들 강사진으로, 본서 편집자인 심현찬 원장, 정성욱 교수를 포함하여, 알리스터 맥그래스 교수, 강영안, 정정호, 신국원, 이인성, 이종태 교수,(미국 필라의) 박성일 목사, 홍종락 번역가에게 감사드린다.

지난 6년간 서울 C. S. 루이스 컨퍼런스를 위해 장소와 재정을 협조해 주신 교회와 성도들께도 감사드린다. 특히 홍성사(정애주 대표), 남서울교회(화종부 담임목사)와 새문안교회(이상학 담임목사) 등에 감사드린다.

또한 본서와 함께 오랜 동안 C. S. 루이스 컨퍼런스를 위해 후원해 주시고 격려해주신 여러 교회와 동역자들께 감사를 드린다. 이를 위해 봉사와 기도로 섬겨주신 여러 상임위원들과 집행부 멤버들께도 깊은 감사드린다. 아울러 한국과 미국의 동역자들의 기도와 성원에 감사드린다.

출판과 관련해서, 무엇보다 본서가 세움북스를 통해서 출간되도록 적

1 서울 C. S. 루이스 컨퍼런스의 명칭은, 2013년도는 '서울 C. S. 루이스 컨퍼런스', 2021부터 '한국 C. S. 루이스 컨퍼런스' 했다. 2020년도는 코비드 팬데믹으로 집회를 갖지 않음.

극 협조해준 강인구 대표에게 감사드린다. 아울러 본서가 가능하도록, 지난6년간 서울 컨퍼런스의 발제 논문집을 위해 수고해 준 홍성사(정애주 대표)와 세움북스(강인구 대표)에게 감사를 드리고, 더불어 본서와 C. S. 루이스 컨퍼런스가 가능하도록, 후원하고 주최해온 미국의 워싱턴 트리니티 연구원(심현찬 원장)과 큐리오스 인터내셔널(정성욱 대표)과 그 관계자 분들에게도 감사드린다.

마지막으로, 본서의 출간과 함께 미국에서 사역 중에도 한국 교회를 섬기고자 지난 6년간 서울 C. S. 루이스 컨퍼런스를 창립하고 주최해 온 남편과 아버지들께, 한결같은 격려와 인내로 함께해 준 편집자들(심현찬 원장과 정성욱 교수)의 각각의 아내와 자녀들(심은숙과 심재헌,심재서, 정인경과 정요한, 정아영)에게 감사한다.

Introduction

서론: 순전한 그리스도인과 기독교의 초상을 찾아서

심현찬

현대 복음주의의 '영적 난장이병'의 치유책의 하나로서 루이스

현대 복음주의 신학계의 거장인 J. I. 패커는 지적하기를, 우리가 속한 현대 복음주의는 마치 '영적 난장이'(pygmies)와 같다고 진단했다.[2] 한마디로, '영적 난장이병'을 지적한 것이다.

이것이 바로 하나님과 복음의 진리가 상실되고 왜곡된 현대(포스트모던 시대)에 영적 난장이병으로 신음하는 한국의 교회와 성도들이, C. S. 루이스에게 주목하는 이유이다.

물론 루이스는 목회자나 신학자는 아니었다. 그럼에도 불구하고, 그는 20세기의 복음주의의 거장이다. 이런 점은 본서의 다양한 필자들의 글에서 보여 주듯이, 그의 지성과 감성, 영성의 무게와 깊이, 균형과 탁월성 등을 통해서 유감없이 드러난다.

2 Beeke & Pederson "The Great Tradition," *Meet the Puritans* (Grand Rapids: RHB, 2006), 837–839.

루이스 연구에 따른 몇 가지 오해와 문제점들

영웅화의 위험성

우리가 성경과 교회사의 한 인물을 연구할 때 주의 할 것은 특정 인물에 대한 영웅화이다. 그래서 우리가 주목할 점은 루이스라는 인물에 대한 찬양보다도, 먼저 이 인물을 통하여 배울 것은 무엇이며, 그리고 무엇보다도, 루이스를 빚어 가신 하나님을 주목해야 할 것이다. 루이스를 비롯해서 모세와 다윗, 세례 요한, 칼뱅과 에드워즈 등은 모두 그리스도를 드러내는 인물이기 때문이다.

일방적 찬양의 위험성

또 하나의 주의점은, 어떤 관점에서 보면 우리의 루이스에 평가가 일방적일 수도 있다는 것이다. 왜냐하면, 그는 말그대로 세계 최고의 명성을 자랑하는 옥스퍼드대학 출신이요, 모교인 옥스포드대학과 캠브리지대학의 교수요,잘 알려진 어린이 소설인『나니아 연대기』를 비롯한 여러 문학적, 신학적인 저작들의 저자이다. 이런 단순히 외적인 이유 때문에, 우리가 그를 일방적이고 무비판적으로 찬양하는 것은 결코 바람직한 태도가 아니다.

직업에 따른 편견의 위험성

동시에 우리는 그가 명문의 상아탑에서 고상한 교수였기에, 과연 소시민이나 성도의 고민을 알 수도 없는 고상한 존재요, 결코 우리들의 신앙의 모델이 될 수 없다는 논리 또한 조심해야 한다. 왜냐하면 루이스만큼 보통 사람들이 겪는 고통을 경험한 사람도 없기 때문이다.

그러므로 우리는 루이스라는 인물을 영웅화하거나, 일방적 찬양이나 평가 등의 어리석음을 범하지 않으면서, 다소 차이는 있을지라도 루이스 또한 우리와 똑같은 아픔을 경험한 인물임을 잊어서는 안 될 것이다.

인물(전기) 연구의 장점

우린 교회사를 통해서 인물과 전기에 대한 많은 관심을 가진 믿음의 선배들을 많이 볼 수 있다. 그 예로서, 영국의 설교자 찰스 스펄전은 청교도 목회자와 신학자에 대해 관심을 가졌고, 마틴 로이드-존스도 조나단 에드워즈를 비롯하여 영국 청교도 목회자와 신학자들에 대해 관심을 가졌으며, 현대 복음주의 대표 신학자 중이었던 J. I. 패커도 존 오웬을 비롯 청교도들에 대해 많은 관심을 가졌다. 아울러 현대 미국 복음주의 신학의 대표자인 존 파이퍼와 팀 켈러 등도 조나단 에드워즈와 C. S. 루이스에 특별한 관심을 가졌다. 필자도 오랜 동안 워싱턴 트리니티연구원을 통해서 개혁주의와 복음주의적 신학의 위대한 목회자 · 신학자들의 전기에 특별한 관심을 가지고 연구해 왔다.

그렇다면, 인물과 전기 연구의 장점은 무엇일까? 먼저는 입체적 인물에 대한 연구의 가능성이다. 한 인물에 대해서 일방적 찬양과 단편적 이해를 넘어 공적이고 개인적인 면모, 장점과 단점 등을 입체적으로 배울 수 있다. 무엇보다도 가장 중요한 점은 이것이 제자도의 과정이기 때문이다. 제자도와 영적 멘토링의 과정으로서, 믿음의 선배들의 롤 모델을 연구하며 사숙하는 것은 매우 실제적인 유익을 주기 때문이다.

왜 우리 시대(포스트모던)에 루이스인가?

'이중 경청법의 중요성'(double listening)

복음주의 기독교계에서 존경을 받았던 영국의 존 스토트 목사는, 초대 교부요 당대 최고의 설교가인 크리소스톰을 가리켜, '성경과 세상의 사람'(Man of the Word and the World)이라고 지적한다. 그는 건강한 성도는 성경의 소리에 순종적으로 경청하고, 세상의 소리에 비판적으로 경청해야 한다고 하면서, 이중 경청법을 제시한다. 다시 말해서 지혜로운 성도는 성경을 통한 주님의 음성만이 아니라 세상의 소리, 즉 문화의 소리를 잘 걸러서 들어야 한다는 것이다.

'사도 바울의 아테네 설교법/전도법'을 본받아서(행17장)

설교의 대가라고 할 수 있는, 사도 바울도 당시의 현대인의 언어로 복음을 증거했다. 한마디로 '눈높이 설교법'이었다. 물론 복음을 현대 문화에 희석화시키지 않으면서 순전한 복음을 증거하는 것이다. 즉 바울은 당시 아테네 시민들에게 생소한 성경의 가르침을 말하면서도 그들의 언어로 성경과 복음의 핵심을 증거했다.

예수님의 설교법/해석학에 주목하라

'시대의 기호를 읽어라'무엇보다도, 우리 그리스도인들은 주님의 음성에 주목해야 한다. 예수님께서는 당시의 유대 종교 지도자들인 바리새인과 사두개인들에게, "너희가 천기는 분별할 줄 알면서 시대의 표적(the signs of the times)은 분별할 수 없느냐?"고 책망하셨다(마 16:3). 다시 말해서, 우리 성도들은 그리스도의 제자로서 시대를 표적을 분별하는 지혜, 즉 시대의 기호인 사회 · 문화 현상을 정확하게 읽고 해석하는 힘이 절대적으로 중요함을 지적하고 있다.

예수님의 비유법에 주목하라. 예수님의 설교법과 교수법의 핵심은 제자들에게 비유법을 통해 천국과 참된 제자도에 대해서 '그림을 그려 준다'

는 것이다. 이는 복음서에서 잘 드러난다. 이처럼 우리 주님은 바로 시대의 기호를 읽는 것과 함께, 비유법을 통해서 천국과 제자도를 가르치셨던 것이다.

우리가 현대에 루이스에게 주목하는 것도 바로 이러한 이중의 경청법, 바울이 보여 준 눈높이 설교와 전도법, 무엇보다도 예수님의 해석학적인 통찰인 시대의 기호 읽기, 천국의 비유법 등이 루이스의 주요 저작들에서 잘 드러나기 때문이다.

C. S. 루이스(1898 - 1963)는 누구인가?(간단한 전기)

그는 북아일랜드의 벨파스트에서 출생해서, 영국 옥스포드대학에서 수학한다. 그 후에 오랫 동안 옥스포드대학과 케임브리지대학의 교수로 재직했다. 오랜 동안 무신론자였다가 33세에 예수를 믿고 복음주의의 최고의 기독 작가이자 변증가가 된 인물이다. 평생을 평신도로 살았지만 영적 거장으로 존경받은 인물이다. 오랜 동안 싱글로 살다가 장년(58세)에 미국 여류 시인 조이 그레셤과 결혼하고 3년 후에 사별한 영화 같은 인생을 살았던 분이다.

무엇보다도 그는 예수를 믿은 후에 자신의 소명을 발견한다. 그래서 『순전한 기독교』나 『나니아연대기』 등의 작품들을 통해, 복음의 순수성을 전하고, 아울러(어린이들의) 영적 상상의 세계를 열어 준 탁월한 감성적 리더였다. 가난 중에도, 남에게 베풀기를 힘썼고 자신은 언제나 근검했던 분이다. 극히 평범해보이는 인생 같지만, 실제는 '20세기 복음주의의 아이콘이요, 최고의 지성인이요 거장'으로 존경받은 균형 잡힌 명품 리더이기도 하다.

루이스를 이해하는 것은 결코 쉽지 않은 일이다. 그의 진면목을 이해하기 위해서는 루이스의 입체적이고 다층적 면모, 즉 영문학 교수, 작가, 철학자, 신학자, 문화 비평가 등의 모습을 종합적으로 접근해야 한다. 이런 점에서 본서는 그의 다양한 면모를 다루고 있다.

한편 루이스의 신학적 위치는 변방의 인물에서 복음주의의 아이콘적인 영적 거장이 된 인물이다. 이 점의서 단적인 예로서, 2010년에 출간된 영국 케임브리지대학교의 저명한 신학 시리즈인 루이스 개론서이다. 전에는 신학의 변방에 있었지만, 세계의 신학계의 거장들만을 다루는 그 신학 총서 시리즈에 루이스가 들어가고 출판되었다는 것 자체가, 바로 그를 신학계의 거장으로 인정했던 것이라고 할 수 있다.[3] 따라서 최근의 루이스 학자는 말하길, 루이스는 '하나의 천재이자 별종'(a phenomenon and an anomaly)이라고 지적한다.[4]

본서는 이런 점에서, 루이스의 다층적이고 입체적인 면과 함께, 복음주의적 아이콘의 면모를 함께 다룬다.

본서의 취지 및 특징, 구성 및 내용 요약

취지

먼저 본서의 취지는 다음과 같다. 1) 지난 6년간의 서울 C. S. 루이스

3 이와 관련된 내용은 다음을 참고하라. Robert MacSwain, 'Introduction,' *The Cambridge Companion to C. S. Lewis,* Ed. MacSwain & Ward(Cambridge: Cambridge UP, 2010), 1–12.

4 위의 책, 1.

컨퍼런스 논문집에서 엄선하여 보다 넓은 대중을 섬기기 위함이다. 2) 본서의 루이스 통찰을 통해서, 성도와 목회자와 교회를 섬기기 위함이다. 3) 본서를 통해서 한국 교회와 성도에게 갱신과 개혁을 추구하는 구체적 모델과 방향성을 제시하기 위함이다. 4) 현재와 차세대에 한국의 루이스적 목회자와 신학자, 평신도를 격려하고 양성하기 위함이다.

특징

본서의 특징은 다음과 같다. 1) 하나님의 영광과 한국 교회를 세우기 위한 신학 축제요 성찰과 실천적 신앙의 축제인 서울 C. S. 루이스 컨퍼런스에서 행한, 6년간의 강의 중에서 엄선한 글들이다. 2) 현존 최고 신학자 중 한 분이자 컨퍼런스 강사였던 옥스포드대 알리스터 맥그래스 교수의 루이스에 대한 통찰의 논문을 볼 수 있다. 3) 루이스에 대한 입체적이고 포괄적 관점(신학, 윤리, 철학, 문학, 문학 비평 등) 에서 알기 쉽게 소개했다. 4) 루이스에 대한 평신도와 전문가 모두를 위해, 전문적이되 평이한 언어로 된 길잡이이다. 5) 영국과 한국과 미국의 에드워즈 전문가들의 엄선된 최신 논문들이다. 6) 맥그래스 교수 외에, 모두가 한국계 집필진으로 구성된 최초의 포괄적 루이스 안내서라 할 수 있다.

본서의 구성 및 내용 요약

본서의 구성은 다층적이고 포괄적인 루이스의 측면을 이해하기 위해서, 루이스의 신학성, 철학성, 문학성 등을 차례로 다룬다.

루이스와 신학성 – '기독 신학자' 루이스

먼저 본서의 주제 으로서, 루이스의 신학과 인문학적 측면에 관하여 알리스터 맥그래스 교수(영국 옥스포드대 석좌)**는 '이성과 상상력의 대화: 목회와 신학을 섬기는 C. S. 루이스' 에 관한 글이다.**

필자는 이 글의 시작으로 루이스의 전기를 다룬다. 특히 왜 그가 무신론에서 기독교로 회심했는지에 대한 이유를 중심으로 다룬다. 그리고 이 글의 초점인 루이스의 사상이 학문적 신학과 목회에 중요한 측면들을 다룬다. 이런 점에서 다음을 포함한다. 1) 현실에 대한 '큰 그림'으로서 기독교에 대한 루이스의 견해, 2) 루이스가 사용한 스토리와 설교에서 그것의 중요성, 3) '욕망의 논증'(argument of desire)을 포함한 루이스의 변증적 방법론, 4) 마지막으로, 과거의 자료를 어떻게 배우고 사용할 것인가에 대한 루이스의 분석을 다룬다.

둘째로, 루이스의 기독교 신앙/신학적 측면에 관하여, 정성욱 교수(미국 덴버신학교)**는 '루이스와 신학: 『순전한 기독교』 중심'으로 다룬다.** 루이스가 신학자였음을 밝히는 데 있다. 첫째로, 그는 아마추어 신학자였다. 둘째, 그는 만인신학자론을 주창하면서 모든 그리스도인이 신학자임을 믿었다. 셋째, 그는 대중적인 신학자였다.

필자에 의하면, 이런 그의 신학자적인 면모는 그의 신학관과 삼위일체론에서 극명하게 드러난다. 그는 아마추어 신학자, 평신도 신학자, 대중적 신학자였지만 전문적인 신학자보다 깊게 삼위일체 하나님을 이해하였고, 심오하면서도 간결하고 설득력 있게 하나님을 옹호하였다. 특히 삼위일체 하나님을 사랑이라는 유비로 이해한 것은 20세기 말과 21세기에 이루어진 세계 신학계에서의 관계론적 삼위일체론의 재흥과 맞물리는 적실성을 보여 주었다. 더 나아가서 그는 삼위일체 하나님의 절대적 독특성을 확인함으로써, 21세기 종교 다원주의적 상황에서 기독교의 유일성을 변증하는 노력에 큰 길을 제시하였다.

마지막으로, 필자는 이 글에서, 신학자로서의 루이스가 오늘날 한국 교회를 향하여 던지는 근본적인 도전은 무엇보다도 '만인신학자론'의 회복이라고 제시한다. 한국 교회가 건강함을 유지하고, 더 깊게 성숙하기 위해서는 모든 그리스도인들이 신학자라는 정신이 반드시 회복되어야 한다는 것이다.

셋째로, 루이스의 기독교적 성찰과 실천적인 측면에 대해서, 심현찬 교수(미국 워싱턴 트리니티연구원)는 '실천적 윤리학자, C. S. 루이스: 『스크루테이프의 편지』 속의 루이스의 '성찰과 실천의 윤리학'에 대해서 다룬다. 이 글의 목적으로서 『스크루테이프의 편지』에 나타난 실천적 지성인이자 윤리학자로서 루이스의 면모와 동시에, 그의 성찰과 실천의 윤리학을 살펴보는 데 있다.

이런 목적을 위해 네 부분을 살펴본다. 첫째, 루이스 수용에 대한 문제와 "영적 난장이병" 가운데 신음하는 조국 교회에서 왜 『스크루테이프의 편지』이며, 왜 성찰과 실천의 윤리학이 필요한가에 대해 다룬다. 둘째, 본서에 나타난 루이스의 실천적 윤리와 지혜의 구체적 내용인 열 가지 핵심 전략을 중심으로 다룬다. 셋째, 본서를 통해 보인 루이스의 탁월성을 살핀다. 그는 복음주의적 언어 연금술사요 성육신주의자로서, "낯설게 글쓰기"를 통하여서, 관점의 파격과 일상적이고 비유적인 언어를 사용해서 모던과 포스트모던 독자들에게 효과적으로 접근했다. 또한 그는 순전한 복음에 뿌리박은 기독교적 성찰의 모델을 제시했고, 루이스적 영적 병법서로서 영적 분별과 지혜의 제자도적 실천 지침을 제공했다. 또한 루이스의 삼색 경건, 즉 지성, 영성, 감성의 터치를 보여주었다.

결론에서는 루이스를 통한 한국 교회에서의 교훈과 적용점으로, 총체적 신앙의 본질과 균형의 회복, 천국의 다리 건축가로서 이중경청, 전방위적 영적 분별과 무장과 성결의 삶의 회복을 제시한다.

루이스와 철학성 – 기독 철학자 루이스

넷째로, 루이스의 기독교 철학과 신학을 아우르는 점에 대해서, 기독교 철학자인 강영안 교수(미국 칼빈신학교)**는 '하나님과 고통: 고통을 통해서 보는 C. S. 루이스의 철학'을 다룬다.**

필자는 루이스의 철학자로서의 면모를 드러낼 수 있는 여러 주제 가운데서 고통의 문제를 루이스가 어떻게 보는지를 다루었다. 필자는 『고통의 문제』라는 작품에서 루이스가 매우 합리적인 방식으로 고통에 대해서 논증했다고 지적한다. 그러나 말년의 『헤아려 본 슬픔』에서는 합리적인 루이스가 아닌 매우 신랄하고 하나님에 대해 매우 저항적인 루이스를 보게 된다. 기독교 변증가로서, 철학자로서 그는 과연 철학적이며 논리적인 일관성을 유지하고 있는지 필자의 글을 통해서 묻고 있다.

루이스의 문학성 – 작가이자 문학 비평가

루이스의 문학적 측면은 그가 옥스포드대학과 케임브리지대학의 영문학과 교수였다는 점과 함께, 작가요 문학 비평가로서의 모습을 살펴 볼 필요가 있다.

먼저 루이스의 작자적 측면에 관하여, 이인성 교수(숭실대 영문학과)**는 '세례받은 상상력': 루이스와 밀턴을 중심으로 다룬다.**

필자에 의하면, 17세기에 살았던 존 밀턴과 20세기에 살았던 C. S. 루이스는 300여 년의 시간을 뛰어넘어, 그들의 아이디어와 사상에 있어서 문학적 코드가 매우 비슷했다. 이들은 영국의 역사와 문화 그리고 국가적 배경을 공유할 뿐만 아니라, 루이스가 밀턴을 포함한 중세 및 르네상스 영문학 교수였다는 점에서도 서로 통하고 있다. 또한 문학을 통한 기독교 담론의 전파와 확장을 목적으로 했다는 점에서도 두 사람은 기독교 작가로서의 정체성이 분명했다. 계속해서 필자는 지적하길, 루이스와 밀턴은 기독교 작가로서 특이하게도 이교적 허구라는 측면에서 기독교의 진리와 대비되는 '신화'와 그 신화적 요소들을 그들의 작품 속에서 중요한 문학적 요소 중의 하나로 사용하고 있다는 것이다.

따라서 필자는 밀턴과 루이스의 작품 속에 나타난 '신화'의 문학적인 측면들을 검토함으로써, 루이스가 강조한 '사실이 된 신화'의 구현 과정을 구체적으로 탐색하고 있다. 또한 이를 통해 궁극적인 신화의 세계로 나아가는 루이스의 '세례받은 상상력'을 분석하고 있다. 밀턴과 루이스는 바로 이 '세례받은 상상력'을 통하여 실제에 '대한' 추상적인 지식과 '보는 것이 믿는 것'이라고 여기는 '인간의 딜레마'에서 벗어나도록 독자들을 이끌어 내고 있다. 이들은 '사실이 된 신화'의 구현과정을 작품 속에서 구체적으로 보여 줌으로써 자신들의 문학적 소명을 완수하고 있다. 서양 문학의 핵심 요소 중의 하나인 '신화'를 통하여 밀턴의 고전과 루이스의 현대 작품은 공통된 구현 과정과 결과를 만들어내고 있는 것이다. 더 나아가, 이 글에서 필자는 밀턴의 작품과 같은 고전이 루이스의 작품과 같은 20세기의 대표적인 대중 문학으로 다시 부활할 수 있는 가능성과 그 가치를 모색하고자 한다.

둘째로, 루이스의 문학 비평가적 측면에 관하여, 문학 비평가인 정정호 교수(중앙대학교 명예교수)는 'C. S. 루이스 문학비평서설: 셰익스피어와 밀턴을 중심'으로다룬다.

이 글에서 필자는 영문학을 전공하지 않은 일반 독자들을 위해 문학 비평가 C. S. 루이스를 소개한다. 필자는 루이스의 많은 저작 중에서 단행본인 『문학비평에서의 실험』(1961)과 『실낙원 서문』(1942) 두 권과 셰익스피어에 관한 논문 두 편 "셰익스피어와 다른 작가들의 변형"과 "햄릿: 왕자인가 시인가?"를 선택한다.

우선 필자는 『문학비평에서의 실험』을 읽고 루이스 문학비평의 기본적 태도를 살핀다. 루이스는 영국 경험주의자의 입장에서 문학비평의 목적과 방법을 보통 독자들에게 쉽게 제시하고자 한다. 다시 말해 작품의 문학사적 고려를 무시하지 않고 작품 자체를 읽으면서 작품과 독자와의 상호관계를 중시하였다. 루이스는 무엇보다 우리가 독자로서 수용적 작품 읽기를 통해 자신을 알고 변화시키고 세상에서 이웃들과 잘 살아가는 방법을 배워야 한다고 주장한다.

필자는 두 편의 논문인 "셰익스피어와 다른 작가들의 변형"과 "햄릿: 왕자인가 시인가?"를 요약 소개한다. 루이스는 이 두 논문에서 셰익스피어 문학의 위대성의 비밀을 시적인 것과 사실적인 것의 탁월한 예술적 융합으로 보았다. 루이스는 우리가 극시(劇詩) 『햄릿』을 읽는 방법은 등장인물의 심리 연구가 아닌 『햄릿』 작품 자체를 시로 읽되, 어린이처럼 유령 등 흥미로운 요소들을 찾아 재미있게 읽으려는 노력이 필요하다고 강조한다.

결론에서 필자는 루이스 문학비평의 4가지 특징을 지적한다. 첫째, 루이스는 영국 문학비평의 위대한 전통인 시인 · 비평가를 강조하는 경험주의 비평가이다. 둘째, 비평의 목적은 등장인물이나 배경보다 작품 자체에 집중하는 것이다. 셋째, 비평의 방법은 작품의 언어 분석과 비유법 등을 강조하는 문헌학적이다. 넷째, 루이스의 접근은 문학의 역사를 포괄하는 역사 비교학적 접근이다. 루이스 문학 비평을 관통하는 원리는 "균형 속의 견제"가 추동하는 "대화적 상상력"이다. 이성과 상상력의 대화, 과거와 현재의 대화, 철학과 문학의 대화, 신화와 현실의 대화 등 루이스는 양극단을 피하고 언제나 조화와 중용의 길을 택한다.

나아가 필자는 앞으로 더 논의되어야 할 과제는 두 가지를 제시한다.

첫째 루이스의 비평 저작 전부를 읽고 종합적으로 연구하여 문학 비평가로서의 루이스의 총체적 비전을 찾아내야 한다. 둘째는 비평가 · 학자 루이스를 소설가 루이스와 대중 신학자 루이스의 상호 관계성을 함께 논의해야 인간 루이스의 전모가 밝혀질 것이다.

결론을 대신해서

앞에서 언급했듯이, 루이스의 다층적 특징 때문에 그를 이해하는 것은 쉽지 않다. 이런 점에서, 본서는 루이스의 포괄적인 면모를 잘 안내하고 있다. 루이스를 이해하기 위해서는 신학성만이 아닌, 문학성, 철학성을 함께 고려해야만 한다. 아쉽게도 한국 교회는 그간 루이스를 단편적으로 소개한 면이 있다. 본서는 이런 단편성의 한계를 넘어서, 보다 포괄적이고 보편적인 루이스의 면모를 보여 준다고 할 수 있다.

앞에서 언급했듯이, 루이스는 영성과 신학을 겸비한, '20세기의 복음주의 거장'이다. 패커가 지적했던, 우리가 영적 난장이 영성을 치료하고 영적 거장으로 나아가는 길 중의 하나는, 바로 루이스적인 영성의 회복이다. 즉 성찰하고 실천하고 소명을 따라 섬기는 신앙이다.

현대(포스트모던 시대)를 살아가는 우리도 이런 루이스적인 지혜를 배우고 적용해야 할 것이다. 동시에 중요한 사실은, 루이스 또한 우리 성도들의 영원하고 완전한 초상이요 모델이신 그리스도를 가리키는 포인터이자 이정표적 인물이라는 것이다. 다시 말해서, 루이스는 세례 요한과 같은 인물이다.

세례 요한이 고백하길 '그는 흥하여야겠고 나는 쇠하여야 하리라'고 했듯이(요 3:30), 우리 모두가 C. S. 루이스처럼, 그리스도를 닮아가고 예배하며 포인팅하는 순전한 그리스도인이 되길 소망한다.

이성, 상상력과 대화하기: 신학과 목회를 위한 C. S. 루이스의 중요성 고찰[1]

알리스터 E. 맥그래스

요약 | 이 글은 루이스의 전기를 다룬다. 특히 그가 왜 무신론에서 기독교로 회심했는지에 대한 이유를 중심으로 다룬다. 또한 이 글의 초점인 루이스의 사상이 학문적 신학과 목회에 중요한 측면들에 대해서 다룬다. 이런 점에서는 다음을 포함한다. 1) 현실에 대한 '큰 그림'으로서 기독교에 대한 루이스의 견해, 2) 루이스의 이야기 사용과 설교에서 이야기 사용의 중요성, 3) '욕망의 논증'(argument of desire)을 포함하는 루이스의 변증적 방법론, 4) 마지막으로, 과거의 자료를 어떻게 배우고 사용할 것인가에 대한 루이스의 분석을 다룬다.

C. S. 루이스와 그의 신학 그리고 목회에 대한 타당성을 소개하게 되어 정말 기쁘게 생각한다. 루이스와 나는 공통점이 있다. 둘 다 벨파스트시에서 태어났고, 둘 다 무신론자였는데 옥스포드대학에서 기독교를 발견했다는 점이다.

먼저는 내가 어떻게 C. S. 루이스를 발견했고, 어떻게 그의 글과 생각

---

1 본 원고는 '2019 5차 서울 C. S. 루이스 컨퍼런스' 에서 기조 강연한 영문 원고의 번역본이다. 번역에는 홍종락 번역가, 이종태 교수, 김주영 목사, 심현찬 원장 등이 수고했다.

에 큰 고마움을 느끼게 되었는지에 대한 설명으로 글을 시작하려고 한다.

많은 분들이 알다시피, 나는 어렸을 때 무신론자였다. 내 생각에 기독교는 매우 구식이며 아무런 타당성을 주지 못했다. 그리고 이 문화적 풍경에서 없어질 것이라고 믿었다. 내가 무신론자였던 이유 중 하나는, 자연과학에 흥미를 두었기 때문이었다. 나는 무신론자가 되어야만이 과학자가 될 수 있다고 생각했다. 게다가 기독교에는 지성과 상상력의 힘이 없다고 생각했다.

고등학교 졸업 후 나는 자연 과학, 특별히 화학을 공부하려고 옥스포드 대학에 다녔다. 그러면서 동시에 깨달은 것은 필자가 예전에 생각했던, 과학자가 되려면 꼭 무신론자가 되어야 된다는 생각이 꽤 얄팍하고 충분하지 못한 생각이라는 것이었다. 그리고 과학과 믿음은 건설적이면서 깊고 만족스럽게 단결될 수 없다는 걸 깨닫기 시작했다. 또 내가 기독교에 대해 충분히 이해하지 못하고 있다는 것도 깨달았다.

나는 기독교가 그저 따라야 할 규칙들과 받아들여야 할 신념들이라고만 생각했다. 기독교의 중심에는 그것을 올바로 이해했을 때 나의 생각과 행동을 변화시킬 수 있는 '살아 있는 현실'이 있다는 것을 깨닫지 못했다. 더불어 무신론도 믿음 체계이며 신앙이라는 것을 깨달았다. 무신론자였을 때 나는 하나님이 계시지 않다는 것을 입증시키지 못했다. 하나님이 없다고 믿었지만 그것을 확정적으로 입증할 수 없었다. 따라서 기독교로의 개종은 한 믿음 체계로부터 다른 믿음 체계로의 전환이었다.

내가 기독교를 생각하면서, 또 그것의 풍성함과 타당성을 이해하면서 기독교를 보다 깊게 이해하기 위해, 또 나의 새로운 신앙과 나의 자연 과학에 대한 사랑에 연결을 하기 위해서는 어떤 도움이 필요하다는 것을 깨달았다.

나에게는 옥스포드에서 선두적인 많은 기독교 과학자들을 만나는 큰 행운이 있었다. 그들은 나에게 믿음과 과학에 대한 헌신을 연결하는, 그들이 개인적으로 만든 방법을 알려 주었다. 그러나 깊은 신앙을 가진 사람은 찾기가 쉽지 않았다. 삼위일체의 교리가 무슨 뜻인지, 또 왜 중요한지, 그리고 하나님의 세 위격과 하나의 본질이 만들어 내는 긴장을 나에게 이해시켜 줄 수 있는 사람이 아무도 없었다.

그런데 나는 1974년에 C. S. 루이스를 발견했다. 삼위일체 교리같이 내가 갖고 있던 어려운 질문에 대해 제대로 설명해 주지 못한 친구들은 설명 대신 내게 루이스를 소개시켜 주었다. 그들은 내가 찾고 있는 질문에 대한 좋은 대답이 루이스에게 있을 거라고 생각했다. 그때 나는 루이스에 관한 지식이 굉장히 적었다. 그가 아이들을 위해 사자와 옷장이 나오는 책을 썼다는 것 정도만 알았다. 그러나 친구들의 격려로 루이스를 읽기 시작했다.

루이스는 아름답고 명징하게 글을 쓰는 사람이었다. 그는 나의 질문들을 이미 예상하고 내게 만족스러운 답을 주려고 하는 사람 같았다. 그렇게 루이스에 대한 사랑이 시작됐고 오늘까지 지속되어 왔다. 많은 사람들이 알다시피 내가 루이스의 50주년을 장식하는 탁월한 그분의 새로운 전기를 2013년에 출판했다. 그가 왜 흥미로우며 중요한 사람인가를 여러분에게 소개할 수 있게 되어 기쁘게 생각한다.

우선 이 글의 구조를 설명하고자 한다. 루이스의 생애에 대해, 특별히 그가 왜 무신론자에서 기독교인으로 전환했는가로 시작하고자 한다. 그리고 나서 다음의 몇 가지 주제를 포함한 신학과 기독교 목회에 대한 그의 생각으로 넘어가겠다.

1) 기독교가 현실의 '큰 그림'이라는 견해

2) 이야기의 사용과 설교에서 이야기 사용의 중요성

3) '갈망으로부터의 논증'(argument from desire)을 포함한 루이스의 변증론 방법

4) 과거의 자료들을 통해 어떻게 배울 것인가에 대한 분석

먼저 루이스가 젊었을 때 어떻게 무신론자에서 기독교인으로 전환했는지에 대한 설명으로 시작해 보자. 클라이브 스테플스 루이스(Clive Staples Lewis)는 1898년 11월 29일 아일랜드에 있는 벨파스트에서 태어났으며, 아일랜드 민족주의의 영향으로 변화하는 정치적 세계에서 태어났다. 그는 형 워렌과 친한 관계를 유지했다. 1905년 그의 가족은 벨파스트에 있는 큰 집으로 이사를 했으며, 어릴 때 집에 대한 기억으로는 침실과 복도에 아주 많은 책들이 널려 있었다는 것이다.

그의 아버지와 어머니는 다양한 책들을 읽으셨고, 루이스는 자유롭게 돌아다니며 마음대로 독서를 하면서 선명한 상상력과 갈망을 계발하였다. 문학은 그를 다른 세계로 인도해 주는 출입구와 같았다.

1908년 8월 루이스의 어머니가 암으로 돌아가셨다. 그때 루이스의 어릴 때의 순진함이 사라졌으며 안정감도 함께 사라졌다. 그의 아버지는 어리석게도 그를 잉글랜드에 있는 기숙 학교에서 학업을 하도록 집에서 독립시켰다. 『예기치 못한 기쁨』(*Surprised by Joy*)에 담긴 루이스의 자서전적 이야기에 분명히 나오듯이, 루이스는 학교 생활을 힘들어했다.

나중에 자기 아들이 얼마나 불행했는가를 깨달은 부친 앨버트 루이스(Albert Lewis)는 아들에게 사교육을 시키기로 결정했다. 그래서 루이스는 한때 부친의 교장이었고 당시 은퇴하여 남쪽 잉글랜드 서리 카운티(Surrey County)에 살고 있던 윌리암 커크패트릭(William J. Kirkpatrick, 1838–1921) 밑에서 공부하도록 보내졌다.

좋은 결정이었다. 루이스는 새로운 환경에서 번영하였다. 커크패트릭은 루이스에게 옥스포드에 있는 지도 교사를 소개시켜 주며 지속된 대화 안에서 그의 관점을 개발하고 변호하게 해 주었다. 커크패트릭과의 경험

은 루이스에게 교육적인 형성을 도왔다. 커크패트릭의 냉철한 지도 덕에 루이스는 1916년 12월 옥스포드 대학에서 장학금을 받으면서 고전을 공부했다.

이때 루이스는 신랄하고 공격적인 무신론자였다. 그 시기에 친한 친구인 아더 그리브스(Arthur Greeves)에게 보낸 루이스의 편지를 보면, 그의 무신론이 사춘기 시절 부모의 믿음에 대한 반발이 아니라는 것이 분명히 드러난다. 그것은 루이스가 볼 때 이의의 여지가 없는 논증에 의거하여 하나님에 대한 신앙을 알면서 거부한 것이었다.

1차 세계 대전이 시작한 지 3년이 되었을 때, 루이스는 영국군 복무를 자원하기로 결정했다. 1917년 4월 그는 옥스퍼드 대학에 가서 고전 그리스어와 라틴어 또 문학을 공부하며, 군인 훈련을 받았다. 1917년 11월 루이스는 보병 연대의 중위로 임명받아 북프랑스로 배치되었다.

전쟁 경험은 그의 무신론을 강화시켰다. 루이스의 야심은 시인이 되는 것이었다. 그리고 그 시기에 그의 시는 잠잠하고 무관심한 하늘에 항의하는 것이었다. 몇 달 후 루이스는 부상을 입은 후 회복을 위해 본국인 영국으로 보내졌다. 1918년에는 제대하였고 1919년 1월 옥스포드대학에 복학하여 전쟁에서 살아남은 많은 젊은 군인들과 함께 평범한 삶으로 돌아가려 노력했다.

루이스는 탁월한 학생임을 입증했다. 커크패트릭의 지도에 힘입어 루이스는 대학 개별 지도 수업에서 실력을 발휘할 수 있었고, 라틴어와 그리스어를 통달하여 고대 세계의 역사, 문학과 철학을 원문 텍스트로 공부할 수 있었다. 옥스포드에서 가르치기 위해서는 학문적 역량을 넓힐 필요가 있다는 걸 깨닫고, 1923년 루이스는 영문학에서 최고의 우등생으로 2년 과정의 공부를 1년 안에 단축했다.

루이스는 대학에서 1923-4학년도 철학 임시 교수로 임명되었다가

1925년 옥스포드대 모들린 칼리지의 영문학 튜터(tutor), 즉 개별 지도 교수로 임명받았다. 루이스는 옥스포드 대학 영문학과 교수진의 일원으로 임명되어 J. R. R. 톨킨(Tollkiehn, 1892 - 1973)과의 우정을 쌓아오며, 톨킨이 〈반지의 제왕〉(*The Lord of the Rings*)으로 알려진 '로망스 삼부작'을 쓰고 출판할 수 있도록 중요한 영향력을 주었다. 톨킨은 글쓰기 실력을 기르는 데 도움을 줄 공감적 독자를 찾고 있었는데, 루이스는 그에게 최고의 독자였으며 종종 유일한 문학적 조언자이기도 했다.

루이스는 모들린 칼리지의 펠로우(fellow)가 되었을 때도 무신론자였지만, 자기 입장의 일관성과 그 입장의 영적인 타당성에 대한 의심을 분명히 겪고 있었다. 1920년 그가 (상당히 내키지 않으면서도) 추상적인 관념의 하나님의 존재 가능성에 동의할 준비가 되어 있었음을 보여 주는 흔적들이 남아 있다. 그러나 그가 유신론(theism)으로 입장을 바꾼 데는 하나님이 '설명의 원리' 정도가 아니라 '행위의 주체'라는 깨달음도 작용했다.

1920년대 루이스는 무신론이 상상력의 생명을 질식시킬 정도로 지적인 면에서 흥미롭지 못하다는 것을 깨달았다. 논리적으로 입증할 수 있는 세상은 불충분하며 만족스럽지 못했다. 루이스는 삶에 더 이상의 무언가가 있으리라 생각했다. 그리고 그의 영혼에 두 가지 힘이 맞서 싸우고 있다는 걸 깨달았다. 그 두가지 힘이란, 타당할 듯하면서도 따분한 합리주의와 위험하면서도 잠재적으로 황홀한 믿음이다. 자서전인『예기치 못한 기쁨』(1955)에 나오는 다음 글은 그때 그가 마주한 딜레마를 요약해 준다.

> 한편으로는 시와 신화의 다도해가 있고, 다른 한편으로는 그럴싸해 보이지만 얄팍한 합리주의가 있다. 내가 사랑한 거의 모든 것을 나는 상상에 불과하다고 생각했고, 내가 현실이라고 믿었던 것들은 암울하고 무의미했다.

이런 생각들이 루이스로 하여금 하나님에 대한 믿음의 합리성을 다시금 생각하며, 결국은 기독교를 받아들이게 했다.

원래 루이스의 회심 시기는 1929년 여름이라고 알려져 있다. 하지만 증거를 검토할 때, 그 시기는 1930년이었다는 것이 필자의 견해다. 그러나 정확한 회심 날짜를 알아야만 그의 중요성을 이해할 수 있다고 생각하지 않는다. 그가 1929년 혹은 1930년에 하나님을 만난 후, 1931년 톨킨을 만나 세상을 이해하는 데 있어 이야기의 역할에 관하여 대화하며 더 큰 진전이 이루어졌다.

그때 루이스는 신에 대한 일반적인 믿음에서 벗어나 기독교를 받아들였다. 이 지점에서 루이스 회심의 두 번째 단계의 시간표가 답답하게도 불확실하지만, 이 지적인 재조정 과정은 1932년 여름에 본질적으로 끝났다. 그때 그는 고향인 벨파스트로 돌아가 기독교 신앙에 이른 여정을 알레고리적으로 설명하고 그것이 함의하는 바를 숙고한 책 『순례자의 귀향』(*The Pilgrim's Regress*)을 썼다.

루이스가 나중에 『예기치 못한 기쁨』에 묘사하게 되는 기독교로의 회심은 처음에는 그의 학문적 경력에 큰 영향을 주지 못했다. 그의 첫 학술서 『사랑의 알레고리』(*The Allegory of Love*, 1936)는 1937년 이스라엘 골란쯔 경 기념상(Sir Israel Gollancz Memorial Prize)을 수상하고 좋은 반응을 얻었다. 이 책의 출판으로 루이스의 학업적인 명성은 높아지기 시작했고, 그의 명성은 권위 있는 연구서 『16세기 영국 문학』(1954)의 출간과 영국 국립 아카데미(British Academy) 회원 선출로 확고해졌다.

그러나 옥스포드에서의 학업적인 명성은 1940년 기독교 변증학에 대한 대중서를 쓰려고 결단한 후 타격을 입었다. 잘 알려진 첫 변증학적 책인 『고통의 문제』(*The Problem of Pain*, 1940)는 루이스의 명성에 큰 피해를 입히지 않았다. 어쩌면 보탬이 되었을 수도 있다. 그러나 『스크루테이프의 편지』

(*Screwtape Letters*, 1942)는 그의 동료들을 거슬리게 했다. 하지만 많은 이들이 루이스의 이해하기 쉬운 글들을 좋아했고 더 많은 글을 쓰도록 격려했다. 루이스는 신학의 '대중 해설자'라기보다는 신학의 '번역자'였다. 즉 기독교 신앙의 합리성에 대해 잘 설명해 주며, 그 핵심 주제들을 학자가 아닌 사람들도 쉽게 이해할 수 있게 논할 수 있는 변증가였다.

루이스는 2차 세계 대전 중이던 1942년에 BBC의 초청으로 라디오 연속 강연을 하게 되었는데, 반응이 너무 좋아서 연속 강연을 세 차례 더 진행하게 되었다. 루이스는 결국 이 강연들을 모아 약간의 수정을 거쳐 『순전한 기독교』(*Mere Christianity*, 1952)로 출판했는데, 이 책은 지금 그의 가장 영향력 있는 비소설(nonfiction) 작품으로 인정받고 있다. 루이스는 2차 세계 대전 당시 영국에서, 그보다 조금 후에 미국에서도 유명 인사가 되었다.

아마도 루이스가 그의 친구들과 가족을 놀라게 할 만한 예상치 못한 글들을 써내지 못했다면 이런 명성은 금방 사라졌을 것이다. 1950년 10월 『나니아 연대기』(*The Chronicles of Narnia*) 7권 중 첫 번째 작품이 출판됐다. 어린이 책의 고전이 된 『사자와 마녀와 옷장』(*The Lion, the Witch and the Wardrobe*)은 상상력을 사로잡는 루이스의 놀라운 재능을 보여 주며, 특별히 성육신에 관한 신학적 탐구의 문을 열어 준다. 위대하며 고귀한 나니아의 사자 아슬란은 20세기 가장 확고히 자리 잡은 문학 작품의 캐릭터 중 하나다.

그러나 1956년 나니아 연대기의 마지막 작품인 『마지막 전투』(*The Last Battle*)가 출판될 무렵, 루이스는 이미 옥스포드를 떠난 상태였다. 루이스는 캠브리지대학의 새로 설립된 중세와 르네상스 문학 석좌교수직의 초대 교수로 선출되었다. 주말에는 옥스포드에 있는 집에 돌아왔지만, 캠브리지대학 학기의 주 중에는 모들린 칼리지에 있는 방에서 지냈다. 캠브리지에 온 후에 루이스는 명확하게 변증학적인 글을 잘 쓰지 않았다.

루이스는 학술적인 글을 쓰는 틈틈이 신자들의 유익을 위해 기독교 신앙의 여러 측면을 탐구하는 대중서들을 썼는데, 『시편 사색』(*Reflections on the Psalms*, 1958)이나 『네 가지 사랑』(*Four Loves*, 1960)이 그런 책들이다. 1960년 아내 조이 데이비드먼(Joy Davidman)이 죽자 루이스는 가명으로 『헤아려 본 슬픔』(*A Grief Observed*, 1961)이라는 짧은 책을 썼다. 이 책은 현재 애도의 과정을 가장 훌륭하게 설명한 책 중 하나로 많이 인용된다.

1963년 6월 루이스는 건강이 좋지 않았다. 오랫동안 문제가 있던 전립선이 더 심각해졌고, 신장 합병증이 생겨 심장에 부담을 주었다. 결국 루이스는 캠브리지 석좌교수직을 사임해야만 했고, 편지를 주고받는 사람들에게 죽음에 관하여 터놓고 써 보냈다. 1963년 11월 22일 이른 아침, 루이스는 옥스포드에 있는 집에서 죽음을 맞이했다. 미국 달라스 텍사스에서 존 F. 케네디 대통령이 암살 당한 바로 그날이다. 루이스는 일요일마다 예배 드렸던 홀리트리니티교회 마당에 묻혔다.

1963년 루이스가 죽은 후, 그의 인기와 영향력은 줄어들었다. 이것은 60년대 당시 빠르게 변해 가는 서양 문화를 비춰 주는 면도 있다. 루이스도 자신의 글들이 5년 안에 잊혀질 것이고 문학적이나 종교적인 자리에서 오랫동안 머물지 않을 거라고 생각했다. 그러나 그의 생각은 틀렸다. 1980년, 루이스는 재조명되었다.

서양 문화에서 의미에 대한 질문이 점차 중요하게 부각되었다. 1960년대 시대에 뒤쳐지고 사람들에게 잊혀져 갔던 종교가, 미국의 개인적인 경건과 공적인 삶에 커다란 영향력으로 자리 잡게 되었다. 루이스는 재기했다. 많은 이들은 그의 새로운 매력을 상상력 넘치는 『나니아 연대기』에서 찾았다. 그중에서도 20세기 가장 훌륭한 아동 도서로서 『사자와 마녀와 옷장』을 꼽는 이가 많다. 또 어떤 사람들은 루이스가 『순전한 기독교』에서 펼친 기독교에 대한 합리적 변론에서 신앙이 지적으로 신뢰할 만한 것임을 확신하게 되었다고 하였다.

루이스의 인기는 정통 신학적 견해들을 이해하기 쉬운 방식으로 전달하는 그의 능력을 반영한다. 상상력에 호소력을 발휘하는 그의 접근법은 후기 이성주의(post–rationalist) 서양 문화에 종교적인 개념과 가치들이 회생할 수 있는 장을 마련해 주었다. 그러나 루이스의 인기가 이어지는 이유가 무엇이든 간에 분명한 사실은, 그의 죽음으로부터 한 세대가 넘게 지나고도 루이스의 작품들이 그의 생전 그 어느 때보다 더 큰 인기를 누리고 있다는 것이다.

루이스의 인기에는 여러 좋은 이유들이 있다. 그는 기독교에 여러 가지 도움과 자극을 주는 생각들을 제안하는 우아하고 매력 있는 저술가이다. 이제 우리는 현대 목사들과 신학자들에게 여전히 도움이 되는 루이스의 4가지 주제들을 생각해 보고자 한다.

기독교가 현실의 '큰 그림'이라는 루이스의 견해

우리는 오늘날의 신학과 목회에 적절한 적용이 가능한 루이스의 첫 번째 중요한 생각, 즉 기독교가 현실의 '큰 그림'이라는 주제로 넘어 왔다. 우리는 이 주제가 그의 글에 많이 표현된 것을 찾을 수 있다. 그중의 하나는 그가 1945년 옥스포드대학의 소크라테스클럽에서 읽은 논문 중 가장 유명한 다음과 같은 문장이다.

> 나는 해가 떠오르는 것을 믿는 것처럼 기독교를 믿는다. 내가 그것을 보기 때문만이 아니라, 그것으로 인해 나머지 모든 것을 볼 수 있기 때문이다.[2]

---

2 believe in Christianity as I believe that the Sun has risen, not only because I see it, but because

이 아름다운 문장은 루이스의 주목할 만한 논문인 “신학이 시인가?”라는 글의 결론과 클라이맥스로 사용되고 있다. 루이스의 핵심적인 의도는 과학과 예술, 도덕과 다른 종교에 ‘딱 들어맞는’ 기독교 신앙의 지적 방대함을 인정하는 것이다.

어떤 사람들은 기독교가 근본적으로 구원에 관한 것이며 개인과 공동체의 삶이 변화되는 것이라고 주장한다. 이 주장은 매우 중요하게 받아들여져야 한다. 이 변화 중 하나가 새로운 방법으로 세상을, 즉 우주와 그 안에 있는 우리의 자리를 바라보는 새로운 사고방식의 발생이라는 것을 무시할 수 없다.

우리는 수동적으로 ‘세상을 본받지 말고’ 능동적으로 “마음을 새롭게 함으로 변화를 받으라”(롬 12:2)는 바울의 위대한 명령, 또는 ‘예수님의 마음’을 생각해 볼 수 있다. 무신론에서 기독교로 회심한 루이스는 기독교가 문화 전체를 향한 지적이며 상상력 넘치는 호소력을 제시해야 할 변증적 필요성이 있다고 확신했다. 이것을 위해서는 신앙의 내용에 대한 지적인 숙고와 실천이 있어야 한다.

루이스는 현실을 비추어 삶의 의미를 이해하는 데 도움을 주는 기독교의 능력을 강조했던 유구한 기독교 저술의 전통에 서 있는 작가이다. 루이스는 기독교를 제대로 이해하면 우리가 무엇을 해야 하고, 어떤 동기로 해야 하는지 설명해 준다고 보았다. 루이스가 『순전한 기독교』의 ‘그리스도인의 소망’을 다루며 지적한 대로, 누구에게는 신학적 도피로 보이는 것이 실제로는 힘을 주는 것이 된다. 이 세상을 위해 가장 많은 일을 한 그리스도인들은 다음 세상을 가장 많이 생각한 자들이다. 루이스가 여기서 다루는 주제는 1920년대의 그에게 있어 갈수록 중요한 것이 되었다. 그것

---

by it, I see everything else.

은 우리 외부의 복잡한 세계와 우리 내면의 경험에 대응할 수 있는 세계관의 필요성이다.

무신론자였을 때 루이스는 1920년대의 선두적인 저술가인 조지 버나드 쇼우와 H. G. 웰스의 글이 얕고 깊이가 없다고 기록한 바 있다. 그는 '인생의 거칠음과 밀도'가 그들의 글에 충분히 보이지 않는다고 느꼈다. 반면에 기독교 시인 조지 허버트는 '실제 우리가 살아가는 삶의 질을 잘 전달했다.'고 생각했다. 그러나 그 시기에 무신론자였던 루이스는, 왜 허버트가 기독교를 렌즈로 삼아 세상을 이해하려고 했는지 알 수 없었다. 어쩌면 허버트는 루이스가 아직 알아보지 못했던 기독교의 어떤 것을 발견했는지도 모를 일이다.

루이스는 20세기에 기독교 신앙의 합리성에 대한 공공연한 최고의 변호인이다. 루이스의 독특한 접근은 성경에서와 기독교 전통에서 도출된 '관점'이 그와 경쟁하는 견해들, 특히 그가 한때 지지했던 무신론보다 인간의 공통 경험을 더 만족스럽게 설명할 수 있다는 것이었다. 루이스가 이런 평가를 내린 주된 기준은 특정한 사고방식에 우리의 관찰과 경험을 담아 낼 수 있는 능력이 있는지의 여부이다.

이 강의의 뒷부분에서 보겠지만 루이스의 변증적 접근법은 대부분 공통적인 인간의 관찰 사실과 경험을 확인하고, 그것이 세상을 보는 기독교의 시각 안에서 어떻게 자연스럽고 설득력 있게 들어맞는지 보여 주는 것이었다. 루이스는 기독교가 현실의 '큰 그림'을 제공한다고 보았다. 이 큰 그림이 우리가 관찰하고 경험하는 바를 이해하는 데 도움이 되는, 지적으로 방대하고 상상력에 만족을 주는 세상을 보는 방식을 제공한다고 보았다. 예를 들면 루이스는 인간이 공통적으로 경험하는 도덕적 의무감은 기독교의 틀 안에서 쉽고 자연스럽게 설명이 된다고 본다. 또한 그는 정말 의미심장한 것을 바라는 인간의 갈망, 하지만 만족시키기는 너무 어려운 그 갈망은 인간이 하나님 안에서만 진정 만족할 수 있다는 실마리라고 주장한다.

필자의 경우, 옥스포드 학생 시절에 무신론을 떠나게 된 것은 이전에 받아들인 형태의 무신론이 지적으로 과욕을 부렸음을 점차 깨달았기 때문이기도 하고, 필자가 주변에서 관찰하고 내면에서 경험하는 세상을 더 잘 이해할 길을 제시함을 깨달았기 때문이기도 하다.

기독교는 필자의 세계를 또렷이 보게 해 주는 개념적인 체계를 제공했다. 그것은 우리의 세상과 인간 존재의 모호함을 직면하게 했고 종종 무의미해 보이던 세상을 이해할 수 있는 길을 제공했다. 필자의 기독교 회심은 지적인 회심이었고, 감정적이고 정서적인 차원은 결핍된 것이었다.

그러나 기독교에 대한 이런 저런 개별적 측면이 특별히 중요하게 보이지는 않았다. 기독교의 매력의 핵심은 그 구성 요소들이 아니라 전반적인 비전이었으니 말이다. 미국 철학가 W.V.O 콰인(Quine)이 꽤 오래 전에 기념비적 논문 "경험주의의 2가지 독단"에서 제안한 것처럼, 정말 중요한 건 세상을 이해할 수 있게 해 주는 이론 전체의 능력이다.

영국의 변증가로서 루이스에게 깊은 인상을 주었던 G.K.체스터튼(Chesterton)은 1903년에 유명한 에세이 『천사들의 귀환』에서 루이스와 거의 비슷한 주장을 했다. 체스터튼은 그 에세이에서 기독교의 어떤 개별 측면이 설득력이 있는 것이 아니라, 기독교가 제공한 현실에 대한 전체적인 큰 그림이 설득력이 있다고 지적했다.

불가지론의 기간을 보낸 후, 체스터튼은 기독교가 세계에 대한 지적 그림을 제공하기 때문에 기독교로 귀의하게 된다. 체스터튼이 볼 때 기독교의 설득력은 그 개별적 구성 요소 중 어느 하나가 아니라 기독교적 실재관 전체에 있었다.

자연에 대한 개별적 관찰은 기독교가 진리라고 증명하지 못한다. 오히려 기독교는 관찰된 사실들을 이해하게 해 주는 능력으로 스스로를 입증한다. "현상이 종교를 증명할 수 없지만, 종교가 현상을 설명합니다." 루이스는 이 접근법을 받아들여 그의 변증적 글에서 이를 발전시킨다.

루이스의 이야기 사용과 설교에서 이야기 사용의 중요성

이제 두 번째 주제, 루이스가 사용한 이야기의 중요성으로 넘어가 보자. 인간들은 이야기를 통해 개별적 · 집단적 경험의 의미를 파악하고(이 '의미 파악'을 정치적 용어로 표현하든, 종교적 용어로 표현하든, 보다 일반적 용어로 표현하든), 그 개념들을 문화 안에서 전달한다.

이야기는 경험을 조직화하고 상기하고 해석하는 자연스러운 방식을 제공하여 과거의 지혜가 미래로 전해지게 해 준다. 동시에 공동체가 주체적으로 사회적 또는 종교적 정체감을 갖고 역사적 위치를 인식하도록 도와준다.

그런데 왜 우리는 이런 식으로 이야기를 할까? 왜 우리는 이야기를 하고 의미를 추구하는 동물인 걸까? 이야기하기가 인간의 근본적인 본능이라면, 이야기를 하는 우리의 성향을 어떤 이야기로 설명할 수 있을까? 스위스의 정신 분석가 칼 융(Carl Gustav Jung, 1875-1961)은 인간의 경험과 행동 근저에는 특정한 '보편적 심리 구조'가 존재한다고 제안한 것으로 유명하다.

조지프 캠벨(Joseph John Campbell)은 이 제안을 받아들여 이야기의 근본적 줄거리, 이를테면 '영웅 신화'에 대한 유명한 이론을 펼친다. 캠벨이 전개한 '단일 신화'(monomyth) 개념에 따르면 모든 신화적 이야기가 기본적으로 하나의 위대한 이야기의 변형이기에, 대부분의 위대한 신화의 서사적 요소들 근저에서 공통 패턴을 찾아낼 수 있다.

이 기본 개념은 영화 산업에서 대단히 큰 영향력을 행사했고, 흥행에 성공한 영화들의 줄거리가 캠벨의 기본 개념과 얼마나 일치하는지 살피는 것이 대중들의 관심을 끌었다.

하지만 우리는 '왜 이야기를 하는가?' 하는 질문에 기독교적 답변도 내놓을 수 있다. 그 답변의 근거는 바로 인간이 하나님에 의해 창조되었고 '하나님의 형상'을 지닌다는 개념이다. 루이스와 J. R. R. 톨킨 모두, 〈반지의 제왕〉 같은 위대한 서사시 같은 이야기를 창조하고 싶은 우리의 자연적 성향과 그럴 능력은 '하나님의 형상'으로 창조된 결과라고 보았던 것이다. 톨킨은 그것을 이렇게 표현한다.

> 판타지는 여전히 인간의 권리다. 우리는 우리의 한계 안에서 우리의 파생적 방식으로 만들어 낸다. 우리가 만들어진 존재이기 때문이다. 만들어지되 창조주의 형상으로 그분의 모양대로 만들어졌기 때문이다.

톨킨은 우리가 하나님의 '거대한 이야기'를 궁극적 패턴으로 하는 이야기로 창조한다고 주장한다. 그는 왜 인간들이 애초에 의미 있는 이야기를 하는지 설명할 수 있는 것이 기독교 이야기의 큰 강점이라고 보았다. 기독교의 복음은 톨킨이 말한 "더 큰 종류의 이야기"를 펼치고 선포했다. 동시에 그 이야기는 그가 문학의 위대한 신화들 안에서 발견한 선하고 참되고 아름다운 것을 아우르고, 그것을 '현실 세계의 에방겔리움(복음)에 대한 멀리서 비치는 빛 또는 멀리서 들려오는 메아리'로 표현됐다.

루이스는 몇 편의 에세이에서 이야기가 상상력에 발휘하는 힘과 그 개념적 풍부함을 비슷한 방식으로 설명하는데, '신화가 사실이 되었다'(1944), '신학은 시인가?'(1945), '이야기에 대하여'(1947), 이 세 편의 글에서 그런 생각이 가장 잘 드러나 있다. 이 에세이들에 제시된 기본 원리들을 그는 『나니아 연대기』에 그대로 구현해 내는데, 여기에 대해서는 강의의 뒷부분에서 살펴볼 것이다.

루이스가 어울리던 학자 친구들 중 중요한 사람인 도러시 L. 세이어즈(Dorothy Leigh Sayers)에게서 비슷한 접근법을 볼 수 있다. 세이어즈는 1941년의 작품 『창조자의 정신』(*Mind of the Maker*, IVP 역간)에서 인간 속 '하나님의 형상'을 일종의 상상력의 형판(template)으로 보는 독특한 견해를 제시한다. 그리고 그러한 형판 때문에 인간들이 특정한 방식으로 생각하고 상상하는 성향을 갖게 된다는 것이다. 동일한 '창조적 정신의 패턴'을 신학과 예술에서 다 분명히 볼 수 있다.

세어즈는 인간 창조 과정의 패턴이 "살아 있는 우주의 실제 구조에 대응"하기에 '창조적 정신의 패턴'은 하나님의 존재에 뿌리내린 '영원한 아이디어'라고 생각했다. 이야기는 이처럼 우리라는 존재의 심오한 부분을 표현하고, 그것은 다시 우리를 이런 모습으로 창조하신 하나님의 어떤 부분을 표현한다.

그러면, 루이스에게 돌아가 그가 자신의 글에서 이야기를 어떻게 사용하는지를 보자. 미국의 신학자 길버트 마일랜더(Gilbert Meilaender)는 "이야기에서의 신학"이라는 논문에서 루이스의 이야기 사용을 통찰력 있고 호의적으로 설명한다. 이 논문에서 그는 그가 생각하는 루이스의 가장 중요한 성취에 초점을 맞춘다. 그 성취란 '이야기'가 어떻게 우리가 세상을 바라보는 다른 방식, 즉 우리 자신과 이 세상을 보는 기독교의 방식 안으로 들어서도록 돕는지 보여 주는 것이다.

마일랜더에 따르면, 루이스 사상의 이 측면은 『새벽 출정호의 항해』에서 가장 잘 볼 수 있다. 그 이야기에서 루이스는 루시 페번시가 한 권의 책을 발견하게 되는 과정을 들려주는데, 그 책은 그녀를 시간 너머에 있는 궁극적으로 중요한 그 무엇과 직접 접촉하게 해 주지는 않아도 그 무엇에 가까이 가게 해 주는 것 같다. 마일랜더는 여기에 대해서 이렇게 말한다.

> (루이스가) 들려주는 이야기는 상상력을 확장하고, 한동안 그 안에서 살아갈 수 있는 세상을 제공한다. 독자는 루시처럼, 자기가 이야기를 읽고 있다는 사실을 거의 망각하고, 그 이야기가 진짜인 것처럼 그 이야기 안에서 살 수 있다. 루이스는 믿어야 할 추상적 명제들을 제시하는 것이 아니라, 성경 이야기가 들려주는 세상에서 사는 것이 어떤 특성을 갖고 있고 어떤 느낌인지 알게 해 준다.

그러면 루이스는 이야기를 사용해서 우리의 신학적 활동을 어떻게 도와줄까? 우리는 어떻게 이야기를 사용해 우리 설교에서 신학을 전달할 수 있을까? 예를 하나 들어서 루이스의 이야기 사용이 어떻게 도움이 될 수 있는지 보여 주겠다.

기독교 신앙의 핵심에는 예수 그리스도라는 분이 계신다. 그분은 그저 신학적 분석과 해부의 대상이 아니라 알아 가고 흠모해야 할 분이시다. 기독교의 성육신 개념은 "말씀이 육신이 되어 우리 가운데 거하셨다"(요 1:14)고 선언한다. 기독교는 하나님이 성육하신 이 행위가 세상과 인류를 향한 하나님의 연민과 배려를 드러내고, 인간 상황의 변화, 즉 기독교 신학은 이 변화를 묘사할 때 '구원' 또는 '대속'이라는 언어 사용을 가능하게 만들어, 이 새로운 존재 방식을 받아들인 이들이 소망 가운데 살 수 있도록 해 준다.

이와 같이 성육신은 인류에게 있어서 예수 그리스도의 중요성을 파악하도록 돕지만, 그리스도인들이 사랑하고 섬기는 하나님이 어떤 분인지도 말해 준다. 필자는 무신론자 시절, 하나님을 역사의 배후나 바깥에 멀찍이 서 있는 존재, 인간의 실존적 관심사와 동떨어지고 역사의 아픔들과 분리된 존재로 생각했다. 나는 그와 같은 신을 믿을 만한 지적, 실존적 근거를 찾을 수 없었다. 하지만 "말씀이 육신이 되어 우리 가운데 거하셨다"는 성경의 진술은 근본적으로 다른 하나님의 개념을 제시한다. 추상적이고 동떨어진 '철학자들의 하나님'이 아니다. 우리를 보살피시는 하나님, 그것도 멀찍이 떨어진 수동적 관찰자로서가 아니라, 역사의 과정 안에서 함께하는 능동적 동료 여행자이자 한결같은 동행자로서 돌보시는 하나님이시다.

하나님은 우리가 예배와 기도 가운데 알고 부를 수 있는 분이시다. 우리가 이 인격적 하나님의 개념을 놓친다면, 기독교는 신앙이 아니라 종교철학이 된다. 영국의 철학자 로저 스크러턴(Roger Scruton)은 이 점을 아주 산뜻하게 표현했다. "철학자들의 신은 세상 뒤로 사라졌다. 그들이 그를 3인칭으로 묘사할 뿐 2인칭으로 부르지 않았기 때문이다."

루이스가 성육신의 의미를 이야기에 의한 상상력을 자극하는 방식으로 설명한 최고의 사례는, 그가 제2차 세계 대전 중에 런던에서 전한 설교에서 볼 수 있을 것 같다. 여기서 루이스는 잠수부의 이야기를 가지고 성육신의 의미를 설명하려 시도했다. 이 잠수부는 깊은 호수 바닥의 진흙에 빠진 소중한 것을 되찾겠다고 결심했다. 그는 차갑고 어두운 물속에 뛰어들어 점점 더 깊이 내려갔다. 그리고 마침내 찾으러 내려갔던 물건을 손에 쥐고, 폐가 터질 것 같은 상태로 수면에 다시 올라왔다. 루이스는 이것이 바로, 우리를 손에 쥐고 우리를 구원하기 위해 하나님이 세상으로 들어오신 이야기라고 보았다. 하나님은 "그분의 우주로 내려왔다가 다시 올라가셨고, 인간 본성을 함께 끌어올리셨"다.

이것은 매우 유용한 이야기이고 더욱 발전시키고 탐구할 여지가 있다. 하나님께서 인간 구속(救贖)에 얼마나 헌신하셨고 얼마나 값비싼 대가를 치르셨는지 강조하는 데, 이 이야기를 활용할 수 있기 때문이다. 하지만

이 이야기의 주된 기능은 지적 추상 개념이 되어 버리기 십상인 기독교의 중심 주제에다 상상력을 자극하는 내용을 부여하는 것이다. 성육신은 정적이고 무시간적 개념이 아니라, 실제로 벌어진 일, 즉 그리스도의 생애와 죽음, 부활 등과 그 일이 우리에게 미치는 영향에 대한 기독교적 해석 방식이다.

루이스는 대개 추상적이고 머릿속으로 그림이 잘 그려지지 않는 기독교의 개념들을 전달하고자 할 때도 도움을 준다. '죄'가 그런 대표적 개념이다. 죄는 내용도 없고 상상력을 자극하는 매력도 없는 추상 개념으로 인식되기가 너무나 쉽다. 여기서 우리는 상상력을 발휘하여 죄에 대한 민감성을 길러 죄의 실체와 중요성을 파악할 방법이 필요하다는 것을 알 수 있다. 그리고 그렇게 하는 최선의 방법 중 하나가 바로 이야기를 활용하는 것이다. 이야기는 우리가 상상력을 발휘하여 이야기에 담긴 지적 내용을 숙고하도록 돕는다.

그렇다면 우리를 옭아매는 세력, 우리가 그 힘에서 벗어날 수 없는 세력으로서의 죄의 개념을 전달하려면, 어떤 이야기를 들려줄 수 있을까? 어떻게 하면 상상력을 발휘하여 그런 개념에 민감해질 수 있을까? C. S. 루이스는 그의 책 『새벽 출정호의 항해』(*The Voyage of the Dawn Treader*)에서 유스터스 클레런스 스크러브라는 다소 불쾌한 초등학교 남학생의 이야기를 들려준다.

스크러브는 온통 부자가 되고 싶은 생각밖에 없는 탐욕스럽고 자기중심적인 인물이다. 부를 소유하면 자기 운명과 세계의 주인이 된다고 말하는 이야기의 관점에서 스스로를 바라본다. 하지만 그는 자신이 오히려 자기 욕망에 지배를 당했고 욕망을 통제할 수 없음을 너무도 늦게 발견한다. 그리고 그는 결국 자기 집착의 포로가 되었다.

루이스는 유스터스 스크러브(Eustace Scrubb)의 타락상을 탐구하고자 문학적 유비를 사용했다. 오래된 북구의 탐욕스러운 거인 파프니르(Fafnir) 전설이 그것인데, 파프니르는 자기가 축적한 보물을 보호하려고 스스로 용이 되었다. 유스터스는 용의 은신처에서 잔뜩 쌓인 보물들을 보고 권력과 부를 동시에 갑자기 얻게 되었다는 생각에 도취한다. 루이스는 유스터스가 "용과 같은 탐욕스러운 생각"을 품은 탓에 용으로 바뀌는 모습을 극적이고 아름답게 묘사해 낸다.

유스터스는 자기가 상상해 낸 제 입맛에 맞는 이야기 안에 갇혀 버렸다. 환멸이 찾아들면서 그는 자신이 그로부터 벗어날 수 없음을 깨닫는다. 그는 자기가 용의 옷을 입고 있을 뿐이기를 바라지만, 자신이 정말 용이 되어 버렸음을 이내 발견한다. 용의 가죽을 벗길 수가 없었다. 용의 껍질을 벗기려고 시도할 때마다 그 아래에 또 다른 비늘층이 드러날 뿐이지요. 독자는 절망적이고 무력한 처지에 놓인 유스터스에게 안됐다는 마음이 절로 든다.

하지만 이 이야기는 뜻밖의 극적인 전환점을 맞는다. 사자가 나타나 그 발톱으로 유스터스의 용 껍질을 벗겨 낸다. 유스터스는 사자의 이름을 모르지만, – 물론 독자는 그가 아슬란이라는 사실을 알지만 – 사자의 발톱은 너무나 깊이 파고들어 유스터스는 극심한 고통을 느낀다. 그리고 용의 비늘들이 마침내 다 벗겨졌을 때, 신비로운 사자는 피부가 벗겨지고 피 흘리는 유스터스를 우물에 던져 넣는다.

유스터스는 인간성이 회복되어, 깨끗해지고 새로워진 모습으로 우물에서 나온다. 우물 물에 잠기는 것은 신약 성서가 말하는 세례를 떠올리게 한다. 신약 성경은 세례가 우리가 자아에 대해 죽고 그리스도에 대해 살아나(로마서 6장) 실제로 억압과 포로 상태의 이야기에서 풀려나 해방 이야기의 일부가 되는 것이라고 말한다.

그러면 우리는 너무나 생생하게 묘사된 이 강력하고 충격적인 이야기로부터 무엇을 배워야 할까? 아슬란이 유스터스의 살을 벗겨 내는 노골적 이미지가 분명히 보여 주다시피, 유스터스는 전혀 통제할 수 없는 세력에 사로잡혔다. 주인이 되고자 하는 이가 오히려 지배를 당했다. 용은 죄 자체의 상징이라기보다는, 옭아매고 사로잡고 가두는 죄의 능력에 대한 상징이다.

죄의 능력은 오직 구원자 아슬란에 의해서만 깨어지고 정복될 수 있다. 아슬란은 유스터스를 치유하고 새롭게 하여 제대로 된 모습으로 그를 회복시킨다. 거짓과 자기 기만의 거미줄에 걸렸던 유스터스는 그 이야기에 너무나 깊이 걸려들고 얽힌 나머지 거짓의 도가니에서 벗어날 수가 없다. 아슬란만이 이 이야기의 능력을 깨뜨리고 유스터스를 또 다른 이야기로 들어가게 해 줄 수 있었다. 그 이야기 안에서 유스터스는 진정한 소속감을 느낄 수 있다.

루이스의 이야기는 이중의 기능을 수행한다. 첫째, 죄와 구원이라는 기독교의 주제를 이야기로 표현해 내어, 죄를 사람을 노예로 삼는 힘이자 인력으로 극복할 수 없는 힘이라고 생생하고 실감나게 묘사한다. 하나님의 은혜만이 죄의 능력을 깨뜨리고 그 주문으로부터 우리를 해방시킬 수 있다. 그러나 둘째, 루이스의 이야기는 변증가들에게 동일한 논점과 상상력을 사로잡는 매력적이고 흥미진진한 방식으로 전하기 위해, 어떤 이야기를 들려줘야 할지 숙고하도록 초청한다.

우리는 이야기 안에 갇혀 버리기가 너무나 쉽다. 이야기는 우리가 세상을 보는 방식에 영향을 끼치고 더 나은 방식을 보지 못하게 눈을 가릴 수 있다. 오래전 무신론자 시절에 나는 그런 경험을 했다. 하나님에 대한 믿음을 지적으로 터무니없는 것으로 그려 낸 이야기에 눈이 가려져 진실을 보지 못했다.

철학자 루트비히 비트겐슈타인(Ludwig Wittgenste, 1889–1951)이 했던 이 말을 아는 사람도 있을 것이다. "그림은 우리를 포로로 삼는다." 이 말은 우리가 깨닫든지 깨닫지 못하든지 우리의 세계 인식을 지배하게 된 세계관이나 거대한 이야기에 의해 쉽사리 지배를 받을 수 있음을 잘 보여 준다. 이 '그림'은 우리에게 특정 방식의 경험을 자연스럽거나 자명하게 옳은 것으로 해석하게 만드는 반면, 동시에 같은 경험을 다른 방식으로 이해할 수 있음을 보지 못하게 만든다.

루이스의 도움을 받아 우리는 사람들이 유물론적 또는 무신론적 이야기가 하나의 선택지일 뿐이라는 사실과, 동시에 그보다 더 나은 선택지들이 있고, 그중에서 기독교가 최고의 선택지라는 사실을 깨닫도록 도울 필요가 있다.

루이스의 기독교 변증: '갈망으로부터의 논증'을 중심으로

이제 다룰 세 번째 주제는 루이스의 변증이다. 변증이란 기독교 신앙을 변호하고 적극 소개하는 작업으로서, 비판가들의 공격에 맞서 기독교 신앙을 변호하고, 문외한에게 기독교 신앙의 매력을 알리고 설명해 주는 일을 말한다.

기독교 역사 내내 이러한 변증 작업이 있었는데, 대표적인 예로 2세기 때 순교자 유스티누스(Justinus, 100-165)가 플라톤주의자들의 비판에 맞서 기독교를 변호하며, 13세기 때 토마스 아퀴나스(Thomas Aquinas, 1225-1274)가 기독교 신앙의 합리성을 증명하며, 또 17세기 때 파스칼(Blaise Pascal, 1623-1662)이 신앙의 온당성을 변호하며 탁월한 변증 저술을 남겼다.

루이스의 변증 사역은 그의 첫 번째 본격적 변증서라고 할 수 있는 『고통의 문제』(*The Problem of Pain*)가 출간된 1940년에 시작되었다고 할 수 있다. 이후 출간된 『순전한 기독교』(*Mere Christianity*, 1952)는 루이스를 당대 가장 탁월한 변증가 중 한 사람으로서의 그의 명성을 더 공고하게 만들어 주었다.

흥미로운 점은, 루이스의 변증은 철저히 이성적이면서도 하나님을 찾아가는 지적 여정의 출발점으로서 경험의 역할을 강조한다는 점이다. 특히 『순전한 기독교』가 이러한 접근법을 잘 보여 준다. 루이스는 도덕이나 갈망 등에 대한 우리의 경험이나 직관이 일종의 단서들로서, 우리로 하여금 '이 우주를 지도하는 무언가'가 있을지 모른다는 '의구심을 갖게' 만들어 준다고 말한다. 그리고 루이스는, 우리의 도덕 경험은 '우리가 만들어 낸 법이 아닌 우리가 마땅히 순종해야 하는 어떤 진짜 법'이 있다는 사실을 시사하며, 우리의 갈망 경험은 우리의 참된 본향인 어떤 곳의 '복사본이요 메아리요 신기루 같은 것'이라고 주장한다. 이는 우리의 상상력을 크게 일깨울 뿐 아니라 상당한 설명력을 가진 접근법이다.

이렇게 루이스는 독자들에게 한번 기독교가 세상을 바라보는 방식으로 세상을 보라고 초대한다. '한번 이런 식으로 세상을 봐봐!' 하는 것이다. 흔히 세계관이나 거대한 이야기를 렌즈에 비유하곤 하는데, 문제는 어떤 렌즈가 우리로 하여금, 과연 세상을 가장 또렷하게 보게 해 주는 렌즈인가 하는 것이다.

'단서' 그 자체가 무엇을 증명해 주지는 못한다. 단서의 중요성은 그것들이 쌓이고 특정 맥락에 놓일 때 갖는 힘에 있다. 다시 말해, 보다 많은 단서들이 만족스럽게 설명되는 세계관일수록 그 세계관의 신뢰도는 높아지는 것이다.

루이스의 유명한 '갈망으로부터의 논증'에 대해 생각해 보자. 이 논증의 이성적 구조와 변증적 호소력에 대해 알아보자. 먼저 루이스는 어떤 경험에서 출발하는데, 바로, 정의하기 어려운, 혹은 불가능한 무언가를 향한 그리움으로서, 결코 만족되는 법이 없는 정체불명의 갈망이다. 루이스는

『나니아 연대기』를 비롯해 그의 작품 여러 곳에서 여러 다양한 형태로 이 논증을 제시한다.

『예기치 못한 기쁨』(*Surprised by Joy*)에서 루이스는 어린 시절 어느 날 벨파스트의 집 정원에서 수풀 향기를 맡고 있었을 때, 문득 미지의 무언가를 향한 강렬한 갈망(루이스가 말하는 '기쁨')이 자신을 덮쳐 왔던 경험에 대해 들려준다. 그런데 대체 이는 무슨 의미가 있는 체험이었던 것일까? 의미가 있기는 있는 것일까? 의미를 알고자 하면 어떤 관점이 필요할까? 어떤 해석이 필요할까?

루이스는 무신론자였을 때 그러한 체험을 그저 환영으로 치부했다. 하지만 점점 그는 그러한 단순한 환원주의적 설명들에 만족할 수 없게 되었다. 기독교에 대해 알아 갈수록, 그는 기독교가 제공하는 설명의 틀 안에서 그러한 체험들이 무리 없이 이해될 수 있다는 사실을 깨닫기 시작했다. 기독교가 말하는 것처럼, 만일 하나님께서 계시고 그분이 우리를 적극적으로 찾아오시는 인격적 주체이시라면 어떠할까? 그렇다면, 하나님을 '어린 시절부터 내게 날아든 그 기쁨의 화살들의 원천'으로 이해하는 것은 어렵지 않다.

『순전한 기독교』에서 루이스는 바로 이러한 접근법으로 인간이 경험하는 그 특별한 갈망과 불만족의 체험을 다룬다. 무언가 엄청나게 중요한 것이 바로 코앞에 있는데 잡힐 듯 잡히지 않아 애만 태우게 되는 체험 말이다. 그것은 연기처럼 우리 손에 잡히지 않는다. 루이스의 표현처럼, "갈망을 느끼는 순간에는 무언가 포착하나, 현실로 돌아오는 순간 다시 놓쳐 버리고 마는" 것이다. 이러한 갈망과 불만족 경험이 뜻하는 바는 무엇일까? 그것이 가리키는 바는 무엇일까?

어떤 이들은 이러한 좌절감은 그 갈망을 만족시켜 줄 수 있는 대상을 아직 만나지 못해서 그런 것일 뿐이라고 말한다. 또 어떤 이들은 아무리 추구해도 결국 실망감만 거듭될 뿐이라면, 현 세상보다 더 나은 무언가를 찾아다니는 것은 소용없는 짓일 뿐이라고 말한다.

하지만 루이스는 또 다른 접근법이 있다고 말하는데, 그것은 바로 그러한 지상적 갈망들이 우리의 참된 본향에 대한 '복사본, 메아리, 신기루' 같은 것임을 깨닫는 것이다. 즉, 우리 안에 현 세상의 그 어떤 것으로도 만족되지 못하는 어떤 커다란 갈망이 있는 것은, 그 갈망의 궁극적 대상이 현 세상 너머의 것임을 시사한다는 것이다.

> 만일 내 안에 이 세상 그 어떤 경험으로도 만족되지 못하는 어떤 갈망이 있다면, 그건 내가 지금 이 세상이 아닌 다른 세상을 위해 만들어졌기 때문이라는 것이 가장 개연성 높은 설명일 것입니다.

루이스가 말하는 이런 경험의 예들은 많고, 이것은 루이스의 접근법에 대한 우리의 이해를 돕는다. 한 가지 예로서, 20세기 가장 명료하고 영향력 있는 영국 사상가 중 한 사람이자 무신론자였던 버트란드 러셀(Bertrand Russell, 1872–1970)은 이런 말을 남긴 바 있다.

> 내 중심에는 언제나 이 세상 너머에 있는 무언가를 향한 추구가 있었다. 초월적이고 무한한 무언가, 즉 지복직관, 하나님 등을 향한 추구 말이다. 아직 찾지 못했고, 또 찾을 수 있으리라고도 생각하지 않지만, 내 평생은 그것을 향한 사랑이었다. 그것이 사실 내 내면의 생명의 원천이었다.

딸 캐서린 테이트(Catherine Tate)에 따르면, 러셀의 평생은 알고 보면 사실 하나님을 찾고자 하는 여정이었다. 아버지의 경험에 대해 숙고하며 테이트가 하는 말은 루이스의 변증 방식과 관련하여 큰 시사점을 준다. "내

아버지의 지성 후면, 그의 마음 밑바닥, 그의 영혼 깊은 곳에는 본래 하나님으로 채워져 있어야 할 어떤 빈 공간이 있었고, 다른 그 어떤 것도 그 빈 공간을 채우지 못했다." 딸의 말에 따르면, 러셀은 '자신을 이 세상에 속하지 않은 유령 같은 존재로 느끼고' 그것 때문에 시달리곤 했다.

루이스의 기독교 변증 글들을 보면, 루이스는 늘 성경이나 기독교 전통이 아니라, 보편적인 인간 경험 이야기로부터 출발한다. 그리고는 어떤 '관점'이 그런 경험들을 가장 잘 이해하도록 만들어 주는지 묻는다. 변증가로서의 루이스의 천재성은 그 공통된 인간 경험을 이해하는 일에 있어서 다른 어떤 관점들보다도, 특히 그가 한때 지지했던 무신론보다도, 성경과 기독교 전통에 기반한 관점이 더 만족스런 설명을 내놓을 수 있다는 사실을 탁월하게 보여 주었다.

루이스의 변증은 먼저 어떤 공통된 인간 경험의 이야기를 꺼낸 다음, 그것이 기독교가 세상을 바라보는 방식과 얼마나 자연스럽고 무리 없이 맞아 들어가는지를 보여 준다. 루이스에게 기독교는 우리로 하여금 '큰 그림'을 보게 해 주며, 우리의 지성을 키워 주며 우리의 상상력을 만족시켜 주는 세계관이다. 즉, 기독교는 세상을 보다 분명하게 보이도록 해 주는 렌즈 같은 것이다. 루이스는, 기독교는 우리가 세상에서 관찰하고 경험하는 바를 이해할 수 있게 해 주며, 그러하기에 진리라고 생각한다.

이를 앞서 다룬 주제와 연결 지어 보자. 루이스가 자신의 변증에 이야기를 사용하는 방식과 말이다. 지크문트 프로이트(S. Freud, 1856–1939)가 제기한 바 있는 기독교에 대한 유명한 반대가 있다. 『환상의 미래』(*Die Zukunst einer Illusion*, 1927)에서 프로이트는 대단히 환원적인 종교관을 제시한 바 있는데, 종교의 주장은 그저 '망상이며, 인류의 가장 오래되고 가장 강력하며, 가장 절박한 희망 사항일 뿐'이라고 주장한 바 있다.

신이 존재한다는 것은 그저 인간의 희망 사항, 인간 소원의 표현이자 산물일 뿐이며, 이 부조리한 세계의 냉혹한 현실 앞에서 인간이 도피처로 삼는 몽상에 불과하다는 것이다. 이렇게 프로이트는 인간이 초월에 기대지 않고는 삶을 헤쳐 나갈 능력이 없어서 초월적인 신을 발명해 낸 것일 뿐이라고 주장한다.

기독교에 대한 이러한 반대에 우리는 어떻게 대응할 수 있을까? 한 가지 방법으로, 우리는 만일 종교의 심리적 기원에 대한 프로이트의 설명이 옳다면 프로이트 자신의 무신론도 마찬가지로, 프로이트의 개인사, 특히 아버지와의 불편했던 관계의 산물일 뿐이지 않겠냐고 응수할 수 있을 것이다. 그러나 루이스의 접근법은 매우 다르다. 그는 이야기를 사용한다.

이를 가장 잘 볼 수 있는 곳이 『나니아 연대기』 후반 작품 중 하나인 『은의자』(*The Silver Chair*, 1953)이다. 루이스는 플라톤이 처음 사용한 바 있는 이야기, 화톳불 외에는 어떤 빛도 들어오지 않는 한 어두컴컴한 지하 동굴 이야기를 꺼낸다. 그 지하 동굴의 거주자들은 태어났을 때부터 쭉 거기에 살았던지라, 그들의 어두운 세계 너머 더 큰 세계가 있다는 생각을 아예 하지 못한다. 그런데 한 여왕이 통치하고 있는 그 '지하 세계'에 나니아에 살던 이들 몇몇이 어쩌다 들어오게 되고, 그들에게 그 여왕은 나니아가 사실 존재하지 않으며 그저 그들의 상상력의 소산일 뿐이라는 주장을 편다. 나니아에서 온 이들 중 하나인 퍼들글럼(Puddleglum)은 이 어두컴컴한 '지하 세계' 너머 정말로 '지상 세계'가 존재하며, 그 세계는 '태양'이라는 것이 빛을 비춰주고 있다는 사실을 설명하려고 애쓴다.

그러나 지하 세계의 여왕은 코웃음을 친다. 퍼들글럼이 말하는 태양이란 그가 지하 세계에 있는 램프들을 보고서 만들어 낸 관념일 뿐이라고 말한다. "너는 진짜 세계인 이 세계의 것들을 가져다가 너의 가상의 세계에 대해 말할 수 있을 뿐이다. 이 세계가 유일한 세계이기 때문이지.' 또 그 여왕은 태양이라는 것이 있다는 건 앞뒤가 맞지 않는다고 주장한다. 퍼들글럼의 말에 따르면, 하늘에 걸린 태양이 온 지상 세계를 비추고 있다고 하는데, 대체 태양이 '어디에' 걸려 있단 말인가?

이 구절을 읽는 독자들은 여왕의 그 예리해 보이는 논리는 적어도 그 지하 세계 거주민들에게는 대단히 잘 통하리라는 것을 이해한다. 플라톤이 말한 그 동굴 속 죄수들처럼, 다른 세계를 전혀 알지 못하는 그들은 퍼들글럼이 말하는 태양 이야기를 그저 기만이고 모순이라고 여겼을 것이다.

그러나 이 구절을 우리의 관점에서 읽는 필자와 여러분의 경우는 다르다. 우리는 태양이 빛을 비추는 지상 세계가 정말 있다는 사실을 안다. 이렇게, 독자는 한 관점에서는 옳은 논증이 다른 관점에서는 틀린 논증이 된다는 사실을 이해한다.

루이스의 이야기는 독자로 하여금 자신의 관점을 뒤집어 보도록, 세상을 보는 시각을 바꾸어 보도록 만든다. 세상을 보는 다른 방식을 제시하며, 유물론적, 자연주의적으로 세상을 보는 방식에 입각한 이야기에 도전한다. 만일 우리가 이러한 다른 방식, 새로운 방식으로 세상을 보는 법을 배우지 못한다면, 우리는 계속해서 우리의 지하 감옥에 갇힌 채 동굴 너머의 세계란 없으며 '있을 수도 없다'고 믿게 될 것이다. 루이스는 상상의 공간을 창조해 그 안에서 독자들로 하여금 하나님을 믿어 보게끔 만들며, 자연주의에 대한 믿을 만한 대안을 제시해 준다.

루이스는 기독교가 인간과 우리 세계에 대해 무신론이 들려주는 이야기보다 더 나은 이야기를 들려줄 수 있어야 한다고 생각했다. 1941년에 행한 설교 "영광의 무게"에서 루이스는 유물론적 세계관의 지배를 받는 현 문화 상황에 대해 말한다. 유물론 이데올로기는 사람들로 하여금 초월적 세계는 '당연히' 존재하지 않는다고 생각하게 만든다. 무릇 이데올로기라고 하는 것들은 자기 존재를 숨기고, 사람들로 하여금 자신의 사상과 가치들을 그저 당연한 것으로 여기도록 만들기 때문이다. 이데올로기의 이러한 주술은 어떻게 깨뜨릴 수 있을까? 루이스는 의미심장한 답을 내놓는다. 주술을 깨기 위해서는 더 센 주술을 걸어야 한다는 것이니다. 루이스가 하는 말을 들어 보자.

> 주문은 주술을 걸 때뿐 아니라 주술을 깰 때에도 사용됩니다. 근 백 년간 세속주의라는 주술에 걸려 있던 우리에게는 이 악한 주술로부터 우리를 깨어나게 해 줄 최고의 강력한 주문이 필요합니다.

한 이야기의 주술을 깨기 위해서는 더 나은 이야기를 제시할 수 있어야 한다. 상상력을 사로잡고 지성의 문을 더 활짝 열어 주는 이야기 말이다. 앞서 필자는 비트겐슈타인이 말한 그림의 포로가 되는 것, 즉 세계를 한 가지 방식으로밖에 보지 못하게 되는 것에 관해 언급한 바 있다. 루이스의 요지는 우리는 세계를 보는 여러 다른 방식들이 있다는 사실과 세상을 보는 기독교적 방식이야말로 우리로 하여금, 세상과 우리 자신에 대해 가장 선명하고 정확하게 볼 수 있게 해 준다는 점을 보여 줄 수 있어야 한다는 것이다.

이것이 바로 『나니아 연대기』가 기독교 변증에 있어 중요한 작품인 이유이다. 『나니아 연대기』는 기독교 이야기를 다시 말하기로서, 우리 세계와 인간 경험의 실재와 기독교 이야기가 어떻게 연결되는지를 보여 준다. 『나니아 연대기』에서 루이스가 이룬 주목할 만한 성과는 독자들로 하여금 기독교 서사 안으로 들어가 살아 보도록, 다시 말해 그 이야기 속에 들어가 몸소 그 이야기의 일부가 되어 보도록 해 준다는 데 있다.

『순전한 기독교』가 우리에게 기독교 사상을 이해시키는 책이라면, 『나니아 연대기』는 우리로 하여금 기독교 이야기 속으로 들어가 그것을 '체험' 해 보게끔 해 주는 책이다. 이 책을 통해 우리는 기독교 이야기가 얼마나 세상의 의미를 밝히 드러내 주며, 진리와 아름다움과 선에 대한 우리의 가장 깊은 직관들과 잘 '어우러지는지'를 보게 된다.

출판 순서대로 나니아 시리즈를 읽는 독자라면 『사자, 마녀 그리고 옷장』(*The Lion, the Witch and the Wardrobe*)를 통해 이 이야기에 첫발을 들여놓게 되는데, 이 책의 주제는 구원자의 도래이다. 『마법사의 조카』(*The Magician's Nephew*)는 창조와 타락 이야기를 다루고, 『마지막 전투』(*The Last Battle*)의 주제는 옛 질서의 종말과 새 창조의 도래이다.

나머지 네 책들(『캐스피언 왕자』, 『새벽 호의 항해』, 『말과 소년』, 『은 의자』)은 이 두 도래 사이의 기간을 다룬다. 이 책들이 보여 주는 바, 믿음의 삶이란 아슬란의 앞선 도래와 장차 있을 도래 사이의 긴장을 살아 내는 것이다. 즉, 아슬란은 기억의 대상이며 동시에 희망의 대상이다.

루이스는 보일 듯 보이지 않는 아슬란을 향한 절절한 그리움, 냉소와 회의를 극복해 내는 강하고 우아한 믿음, '거울을 보듯 희미하게' 볼 뿐이면서도 끝까지 신뢰 가운데 악과 의심의 공격에 맞서는 삶의 모습 등을 묘사한다. 또한 기독교 이야기에 대한 이러한 리텔링(retelling)을 통해 그리스도인들로 하여금 기독교 신앙의 핵심 주제들에 대해 새로운 깨달음을 갖게 해 주며, 교회 바깥 사람들에게까지 삶을 변화시키는 복음의 매력과 능력을 살짝 맛볼 수 있게끔 해 준다.

루이스가 말하는 기독교 유산의 가치

마지막으로 루이스는 기독교의 풍부한 신학적 유산의 가치를 역설한다. 루이스는 현대의 그리스도인들이 앞선 믿음의 선배들에게서 배울 수 있어야 한다고 말한다. 루이스의 이런 주장은 4세기 알렉산드리아의 아타나시우스의 『말씀의 성육신에 관하여』, 기독교 역사 상 가장 중요한 신학서 중의 하나인 그 책 영역본을 위해 쓴 서문에서 가장 잘 나타난다.

루이스는 그 책을 문화와 역사의 한계를 초월하는 진정한 고전으로 여겼다. 그 책은 성육신에 관한 현대의 토론들에서도 여전히 중요하게 인용되는데, 그 주제와 관련된 신학적 이슈들이 너무도 정확하고 예리하게 제시되어 있기 때문이다.

루이스는 영문학을 읽다가 기독교 고전을 접하게 되었고, 왜 어떤 책들이 고전이 되는지 그 이유를 이해하게 되었다. 고전이란 그 안에 담긴 가치와 탁월성 때문에 사람들이 거듭해서 찾게 되는 책들이다. 루이스는 옛날 책들은 우리에게 현시대와의 비판적 거리를 확보해 주어, "현시대의 문제들을 넓은 시야로 조망"할 수 있게 해 준다고 말한다. 고전은 "장구한 바닷바람으로 우리 마음을 확 뚫어" 주어 우리로 하여금 현 시대정신의 포로가 되지 않게 해 준다.

일단 이는 루이스가 현시대 기독교 신학 논쟁을 겨냥해 하는 말이다. 즉, 과거의 신학 유산은 현재의 신학적 논의에 풍부한 통찰과 도전을 줄 수 있다는 것이다. 하지만 루이스의 주장은 보다 넓게 적용될 수 있다. "새 책은 아직 검증되지 않은 책이고, 아마추어는 아직 그 책의 가치를 판단할 위치에 있지 못합니다."

우리는 미래의 책들을 아직 읽을 수 없으나, 과거의 책들은 읽을 수 있고, 현재를 궁극적 권위로 여기던 생각은 큰 도전을 받을 수밖에 없다. 왜냐하면 현재도 조만간 과거가 될 것이고 현시대의 사상들의 자명했던 권위도 그에 따라 허물어질 것이기 때문이다. 그 권위가 그 사상들 자체의 탁월성이 아니라 그저 연대기적 위치에 근거한 것이었다면 말이다.

루이스가 지적하듯이, 20세기에 발흥한 여러 이데올로기들을 평가함에 있어서 '여러 장소에 살아 본' 사람은 '고향에만 살아본 사람의 편협한 시각'을 초월할 수 있는 가능성이 높다. 학자는 '여러 시대들에 살아 본' 사람인지라 현시대의 판단들과 추세들을 자동적으로 최종적인 것으로 여기는 생각들에 도전을 제기할 수 있다. 이러한 입장을 개진하는 루이스의 말을 직접 들어 보자.

우리에게는 과거에 관한 지식이 필요하다. 과거의 것이 무조건 옳아서가 아니다. 우리가 미래에 관한 지식은 가질 수 없지만 우리에게는 현재와 비교해 볼 수 있는 무언가, 시대마다의 근본 가정들이 다 달랐으며 어떤 시대에 대중에게 자명했던 사상이 실은 금명간 사라질 유행에 불과했다는 사실을 상기시켜 줄 수 있는 무언가가 필요하기 때문이다.

어떤 책의 진가를 결정짓는 것은 현재 그 책이 받고 있는 평가가 아니라 앞으로 한 세대 후 그 책이 받게 될 평가이다. 그때에도 과연 '가치' 있는 책으로 여겨질 것인가? 두고두고 '기억'될 책이 될 것인가? 기독교 고전들, 가령 아타나시우스의 『말씀의 성육신에 관하여』랄지, 어거스틴의 『고백록』 같은 책들은 우리로 하여금 우리 공동의 유산으로부터 신앙의 내용을 배우게 해 주며, 또한 우리 시대의 편협한 시야로부터 벗어나게 해 준다.

고전은 우리로 하여금 기독교의 유구한 성찰 전통에 기대어 우리 시대와 문화의 중요한 질문들과 문제들을 다른 시대의 눈을 통해 볼 수 있게끔 해 준다. 아타나시우스의 『말씀의 성육신에 관하여』 서문에서 루이스가 말하듯이 고전의 주된 가치 중 하나는, 지금 우리에게는 자명한 것으로 보이나 이후 세대들에게는 터무니없게만 보일 현시대 특유의 가정들에 도전을 제기해 줄 수 있다는 점이다.

과거의 풍부한 신학적 유산은 우리로 하여금 복음을 새로운 눈으로 보게 해 주며, 우리의 역사적 · 문화적 한계들에 도전을 가함으로써 기독교 진리에 대한 우리의 이해를 풍성하게 해 준다. 루이스는 우리의 눈을 열어 더 큰 실재를 보게 해 줌으로써 '개성이라는 특권을 허물지 않으면서도 상처를 낫게 해' 주는 문학의 힘에 대해 논한 바 있다. 루이스의 후기 작품인 『문학비평에서의 실험』의 한 구절이다.

> 저는 제 눈만으로 충분하지 않고 다른 이들의 눈을 통해서도 볼 것입니다. 위대한 문학 작품을 읽을 때 저는 수많은 다른 사람이 되면서도 여전히 자신으로 남아 있습니다. 어느 그리스 시에 나오는 밤하늘처럼, 저는 수많은 눈으로 보지만 보는 사람은 여전히 저입니다.

루이스는 과거의 지혜에 귀를 기울이는 것이 우리로 하여금 '자신의 눈, 상상력, 마음뿐 아니라 다른 눈들로도 보고, 다른 상상력들로도 상상하고, 다른 마음들로도 느끼'도록 해 준다고 말한다. 이것이 바로 우리가 아우구스티누스, 루터, 칼뱅 같은 이들의 책을 읽는 이유이다. 우리 자신을 키우기 위해서이다. 우리가 루이스를 읽는 이유도 바로 그것이다. 루이스는 기독교의 위대한 유산의 일부가 되었다.

결론

본 강연의 내용을 요약해 보자. 루이스는 우주의 합리성을 긍정한다. 하지만 그렇다고 차가운 논리나 황량한 논증에 매이지 않았다. 루이스는 우리의 상상력을 사로잡는 이미지와 이야기의 힘을 긍정했다. 하지만, 그렇다고 진리의 우선성을 포기하지 않았다.

갈수록 복잡해져 가는 현대 문화 속에서 말씀 선포와 사역을 감당해야 할 현대 교회를 위해 루이스는, 문화적 개연성과 지적인 설득력을 갖춘 대단히 풍부한 통찰과 접근법을 제시해 주고 있다. 우리는 우리 문화로 하여금 복음의 의미와 삶을 변화시키는 복음의 능력을 깨닫도록 돕는 일에 우리의 이성과 상상력 모두와 대화할 필요가 있는 것이다.

마지막으로 루이스는 진리를 '보여 줌'(showing)으로써 진리를 '말해'(telling) 내는 작가였다. 루이스는 기독교에 대해 지적으로 널찍하고 상상력 가득한 비전을 제시하는데, 이것이 가장 풍부하고 매력적으로 표현된 곳은 아마도 "신학은 시인가?" 하는 제목의 옥스포드대학 강연 말미일 것이다. 루이스는 강력한 시각 이미지를 이용해 우리로 하여금 하나님을 세상의 합리성의 근거이자, 그 합리성을 파악하게 해 주는 존재로 보게 해 주었다.

> 나는 해가 떴다고 믿을 때처럼 기독교를 믿는다. 그것 자체를 볼 수 있어서만이 아니라, 그것을 통해 다른 모든 것들을 볼 수 있어서 믿는 것이다.

이 우아하고 의미 깊은 문장은 루이스 자신을 기념하기에, 또 그의 풍부한 기독교 이해를 기념하기에 더없이 적합한 문구이다. 따라서 2013년 루이스의 사후 50주기를 기념하여 런던 웨스트민스터사원에 설치된 기념석에 들어갈 문구로서 이 문장이 선택된 것은 더없이 적절했다.

아무쪼록 이 글을 통해, 루이스는 읽을 만한 가치가 있는 작가이며, 현시대에 기독교 신앙을 이해하고 소통하는 일에 관하여 중요한 가능성을 열어 준 사람이라는 사실을 필자가 충분히 납득시킬 수 있었기를 바란다.

신학자 루이스:
그의 삼위일체론을 중심으로

정성욱

요약 | 이 글의 목적은 루이스가 신학자였음을 밝히고 이를 논증하기 위해 그의 삼위일체론을 살펴보려는 데 있다. 첫째, 그는 아마추어 신학자였다. 둘째, 만인 신학자론을 주창하면서 모든 그리스도인이 신학자임을 믿었다. 셋째, 그는 대중적인 신학자였다.

이런 그의 신학자적인 면모는 그의 신학관과 삼위일체론에서 극명하게 드러난다. 그는 아마추어 신학자, 평신도 신학자, 대중적 신학자였지만 전문적인 신학자보다 깊게 삼위일체 하나님을 이해하였고, 심오하면서도 간결하고 설득력 있게 그 하나님을 옹호하였다. 특히 삼위일체 하나님을 '사랑'이라는 유비로 이해한 것은 20세기 말과 21세기에 이루어진 세계 신학계에서의 관계론적 삼위일체론의 재흥과 맞물리는 적실성을 보여 주었다. 더 나아가서 그는 삼위일체 하나님의 절대적 독특성을 확인함으로써,

정성욱 교수
현 미국 덴버신학대학원 조직신학 교수,
한국 조나단 에드워즈 및 C. S. 루이스 컨퍼런스 공동 창립자.

21세기 종교 다원주의적 상황에서 기독교의 유일성을 변증하는 노력에 큰 길을 제시하였다.

마지막으로, 신학자로서의 루이스가 오늘날 한국 교회를 향하여 던지는 근본적인 도전은 무엇인가? 그것은 무엇보다도 '만인 신학자론'의 회복이다. 한국 교회가 건강함을 유지하고, 더 깊게 성숙하기 위해서는 모든 그리스도인들이 신학자라는 정신이 반드시 회복되어야 한다.

들어가는 말

'C. S. 루이스를 어떻게 볼 것인가?'라는 질문은 많은 학자들에게 큰 고민거리가 되어 왔다. 왜냐하면 다층적인 루이스의 면모를 단 한마디의 말로 표현하기는 불가능하기 때문이다. 그는 분명 『나니아 연대기』 같은 판타지 소설을 집필한 '작가'였고, 학문적으로 볼 때 중세와 르네상스 문학에 대한 전문적인 지식을 갖춘 '비평가'였다. 또한 그는 『인간 폐지』(*The abolition of Man*)나 『기적』(*Miracles*) 같은 저작을 통해서 깊은 통찰력을 가진 '철학자'로서의 모습도 보여 주었고, 동시에 그는 『순전한 기독교』(*Mere Christianity*)나 『고통의 문제』(*The Problem of Pain*)와 같은 작품을 통해서 기독교 진리에 대한 탁월한 '변증가'로서의 면모도 보여 주었다.

그렇다면 C. S. 루이스는 '신학자'인가? 이 질문 역시 많은 사람들을 곤란하게 만들었다. 통상적인 의미에서, 아니 적어도 20세기 후반과 21세기 초반의 현대적인 컨텍스트에서, 신학자란 학부를 졸업한 이후 대학원에서 신학이나 목회학을 전공하고 이어서 성경신학이나 조직신학 또는 역사신학이나 실천신학 등의 전문적인 분야를 학술적으로 연구한 후 박사 학위를 받은 사람을 뜻한다. 더 나아가서 신학 분야에서 단순히 박사 학위를 받고 다른 영역에서 활동하는 사람들이 아니라, 신학에 대한 전문적인 연구를 수행하면서 신학교나 대학교에서 신학 교수로서 사역하면서 논문과 저술 작업을 하는 사람들을 우리는 보통 '신학자'라고 부른다.

이런 통상적인 기준을 따르면 루이스는 결코 신학자일 수 없다. 그는 신학대학원에서 공부한 적이 없으며, 신학 분야에서 박사 학위를 받은 적은 더더욱 없고, 신학에 대한 전문적인 연구를 실행한 적도 없으며, 신학교나 대학교에서 신학 교수로서 사역한 적도 전혀 없다. 루이스가 통상적인 의미에서 신학자로 불릴 수 없는 것은 너무나 분명하다. 그럼에도 불구하고 역설적이게도, 신학을 전문적으로 연구하는 많은 사람들은 C. S.루이스를 신학자로 부르는 데 주저함이 없다. 그리고 필자는 신학을 좀 더 넓은 의미 또는 유기적인 의미로 재정의한다면, 우리는 루이스를 분명코 신학자, 그것도 매우 탁월한 신학자로 부를 수 있다고 믿는다. 이런 기본적인 통찰에 기초해서 이 글은 첫째, C. S. 루이스가 신학자였다는 사실과 둘째, 루이스의 신학자로서의 면모는 그가 삼위일체론을 어떻게 다루고 있는가에 의해서 극명하게 드러난다는 것을 다양한 증거들로써 논증하는 것을 목적으로 한다.

신학자 루이스

알리스터 맥그래스(Alister E. McGrath)

C. S. 루이스가 신학자임을 가장 강력하게 주장한 사람 중 하나는 바로 탁월한 복음주의 신학자 알리스터 맥그래스이다. 우선 맥그래스는 그의 저작 『위대한 기독교 사상가 10인』(*A Cloud of Witness: 10 Great Christian Thinkers*)[1]

---

1 Alister E. McGrath, *A Cloud of Witnesses: 10 Great Christian Thinkers* (Eugene, OR: Wipf &

에서 루이스를 교회 역사상 가장 중요한 10인의 기독교 사상가에 포함시켰다. 맥그래스가 루이스 이외에 위대한 기독교 사상가 10인의 반열에 올린 사람들은 아타나시우스(Athanasius), 아우구스티누스(Augustinus), 안셀름(Anselm of Canterbury), 토마스 아퀴나스(Thomas of Aquinas), 마르틴 루터(Martin Luther), 장 칼뱅(Jean Calvin), 츠빙글리(Zwingli), 조나단 에드워즈(Jonathan Edwards) 그리고 칼 바르트(Karl Barth)였다. 루이스를 제외한 이 아홉 명의 사상가들은 기독교 신학사에서 매우 비중 있게 다뤄지는 탁월한 신학자들임에 의문의 여지가 없다. 맥그래스는 이 아홉 명의 신학자들과 루이스를 동일한 선상에서 다루고 있다. 그것은 맥그래스가 루이스를 진정한 의미에서의 신학자로 여긴다는 분명한 증거이다.

맥그래스는 C. S. 루이스의 별세 50주년을 기념하여 출간한 루이스 전기 『C. S. Lewis: 별난 천재, 마지못해 나선 예언자』(*C. S. Lewis – A Life: Eccentric Genius, Reluctant Prophet*)[2]에서 다음과 같이 주장한다.

> 〈크리스채너티 투데이〉는 루이스의 출생 100주년을 기념하는 1998년 기사에서, 루이스가 "현대 복음주의의 아퀴나스, 아우구스티누스, 이솝"이 되었다고 선언했다. 루이스가 미국 복음주의의 문화적 시각을 바꾸는 데 중요한 역할을 했다는 것은 분명하다. … 사반세기에 걸쳐 그에 관한 긴 대화를 나눈 경험을 토대로, 나는 루이스가 미국의 떠오르는 복음주의 세대에 강력한 호소력을 발휘하는 이유에 대해 나름의 결론을 내렸다. 그들에게 루이스는 신앙을 풍성하게 하고 확장시키되 희석시키지 않는 인물이기 때문이다. 다시 말해 복음주의

Stock, 2005), reprint edition. 한글판은 알리스터 맥그래스, 『위대한 기독교 사상가 10인』, 신재구 역 (서울: 기독학생화출판부, 1992).

2 Alister E. McGrath, *C. S. Lewis – A Life: Eccentric Genius, Reluctant Prophet* (Tyndale House Publishers, 2013). 한글판은 알리스터 맥그래스, 『C. S. Lewis: 별난 천재, 마지못해 나선 예언자』, 홍종락 역 (서울: 복있는 사람, 2013).

자들은 루이스를 기독교 신앙의 근본적인 특징은 건드리지 않으면서도 지성과 감정, 상상력을 사로잡아 기독교 신앙을 더 깊이 있게 바라보도록 안목을 열어 주는 촉매재로 본다. 루이스는 복음주의의 기본 요소들을 훼손하지 않고 보완해 준다.[3]

맥그래스는 루이스를 아퀴나스와 아우구스티누스에 비유한 기사를 긍정적으로 소개함으로써, 루이스가 기독교 문학 작가나 변증가를 넘어선 '신학자'였음을 시사한다. 또한 신학자 루이스가 많은 복음주의자들에게 기독교 신앙을 더 깊이 있게 바라보도록 안목을 열어 주는 촉매제 역할을 하였음을 지적한다.

맥그래스는 또한 그의 2014년 저작, 『C. S. 루이스의 지적 세계』(*The Intellectual World of C. S. Lewis*)[4] 제8장에서 "신학자 루이스"라는 주제를 다루면서, 루이스를 신학자로 보는 것은 매우 정당하다고 주장한 바 있다.

칼 바르트(Karl Barth)
: 만인 신학자론(Theologianhood of All Believers)

칼 바르트와 C. S. 루이스는 거의 동시대 사람이었다. 바르트는 1886년에 태어났고, 루이스는 1898년에 태어났으니까 바르트가 루이스보다 12년 선배이다. 반면 루이스는 1963년에 별세하였고, 바르트는 1968년에 별세하였다. 따라서 루이스가 바르트보다 5년 정도 먼저 별세한 것을 확인할 수 있다.

---

3 알리스터 맥그래스, 위의 책, 479–80.

4 Alister E. McGrath, *The Intellectual World of C. S. Lewis* (Malden, MA: John Wiley & Sons, Ltd., 2014), 163–84.

두 거인 기독교 사상가가 서로 만난 적이 있다는 기록은 없다. 그러나 루이스가 바르트를 알고 있었던 것은 분명하다. 루이스는 1940년 2월 18일에 그의 형에게 보낸 서한에서 다음과 같이 바르트와 바르트의 추종자들을 언급한다.

> 지금 내가 생각하고 있는 거의 모든 것과 같이 지금 변화되어 가고 있는 세상이 형과 나 같은 구세대의 사람들에게는 너무 감당하기 어려운 것이 되어 버렸다는 것은 두렵지만 사실이야. 나는 오늘날 이 세상의 경제도, 정치도, 그 아무것도 이해할 수가 없어. 심지어 신학도 마찬가지야. 사실 지난 두 학기 동안 옥스퍼드의 기독교 상황을 점점 더 알아 가면서 내가 발견한 가장 괴로운 사실이 바로 그거야. 형도 나처럼 우리가 그리스도인들과 섞여서 교제하는 동안에는 적어도 현대 사상의 폭압성과 우울함으로부터 멀리 달아날 수 있을 것이라고 믿었지(매서운 바람을 벽 뒤에서 피하는 것처럼)? 그런데 그게 결코 아니었어. 나는 현대의 유사 기독교적인 감상주의와 정반대 되는, 오래되고 엄격한 교리들의 수호자가 바로 나라고 상상하는 말도 안 되는 어리석은 짓을 했던 거야. 결국 나의 '엄격함'이 그들에게는 '감상주의'가 된 것이지. 그들 모두는 칼 바르트라고 불리는 두려운 사람의 글을 읽고 있었어. 그들은 바르트를 칼 마르크스를 대항하는 적임자로 생각한 것 같아. 그들은 '심판 아래 있는 인간'이라는 표현을 엄청 좋아해. 바르트의 추종자들인 이 사람들 모두는 마치 언약파 교도나 구약의 예언자들처럼 말하더라고. 이 사람들은 인간의 이성이나 양심을 완전히 무가치하다고 여기고 있어. 이 사람들은 과거에 칼뱅이 강하게 주장한 것처럼 하나님의 행위가 인간에게 정의롭게(또 자비롭게도) 보여야 할 이유가 전혀 없다고 주장해. 그리고 그들은 우리의 모든 의가 누더기와 같다는 교리를 아주 강하고 진지하게 주장하지. 그래서 그들의 말을 들으

면 얼굴을 정면으로 한 방 맞는 것 같아.[5]

위의 짧은 인용문을 통해서 우리는 루이스가 바르트를 어떻게 이해했는지에 대한 전모를 파악할 수는 없다. 하지만 분명한 것은 루이스가 바르트를 긍정적으로 평가하고 있지는 않다는 사실이다. 특별히 루이스는 바르트가 현대 신학자로서 인간의 이성과 양심의 가치를 완전히 무시한 사람으로 이해하고 있는 듯하다. 루이스에게 있어서 바르트는 칼뱅 사상을 수용하면서 급진화시킨 예언자적인(긍정적이기보다는 부정적인 의미에서) 인물이었다. 인간의 이성과 양심에 호소하는 기독교 변증 방법을 선호했던 루이스가 자연 계시의 존재를 부인하고, 선험적 자연 신학의 원천적 불가능성을 주창한 바르트에게 매력을 느낄 수 없었다는 것은 어찌 보면 당연한 일일 것이다.

하지만 놀랍게도 두 사람 사이에는 사상적 공통분모가 있다. 그것은 두 사람 모두 '신학'과 '신학자'에 대한 보다 넓고 유기적인 이해를 추구했다는 사실이다. 이미 널리 알려진 것처럼 바르트는 루터와 칼뱅을 비롯

---

5 C. S. Lewis, *Yours, Jack* (San Francisco: HarperOne, 2008). "I am afraid the truth is in this, as in nearly everything else I think about at present, that the world, as it is now becoming and has partly become, is simply too much for people of the old square-rigged type like you and me. I don't understand its economics, or its politics, or any dam' thing about it. Even its theology-for that is a most distressing discovery I have been making these last two terms as I have been getting to know more and more of the Christian element in Oxford. Did you fondly believe-as I did-that where you got among Christians, there, at least, you would escape(as behind a wall from a keen wind) from the horrible ferocity and grimness of modern thought? Not a bit of it. I blundered into it all, imagining that I was the upholder of the old, stern doctrines against modern quasi-Christian slush: only to find that my 'sternness' was their 'slush'. They've all been reading a dreadful man called Karl Barth, who seems the right opposite number to Karl Marx. 'Under judgment' is their great expression. They all talk like Covenanters or Old Testament prophets. They don't think human reason or human conscience of any value at all: they maintain, as stoutly as Calvin, that there's no reason why God's dealings should appear just(let alone, merciful) to us: and they maintain the doctrine that all our righteousness is filthy rags with a fierceness and sincerity which is like a blow in the face."

한 종교개혁자들의 중요한 사상들을 수용하면서 그것을 비판적으로 급진화(radicalize)시켰다. 바르트는 종교개혁의 핵심 슬로건들을 그대로 수용했다. 그 슬로건들에는 '오직 예수 그리스도'(*solus christus*), '오직 은혜'(*sola gratia*), '오직 믿음'(*sola fide*), '오직 성경'(*sola scriptura*), '오직 하나님께 영광'(*soli Deo gloria*) 등이 포함된다. 이 외에도 바르트는 종교개혁의 '만인 제사장'(priesthood of all believers) 사상을 그대로 수용했다. '만인 제사장'의 원리는 그리스도인 모두가 한 사람의 예외도 없이 영적 제사장이라는 원리이다. 그래서 모든 그리스도인은 하나님과 사람 사이의 유일한 중보자 예수 그리스도의 피 공로를 힙입어 하나님의 존전에 담대하게 나아가, 자유롭고 친밀하게 하나님과 교제할 수 있는 특권을 얻었다. 그것은 예수 그리스도를 주와 구주로 믿고 그와 연합한 모든 그리스도인은 그리스도가 가지고 있는 메시아의 삼중 직분을 소유하게 된다는 진리에 근거를 두고 있다.[6] 그래서 그리스도인 모두는 영적인 의미에서 이미 왕, 선지자, 제사장이 되었다. 베드로전서 2장 9절은 이 사상을 정확하게 표현한다. "그러나 너희는 택하신 족속이요 왕 같은 제사장들이요 거룩한 나라요 그의 소유가 된 백성이니 이는 너희를 어두운 데서 불러 내어 그의 기이한 빛에 들어가게 하신 이의 아름다운 덕을 선포하게 하려 하심이라". 물론 그것의 완성은 부활 후에 이뤄질 것이다.

의미심장한 것은 바르트가 종교개혁의 '만인 제사장론'을 수용하면서도 그것을 급진화시켜 '만인 신학자론'(theologianhood of all believers)을 전개했다는 사실이다. 바르트는 모든 그리스도인은 신학자로 여겨져야 한다고 믿었다. 바르트에 의하면, 전문적이고 학문적인 의미에서 신학적 훈련을

---

6 메시아가 가진 3중 직분, 즉 왕, 제사장, 선지자로서의 직분에 대해서 처음으로 본격적인 관심을 가지고 논의한 신학자는 장 칼뱅이었다.

받지 않았다 하더라도 예수 그리스도를 주와 구주로 믿는 모든 그리스도인은 신학자이다. 왜냐하면 모든 그리스도인은 아무런 차별없이 하나님을 알고, 하나님과의 인격적인 관계를 누리도록 부름받았기 때문이다. 바르트는 하나님을 알고 하나님과 관계를 맺으며 살아가는 것이 바로 '신학함'(theologization)이라고 믿었다.

바르트는 그의 책 『행동하시는 하나님』(*God in Action*)에서 다음과 같이 주장한다.

> 신학은 오직 신학자들만을 위한 사적인 작업이 아니다. 신학은 또한 신학 교수들만을 위한 사적인 과업도 아니다. 다행스럽게도 대부분의 신학 교수들보다도 신학에 대해 더 많은 이해를 가졌던 목회자들이 항상 존재해 왔다. 또한 신학은 목회자를 위한 사적인 학과목이 아니다. 다행스럽게도 목회자들은 신학적 유아나 야만인으로 남았지만 그들보다 더 정열적으로 신학을 추구한 개교인이나 전체 회중들이 반복적으로 역사상에 존재해 왔다. 신학은 교회 전체의 작업이다.[7]

바르트는 신학이 전문적인 신학자나 목회자들의 전유물이 아니라 모든 그리스도인 개개인 또는 이 개개인들이 한몸을 이룬 회중 전체의 것이어야 함을 강조했다. 그런 의미에서 그는 모든 그리스도인이 영적인 제사장인 것처럼, 모든 그리스도인은 넓은, 혹은 유기적인 의미에서 신학자라고

7 Karl Barth, *God in Action*, Elmer G. Homrighausen and Karl J. Ernst 역 (New York: Round Table Press, 1963), 56–7. "Theology is not a private subject for theologians only. Nor is it a private subject for professors. Fortunately, there have always been pastors who have understood more about theology than most professors. Nor is theology a private subject of study for pastors. Fortunately, there have repeatedly been congregation members, and often whole congregations, who have pursued theology energetically while their pastors were theological infants or barbarians. Theology is a matter for the church."

믿었다. 놀랍게도 루이스는 바르트와 동일한 생각을 가지고 있었다. 루이스도 모든 그리스도인은 신학자라고 믿었다. 루이스는『순전한 기독교』에서 다음과 같이 말한다.

> 모든 이들이 제4부에서 다루려는 내용은 빼는 게 좋겠다는 경고를 해 주었습니다. 그들은 한결같이 "일반 독자들은 신학을 원하지 않아. 일반 독자들한테는 평범하고 실제적인 종교 이야기를 해야 한다고."라고 말했지요. 저는 그들의 충고를 받아들이지 않았습니다. 일반 독자들이 그렇게 우둔한 사람들이라고는 생각지 않는 탓입니다. 신학은 '하나님에 관한 학문'이며, 하나님에 관해 생각하고자 하는 사람이면 누구나 그에 대해 가능한 한 가장 명확하고 정확한 개념들을 얻고 싶어 한다는 것이 제 생각입니다. 여러분은 어린아이가 아닙니다. 그런데 왜 어린아이 취급을 받아야 합니까?[8]

위의 인용문을 통해서 우리는 루이스가 모든 그리스도인, 즉 "하나님에 관해 생각하고자 하는 사람이라면 누구나" 예외 없이(자기 자신을 포함해서) 신학자로 여겨야 한다고 주장하고 있음을 발견하게 된다. 그는 보통의 평범한 그리스도인들을 어린아이같이 취급하면서 그들이 하나님에 관해 생각하는 것을 막는 일을 반대하고 있다. 도리어 일반 독자 즉 일반 그리스도인들을 신학자로 인정하고 그렇게 취급하는 것이 정당함을 역설하고 있다. 루이스의 이러한 생각은 바르트의 '만인 신학자론'과 일맥상통한다. 20세기의 두 신학적 거장들 모두 모든 그리스도인이 신학자라는 통찰을 가지고 있었고, 그런 통찰에 기초해서 자신들의 신학 작업을 진행했다는 것은 정말 놀랄만한 일이 아닐 수 없다.

---

8 C. S. 루이스,『순전한 기독교』, 장경철, 이종태 역 (서울: 홍성사, 2001), 239.

톰 라이트(N. T. Wright)

널리 알려진 신약신학자 톰 라이트는 그가 2007년 3월에 *Touchstone: A Journal of Mere Christianity*에 기고한 "Simply Lewis"라는 글에서 루이스가 탁월한 신학자였음을 주장한다. 물론 톰 라이트가 루이스에 대해서 '신학자'라는 단어를 사용하지 않고 계속해서 기독교 변증가라는 단어를 사용하고 있지만, 아래의 인용문은 톰 라이트가 루이스를 신학자로 여겼다는 것을 분명하게 보여 준다.

> 나는 루이스의 『순전한 기독교』를 다시 읽을 때 동일한 느낌을 갖게 된다. 나는 루이스에게 큰 빚을 졌다. 십 대 말에서 이십 대 초반까지 나는 내가 손에 넣을 수 있는 한 루이스의 모든 책을 읽었다. 그리고 문고판으로 나온 그의 책이나 에세이들은 여러 번 반복해서 읽었다. 나는 지금도 루이스의 책에 나오는 여러 문장들과 심지어 어떤 문단들조차 거의 암기할 수 있을 정도다. 전 세계의 수백만의 사람들이 루이스의 작품을 통해서 기독교에 입문하거나 기독교 신앙의 성숙을 경험했다. 사실 그들의 설교자들이나 교사들이 그들에게 필요한 것을 주지 못하고 있었기 때문이다. 그것은 분명코 내게도 사실이었다.[9]

위의 인용문을 통해서 우리는 톰 라이트가 루이스를 다른 설교자들과 교사들이 줄수 없었던 부분을 채워 주는 '대리 설교자'나 '교사'로서의 역

---

9 "I have something of the same feeling on re-reading C. S. Lewis's Mere Christianity. I owe Lewis a great debt. In my late teens and early twenties I read everything of his I could get my hands on, and read some of his paperbacks and essays several times over. There are sentences, and some whole passages, I know pretty much by heart. Millions around the world have been introduced to, and nurtured within the Christian faith through his work where their own preachers and teachers were not giving them what they needed. That was certainly true of me."

할을 감당했다고 인정하고 있음을 알 수 있다. 톰 라이트에게 있어서 루이스는 기독교 신앙의 설교자였고, 기독교 신앙의 교사였다. 즉, 간단하게 말해서 톰 라이트에게 있어서 루이스는 한 사람의 신학자였다.

여타 학자들

제이 티 셀러스(J. T. Sellers)는 그의 책 『이성을 초월하는 추론: C. S. 루이스의 작품 속에 나타난 신학적 원천으로서의 상상력』(*Reasoning beyond Reason: Imagination as a Theological Source in the Works of C. S. Lewis*)에서 루이스를 신학자로 부르고 루이스의 신학적 발전을 시대 순으로 따라간다. 셀러스에 따르면, 루이스는 기독교인이었던 다양한 일반 작가들로부터 신학을 처음으로 배웠다. 기독교로 회심한 후 루이스는 전통 신학이나 신화를 포함한 고전적인 작가들에 깊이 심취했다. 그러면서도 루이스는 자유주의적인 경향을 가진 현대 신학을 의도적으로 회피했다.[10]

윌 바우스(Will Vaus)는 그의 책 『단순한 신학: C. S. 루이스 사상 가이드』(*Mere Theology: A Guide to the Thought of C. S. Lewis*)에서 비록 루이스가 신학 관련 학위를 받은 적도 없고, 신학 교수도 아니었지만, 그가 여러 가지 작품을 쓰면서 신학적 작업을 하였다는 단순한 사실 때문에 '신학자'라는 타이틀을 얻게 되었다고 주장한다. 그는 루이스가 비록 단순히 아마추어 신학자였지만, 매우 탁월한 아마추어 신학자였다라고 주장한다.[11]

몰리 제임스(Molly F. James) 역시 그녀가 『신학자 컴패니언』(*The Student's*

---

10 J. T. Sellers, *Reasoning beyond Reason: Imagination as a Theological Source in the Work of C. S. Lewis* (Eugene, OR: Pickwick Publications, 2011), 3.

11 Will Vaus, *Mere Theology: A Guide to the Thought of C. S. Lewis* (Downers Grove, IL: InterVarsity Press, 2004), 15.

Companion to the Theologians)에서 루이스가 신학자였음을 다음과 같이 주장한다.

> 루이스는 기독교 신앙의 심장은 효력이 있다는 사실을 상기시킨다. 기독교 신앙은 사람을 변화시킨다. 따라서 기독교 신학자가 된다는 것은 그 변화의 과정을 연구하는 것이다. 다시 말하는 기독교 신학자가 된다는 것은 하나님께서 그리스도 안에서 어떤 일을 하셨는지, 그리고 그 진리가 전 세계 사람들의 삶 속에서 어떻게 구현되어 왔고, 되고 있으며, 될 것인지를 연구하는 것이다. 만일 이것이 신학자가 되는 것을 뜻한다면, 루이스는 신학자라고 불릴 충분한 자격이 있다.[12]

루이스의 신학론

루이스가 신학자라는 점에 대해서는 충분히 논증이 되었다. 그렇다면 루이스는 신학을 어떻게 이해했는가? 루이스의 삼위일체론을 구체적으로 논의하기에 앞서 본절에서는 루이스의 신학론을 탐구해 보고자 한다.

신학은 지도와 같다

루이스는 신학을 어떻게 이해했는가? 루이스는 『순전한 기독교』에서

---

12 Molly F. James, "C. S. Lewis", in *The Student's Companion to the Theologians*, ed. Ian Markham (West Sussex, UK: Wiley-Blackwell, 2013), 297. "Lewis reminds us that the heart of the Christian faith is effectual; it changes people's lives. To be a Christian theologian, then, is to be engaged in the study of that process of change. It is to study what God in Christ has done and how that truth has been, is being, and will be lived out in the lives of people all over the world. If this is what it means to be a "theologian", C. S. Lewis is certainly worthy of the title."

그리스도인들이 신학에 대해서 왜 반감을 가지고 있는지에 대해서 이해할 만하다고 말한다.

> 그러나 한편으로는, 왜 신학이라면 고개부터 내젓는 사람들이 있는지 이해할 만 합니다. 한번은 영국 공군 부대에서 신앙 강연을 한 적이 있었는데, 꽤 고집 있어 보이는 한 노(老) 장교가 일어서더니 이렇게 말했습니다. "나한테는 전부 쓸모없는 얘기요. 잘 들으시오, 나도 신앙인이오. 나는 하나님이 계시다는 것을 알고 있소. 그분을 느끼기도 했소. 어느 날 밤 혼자 사막에 있을 때였는데, 정말 신비했지. 그렇기 때문에 선생이 하나님에 대해 말하는 그 깔끔하지만 하찮은 교리와 공식들을 믿지 않는다는 거요. 진짜를 경험한 사람한테 그런 건 다 시시하고 사소하고 현학적이며 실제적이지 못한 말로 들릴 뿐이니까!" 저도 어떤 점에서는 그 장교의 말에 동의합니다. 저는 그가 사막에서 정말 하나님을 경험했으리라고 생각합니다. 그런 체험을 한 사람이 기독교의 신조들을 접한다는 것은 그야말로 실제 세계가 덜 실제적인 세계로 바뀌는 일과 같을 것입니다. 해변에서 진짜 대서양을 본 사람이 집에 돌아와 대서양 지도를 볼 때 실제 세계가 덜 실제적인 세계로 바뀌듯이, 눈앞에서 넘실대던 파도가 한낱 색칠한 종이 조각으로 바뀌듯이 말이지요.[13]

루이스는 하나님을 실제로 체험한 사람들에게 신학이 시시하고 사소하며 현학적이고 실제적이지 못한 것으로 비칠 수 있음을 인정한다. 하지만 루이스는 그럼에도 불구하고 신학은 너무나 중요하고 요긴한 것임을 다음과 같이 주장한다.

---

13 C. S. 루이스, 『순전한 기독교』, 239–40.

그러나 바로 여기에 중요한 점이 있습니다. 지도가 색칠한 종이 조각에 불과하다는 것이 아무리 사실이라 해도, 여러분이 지도에 관해 기억해야 할 사실이 두 가지 있습니다. 첫째는, 그 지도가 수백 수천 명의 사람들이 진짜 대서양을 항해하면서 발견한 사실에 토대를 두고 있다는 사실입니다. 이처럼 그 지도의 이면에는 해변에서 바다를 본 당신의 경험 못지않게 생생한 경험의 덩어리가 자리 잡고 있습니다. 또한 당신의 경험은 바다를 고작 한 번 흘낏 본 것이 전부지만, 지도는 서로 다른 경험들이 한데 모여 만들어진 것입니다. 둘째는, 여러분이 어딘가 가고자 할 때 지도가 절대적으로 필요하다는 사실입니다. 여러분이 해변을 거니는 데 만족한다면 지도를 보느니 해변에서 직접 바다를 보는 편이 훨씬 재미있을 것입니다. 그러나 대서양을 건너 미국에 가고 싶다면 해변을 거니는 것보다 지도를 보는 편이 훨씬 유용할 것입니다. 신학은 지도와 같습니다.[14]

루이스는 지도가 수많은 사람들의 생생한 경험의 산물이듯이, 신학도 하나님에 대한 수많은 사람들의 생생한 체험의 산물이라고 주장한다. 그리고 하나님에 대한 체험의 폭을 넓히고, 깊이를 더하기 원한다면 반드시 신학을 통해서 그 길을 가야 한다고 주장한다. 루이스는 신학을 지도에 비유하면서 다음과 같이 말한다.

신학은 지도와 같습니다. 단순히 기독교 교리를 배우고 거기에 대해 생각하는 데서만 멈춘다면, 그 장교의 사막 경험보다 생생하지도 않고 흥미롭지도 못할 것입니다. 교리는 하나님이 아닙니다. 일종의 지도일 뿐입니다. 그러나 그 지도는 정말 하나님을 만났던 수백 명의 경험 — 여기에 비하면 여러분과 제가

---

14 위의 책, 240 – 41.

혼자 경험하는 흥분이나 경건한 감정들은 아주 초보적이고 혼란스러운 것에 지나지 않습니다 — 에 토대를 두고 있습니다. 또한 여러분이 더 먼 곳에 가고자 한다면 반드시 지도를 써야 합니다. 아시다시피 사막에서 그 장교에게 일어난 일은 분명 흥미진진한 실제 경험이긴 하지만 열매는 없습니다. 사실 이것이야말로 막연한 종교 — 자연 속에서 하나님을 느끼는 식의 것들 — 가 사람들의 마음을 끄는 이유입니다. 그런 종교에는 흥분만 있을 뿐 결과가 없습니다. 해변에서 파도를 구경할 때처럼 말이지요. 그런 식으로 대서양을 연구한다고 해서 뉴펀들랜드에 갈 수 없는 것처럼, 꽃이나 음악에서 하나님의 존재를 느끼는 것만으로는 영원한 생명을 얻을 수 없습니다. 바다에 가 보지 않고 지도만 들여다본다고 해서 어디에 갈 수 있는 것은 아닙니다. 그러나 지도 없이 무조건 바다에 나가는 것 또한 그리 안전한 일은 못되지요.[15]

루이스는 하나님을 힐끗 곁눈질로 보는 것이 아니라, 도리어 하나님을 인격적으로 깊이 알고, 체험하고, 나아가서 영원한 생명을 얻고자 한다면 신학과 교리라는 지도에 반드시 의존해야 한다고 주장하고 있다. 루이스에게 있어서 신학과 교리는 영생에 직결되어 있다.

신학은 실제적이다

그런 의미에서 루이스에게 있어서 신학은 매우 실제적인 것이며, 효력이 있는 것이다. 그는 계속해서 다음과 같이 말한다.

다시 말해서 신학은 실제적인 것입니다. 오늘날에는 특히 더 그렇습니다. 예

15 위의 책, 241 – 42.

전에는 사람들의 교육 수준도 낮았고 토론도 흔치 않았으므로 하나님에 대해 간단한 개념 몇 가지만 알아도 괜찮았습니다. 그러나 지금은 사정이 다릅니다. 누구나 글을 읽고 토론을 듣는 시대가 되었습니다. 따라서 여러분이 신학에 귀를 기울이지 않는다는 것은 하나님에 대해 아무 개념도 가지고 있지 않다는 뜻이 아닙니다. 오히려 잘못된 개념 — 여러 가지가 뒤섞인 해롭고 낡은 개념 — 을 너무 많이 가지고 있다는 뜻입니다. 오늘날 새로운 것인양 자랑스레 내보이는 개념들의 상당수는 진짜 신학자들이 수세기 전에 이미 검토하여 폐기한 것들입니다. 그러므로 현대 영국에 유행하는 종교를 믿는 것은 곧 퇴보를 의미합니다. 오늘날 지구가 평평하다고 믿는 것처럼 말이지요.[16]

루이스에 의하면 특히 현대 세계에서 신학은 매우 실제적이고 요긴한 것으로 기능할 수 있다. 올바른 신학은 우리가 하나님에 대하여 가지고 있는 잘못된 개념을 확인하고 폐기할 수 있도록 도와준다. 특별히 올바른 신학은 루이스 당대에 유행했던 근대성에 기초한 기독교 개념(자유주의적 도덕주의적 기독교 개념)에 대한 분명한 해독제 역할을 할 수 있다고 그는 주장한다.

이 현상을 잘 살펴볼 때, 요즘 유행하는 기독교의 개념이란 결국 '예수 그리스도는 위대한 도덕적 스승으로서 그의 권고를 따른다면 더 나은 사회 질서도 확립할 수 있고 전쟁의 재발도 막을 수 있다'는 것 아닙니까? 자, 잘 들어 보십시오. 이것 자체는 맞는 말입니다. 그러나 기독교의 전체 진리에는 훨씬 못 미치는 말로서, 실제적인 가치는 전혀 없습니다.[17]

---

16 위의 책, 242.
17 위의 책, 242-43.

그렇다면 루이스에게 있어서 올바른 신학이란 무엇을 말하는가? 실제적인 효력을 가진 신학은 무엇인가? 이에 대하여 루이스는 다음과 같이 답변한다.

> 그러나 진짜 기독교 서적들을 읽어 보면, 이런 대중적 기독교와 전혀 다른 내용을 말하고 있음을 즉시 알게 됩니다. 그 책들은 그리스도가 하나님의 아들이라고(그 말이 무슨 뜻이든 간에) 말합니다. 그 책들은 그를 믿는 자들 또한 하나님의 아들이 된다고(그 말이 무슨 뜻이든 간에) 말합니다. 또한 그리스도가 죽음으로써 우리를 죄에서 구원했다고(그 말이 무슨 뜻이건 간에) 말합니다. … 기독교의 주안점들 중에서도 가장 충격적인 것은 우리가 그리스도께 붙어 있기만 하면 '하나님의 아들이 된다'는 말입니다. 어떤 이는 "이미 우리는 하나님의 아들이 아닌가요? 하나님의 아버지 되심은 기독교의 주된 개념 중 하나가 아닙니까?"라고 묻습니다. 물론 어떤 의미에서는 우리가 이미 하나님의 아들인 것이 분명합니다. 우리를 존재케 하시고 사랑하시며 돌보신다는 점에서 그는 우리의 아버지 같은 분이지요. 그러나 성경이 '하나님의 아들이 된다'라고 말하는 데에는 틀림없이 무언가 다른 의미가 있습니다. 그리고 그 의미는 우리를 신학의 중심부에 직면시킵니다.[18]

루이스에게 있어서 올바른 신학, 즉 실제적으로 효력을 가진 신학은 예수 그리스도가 하나님의 아들이라고 말하는 신학이며, 우리가 그리스도께 붙어 있기만 하면 하나님의 아들이 된다고 말하는 신학이다. 그리고 루이스는 바로 이 명제의 의미가 "우리를 신학의 중심부에 직면시킵니다."라고 주장한다. 여기서 루이스가 말하는 "신학의 중심부"는 바로 삼위일체

---

18 위의 책, 243-44.

하나님이다.

신학은 경험 과학이다

루이스는 신학이 매우 이론적인 학문으로 남을 수 있음을 잘 알고 있었다. 그리고 신학의 이론성이 어느 정도 의미가 있다는 것도 인정했다. 하지만 루이스는 신학이 이론적인 학문으로만 남는다면 개인의 신앙생활과 교회 공동체의 건강한 성숙에 실제적인 영향을 미칠 수 없다는 것 또한 잘 알고 있었다. 그래서 그는 신학의 경험 과학적 측면을 강조했다.

> 신학은 어떤 의미에서 경험 과학입니다. 단순한 종교들은 사람이 만들어 낸 것들입니다. 제가 신학을 '어떤 의미에서' 경험 과학이라 한 것은, 신학이 어떤 점에서는 다른 경험 과학들과 비슷하지만 모든 점에서 그렇지는 않다는 뜻입니다. 여러분이 바위를 연구하는 지질학자라면 스스로 바위를 찾아 나서야 합니다. 바위는 제발로 찾아오는 법도 없고, 여러분을 피해 도망치는 법도 없습니다. 주도권은 전적으로 여러분에게 있습니다. … 여러분이 하나님을 알고자 할 때, 그 주도권은 전적으로 하나님께 있습니다. 하나님께서 자신을 보여 주시지 않는 한 우리는 무슨 수를 써도 그를 찾을 수 없습니다. 실제로 하나님께서 자신을 더 많이 보여 주시는 사람들이 있는데, 이것은 하나님께서 그들을 편애하시기 때문이 아닙니다. 마음과 됨됨이가 온통 잘못되어 있는 사람에게는 하나님도 자신을 보여 주실 수 없습니다. … 달리 표현하면, 다른 과학에서 사용하는 도구는 여러분의 외부에 있는 것들(현미경이나 망원경처럼)인 반면, 하나님을 볼 수 있는 도구는 여러분 자신이라고 할 수 있습니다.[19]

---

19 위의 책, 254-56.

루이스는 신학이 다른 과학 분과들과 마찬가지로 경험 과학적 성격을 가지고 있으면서도, 하나님의 자기 계시에 절대적으로 의존되어 있는 점에서 경험 과학과 그 성격이 다르다는 것을 잘 알고 있었다.[20]

신학의 공동체성

루이스는 그리스도인 개개인 모두가 신학자로서 하나님을 알아 갈 수 있다고 믿었다. 하지만 그는 신학 작업이 이루어지는 최적의 공간은 그리스도인의 공동체라고 역설한다.

> 따라서 하나님을 배우기에 정말 적합한 도구는 다함께 하나님을 기다리는 그리스도인의 공동체입니다. 즉 그리스도인의 모임은 이 과학 연구를 위한 기술 장비, 실험 도구인 셈입니다. 바로 그렇기 때문에 기독교 전통의 대체물이라며 몇 년에 한 번씩 기발하고 단순한 종교를 제멋대로 만들어 들고 나오는 사람들은 시간만 낭비할 수밖에 없는 것입니다. 이것은 도구라고는 낡아빠진 쌍안경 하나 달랑 있는 사람이 진짜 천문학자들의 연구 결과를 모조리 바로잡겠다고 나서는 것이나 다름없는 것입니다. 그가 똑똑한 사람일 수는 있습니다. 몇몇 천문학자들보다는 더 똑똑할 수도 있겠지요. 그러나 그는 승산 없는 짓을 하고 있습니다. 그 사람에 관한 기억들은 2년만 지나도 잊혀지겠지만, 진정한 천문학은 여전히 건재할 것입니다.[21]

루이스는 그리스도인의 공동체가 그리스도인이 하나님을 배우는 가장

---

20 신학의 경험 과학적 측면을 강조한 최근의 신학자들에는 스코틀랜드의 개혁신학자 토머스 토런스(T. F. Torrance)와 알리스터 맥그래스(Alister E. McGrath)가 포함된다.

21 위의 책, 256-57.

적합한 현장이라고 주장한다. 여기서 루이스가 공동체라고 부른 것은 '공간적' 공동체뿐 아니라 '시간적' 즉 '역사적' 공동체도 포함하는 개념이다. 다시 말하면 지난 2천여 년 교회 역사 전체에 걸쳐서 하나님의 계시에 기초하여 하나님을 배워 온 수많은 그리스도인들이 축적한 하나님에 관한 지식을 배경과 원천으로 삼아서 각각의 그리스도인들은 오늘 여기에서 하나님을 배워 가야 한다는 말이다. 사실상 루이스는 이 생각을 자기 삶 속에서 그대로 실천했다. 루이스는 자기 자신을 보다 넓고 유기적인 의미에서 신학자로 여겼을 뿐만 아니라, 교회 역사상 빛나는 신학적 고전들을 통해서 하나님을 배워 가는 신학 작업을 수행했다.

그러면서 루이스는 소위 '신학적 혁신성'(theological innovation)과 '피상성'(superficiality)에 대해서 엄중한 경고를 내린다. 물론 모든 신학적 혁신이 필연적으로 피상적인 결과만을 내는 것은 아닐지라도, 신학적으로 검증된 공교회의 전통과 공동체적으로 축적된 신지식을 가볍게 여기는 신학적 경박성은 반드시 그 대가를 치르게 된다는 것이다.

루이스의 삼위일체론

루이스는 『순전한 기독교』 제4부의 제목을 "인격을 넘어서: 또는 삼위일체를 이해하는 첫걸음"이라고 정하고 삼위일체 하나님에 대한 자신의 이해를 피력한다.

그리스도는 아버지에게서 나셨다

루이스는 먼저 예수 그리스도가 하나님의 아들로 창조되신 것이 아니라 아버지에게서 나신(begotten) 분임을 이해하는 것이 결정적으로 중요하다고 말한다.

> 기독교 신조 가운데 하나는 그리스도께서 하나님의 아들로 '창조되신 것이 아니라 나셨다'는 것입니다. 거기에는 '모든 세계가 창조되기 전에 아버지에게서 나셨다'는 말이 덧붙여 있습니다. 이 말은 그리스도께서 사람으로 세상에 오셨을 때 동정녀의 아들로 태어나셨다는 사실과는 아무 관계가 없음을 분명히 아시겠지요? 지금 우리는 동정녀 탄생에 관하여 생각하고 있지 않습니다. 우리는 자연이 창조되기 전, 시간이 시작되기 전에 일어났던 어떤 일에 관하여 생각하고 있습니다. '모든 세계가 창조되기 전에' 그리스도는 창조되신 것이 아니라 나셨습니다. 이 말이 무슨 뜻입니까? … 여러분이 낳는 것은 여러분과 같은 종류에 속한 것입니다. … 그러나 여러분이 만드는 것은 여러분과 다른 종류에 속한 것입니다. … 이것이 우리가 첫 번째로 분명히 알아야 할 사실입니다. 하나님은 하나님을 낳습니다. 사람이 사람을 낳듯이 말입니다. 하나님은 하나님을 창조하시지 않습니다. 사람이 사람을 만들 수 없듯이 말입니다. 그렇기 때문에 사람은 그리스도가 하나님의 아들인 것과 같은 의미에서 하나님의 아들이 될 수 없습니다.[22]

루이스는 그리스도가 하나님에 의해 창조된 것이 아니라, 낳으심을 입었기(begotten) 때문에 그리스도는 본질상 하나님의 본성 즉 신성을 가지신 분임을 시사한다. 바로 이것이 그가 삼위일체 하나님을 이해함에 있어서 큰 실마리를 제공해 준다는 것은 분명하다. 아래의 인용문을 읽어 보라.

> 지난 장에서 우리는 낳는 것과 만드는 것의 차이를 살펴 보았습니다. 사람은

22 위의 책, 245-46.

아이를 낳지만 조상(彫像)은 만듭니다. 하나님은 그리스도를 낳으시지만 사람은 만드십니다. 그러나 이것은 하나님에 대한 한 가지 사실, 즉 '성부 하나님이 낳으신 존재는 그와 똑같은 종류의 존재, 즉 하나님'이라는 사실만을 설명한 것에 불과합니다.[23]

루이스는 하나님의 아들이신 그리스도께서 하나님 아버지와 똑같은 종류의 존재 즉 하나님이심을 확증한다. 좀 더 교의학적으로 말하면 하나님의 아들 예수 그리스도는 하나님 아버지와 동일 본질(*homoousia*)을 가지신다는 것이다.

루이스는 그리스도의 성육신과 죽으심과 부활을 통하여 삼위일체 하나님의 전모가 드러나고 계시되기 시작했다고 주장한다.

신학은 이렇게 시작됩니다. 사람들은 막연하지만 하나님에 관하여 알고 있었습니다. 그런데 어느 날 스스로 하나님이라고 주장하는 인간이 나타났습니다. 그런데 그는 미치광이로 쉽게 치부해 버릴 만한 사람이 아니었습니다. 그는 사람들에게 믿음을 주었습니다. 사람들은 분명히 그가 죽은 것을 목격했음에도 불구하고 다시 그를 만날 수 있었습니다. 그 후에 작은 모임 내지는 공동체를 이룬 그들은 하나님께서 어떤 방식으로든 자기들 안에도 계신다는 사실을 깨달았습니다. 그분은 그들을 인도해 주셨고, 전에는 할 수 없었던 일들을 하게 해 주셨습니다. 이 모든 일을 살펴 본 끝에 그들은 '삼위일체 하나님'이라는 기독교의 정의(定義)에 도달했습니다.[24]

---

23 위의 책, 249.
24 위의 책, 254.

다시 말하면 예수 그리스도의 성육신과 죽으심과 부활은 하나님에 대한 삼위일체적 계시와 사유를 가능하게 했다고 루이스는 주장하고 있다. 사람이 되어 오신 예수 그리스도께서 하나님의 아들이심이 확인될 때, 그 분의 아버지인 성부 하나님이 확인되고, 동시에 아들의 잉태로부터 승천 때까지 아들에게 충만히 거하시고, 함께 역사하신 성령이 확인된다. 그 결과 성경 전체가 계시하는 하나님의 전모는 결국 삼위일체임을 인식하게 되었다는 것이다.

차원적 사유와 삼위일체

루이스는 삼위일체 하나님을 설명하면서 우리에게 '차원적 사유'(dimensional thinking)를 할 것을 요구한다. 2차원은 1차원을 포함하면서도 초월한다. 3차원은 2차원을 포함하면서도 초월한다. 그런 의미에서 하나님은 인간과 유사한 인격적 존재이면서도 그것을 초월하는 분이시다. 구별된 세 위격(인격)이 계시나, 한 분 하나님으로 존재하는 분이시다.

> 요점을 아시겠습니까? 1차원의 세계는 직선입니다. 2차원의 세계에서는 직선도 그릴 수 있지만 여러 직선으로 도형도 만들 수 있습니다. 3차원의 세계에서는 도형도 만들 수 있지만 여러 도형으로 고체도 만들 수 있습니다. 다시 말하면 좀 더 현실에 가깝고 복잡한 차원으로 올라간다고 해서 단순한 차원에 있는 것들을 아주 버리는 것은 아니라는 말입니다. 여러분은 여전히 그것들을 가지고 있으면서, 동시에 새로운 방식으로 - 단순한 차원에서는 상상할 수 없었던 방식으로 - 결합시킬 수 있습니다. 하나님에 대한 기독교의 설명에도 같은 원칙이 적용됩니다. 인간적인 차원은 단순하며 어느 정도는 비어 있다고 할 수 있습니다. 인간적인 차원에서 한 인격은 한 존재이며, 두 인격은 별개의

> 두 존재입니다. 2차원에서(이를테면 종이 위에서) 한 정사각형은 한 도형이고, 두 정사각형은 별개의 두 도형인 것처럼 말이지요. 신적인 차원에도 인격체들이 있습니다. 그러나 그 인격체들은 그 차원에서 살지 않는 사람은 상상조차 할 수 없는 새로운 방식으로 결합되어 있습니다. 즉 여러분은 하나님의 차원에서 세 인격인 동시에 하나인 존재를 보게 됩니다.[25]

루이스는 이런 삼위일체적 존재를 우리가 완전히 이해할 수는 없지만 희미하고 어렴풋하나마 구체적인 개념을 얻을 수는 있다고 주장한다.

> 물론 지금 우리로서는 그런 존재를 완전히 이해할 수 없습니다. 2차원만 인식하도록 만들어진 존재는 정육면체를 제대로 상상할 수 없는 것과 같습니다. 그러나 일종의 희미한 이해는 얻을 수 있습니다. 그 때 우리는 난생 처음으로 초인격적인 존재 – 인격 이상의 존재 – 에 대해 어렴풋하게나마 구체적인 개념을 얻게 됩니다. 이 개념은 우리 혼자서는 도저히 짐작해 낼 수 없는 것이지만, 일단 듣고 보면 '왜 미리 짐작 못 했을까' 싶을 정도로 우리기 이미 알고 있는 것들과 잘 들어맞습니다.[26]

요컨데 루이스는 하나님의 차원이 인간의 차원을 포용하면서도 초월한다는 생각을 가지고 있다. 삼위일체 하나님의 존재론적인 차원은 인간의 존재론적 차원과 잘 맞아 들어가면서도 동시에 초월하는 면을 가지고 있다는 것이다.

---

25 위의 책, 251 – 52.
26 위의 책, 252.

기도 가운데 체험되는 삼위일체 하나님

루이스는 삼위일체 하나님에 대한 단순한 인지적(cognitive) 지식에 머무는 것은 바람직하지 않다고 주장한다.

> 여러분은 "세 위격(三位)이면서 동시에 하나인 존재를 상상할 수 없다면, 그런 존재에 대해 이야기해 보았자 무슨 소용이 있을까?"라고 묻고 싶겠지요. 맞습니다. 그런 이야기는 해 보았자 소용이 없습니다. 중요한 것은 실제로 이 삼위일체 하나님의 생명 속에 이끌려 들어가는 일이며, 그 일은 언제라도 – 여러분이 원한다면 당장 오늘밤에라도 – 시작될 수 있습니다.[27]

그러면서 루이스는 기도 가운데 우리가 삼위일체 하나님을 체험할 수 있다고 말한다.

> 제가 말하고 싶은 것은 이것입니다. 한 평범하고 순진한 그리스도인이 무릎을 꿇고 기도하고 있습니다. 그는 하나님을 만나고 싶습니다. 그러나 그리스도인인 그는 지금 이런 기도를 하게 하신 분 또한 하나님이심을, 즉 자기 속에 계신 하나님이심을 알고 있습니다. 또한 하나님에 대한 모든 참된 지식은 하나님이셨다가 인간이 되신 그리스도를 통해 온다는 것, 바로 그 그리스도께서 지금 자기 옆에서 기도를 돕고 계시며 자기를 위해 기도하고 계시다는 사실도 알고 있습니다. 지금 어떤 일이 일어나고 있는지 아시겠지요. 하나님은 지금 이 사람이 기도하고 있는 대상 – 그가 도달하고자 하는 목표 – 입니다. 또한 그가 기도하도록 밀어 주고 있는 주체 – 원동력 – 이기도 합니다. 동시에 이 사람

---

27 위의 책, 252–53.

이 그 목표를 향해 나아가는 길 내지는 다리이기도 합니다. 이처럼 한 평범한 사람이 기도하고 있는 평범한 작은 침실 안에서도 삼위일체 하나님의 삼중적인 생명 전체가 실제로 움직이고 있습니다. 지금 이 사람은 좀 더 높은 종류의 생명 – 제 표현대로라면 조에, 또는 영적인 생명 – 속으로 들어 올려지고 있습니다. 그는 하나님에 의해 하나님 안에 이끌려 들어가고 있는 동시에, 여전히 자기 자신으로 남아 있습니다.[28]

루이스는 현학적이고 학술적인 전문 용어를 사용하지 않는다. 따라서 그는 매우 대중적인 신학자로 남았다. 그럼에도 불구하고 삼위일체 하나님에 대한 그의 놀라운 통찰은 매우 적절하며 탁월하게 효과적임을 부인할 수 없다. 그의 신학적 통찰은 전문적인 신학자들보다 훨씬 뛰어난 면모를 보여 주고 있다.

삼위일체와 사랑의 유비

교회 역사상 삼위일체 하나님의 신비와 씨름해 온 수많은 신학자들은 삼위일체에 대한 '유비'(analogy) 혹은 '비유'(parable) 또는 '이미지'들을 제시해 왔다. 예를 들어 아우구스티누스는 심리학적 유비를 제시하면서 인간이 가지고 있는 기억(memory), 지성(intellect), 의지(will)가 삼위 하나님의 각각의 위에 대칭된다고 주장한 바 있다. 물론 아우구스티누스가 제시한 이 유비는 한계가 너무나 분명하다. 아우구스티누스 외에도 수많은 사람들이 삼위일체에 대한 유비를 제시했지만, 피조물 중에서 삼위일체 하나님을 정확하게 보여 줄 수 있는 유비를 찾는 것은 불가능하다.

28 위의 책, 253–54.

루이스가 가장 즐겨 사용했던 삼위일체에 대한 유비는 사랑이라는 관계성이다. 그의 말을 들어 보자.

> 여기서 잠시 이 사실이 갖는 실제적 중요성에 주목해 봅시다. 어떤 부류의 사람이든 "하나님은 사랑이심이라"는 성경 말씀을 인용하기 좋아합니다. 그러나 그들은 하나님 안에 적어도 두 인격이 있지 않는 한 "하나님은 사랑이시라"는 말은 무의미할 수밖에 없다는 사실을 모르는 것 같습니다. 사랑이란 한 인격체가 다른 인격체에게 품는 것입니다. 하나님이 한 분이시라면, 세상이 창조되기 전까지는 사랑이셨을 수가 없습니다. … 그리스도인은 생생하면서도 역동적인 사랑의 활동이 하나님 안에서 계속되고 있으며 이 활동이 모든 것을 창조해 냈다고 믿습니다. 아마 이것이 기독교와 다른 종교의 가장 중대한 차이점일 것입니다. 즉 기독교의 하나님은 정적인 존재가 아니라 – 심지어 한 인격체로만 그치는 분이 아니라 – 역동하며 약동하는 활동, 생명, 일종의 드라마에 가까운 분이시라는 것입니다. 경건치 못한 표현이 될지 모르겠지만, 그는 일종의 춤에 가까운 분입니다. 성부와 성자의 연합은 그 연합 자체를 또 하나의 인격체라고 해도 될 만큼 생생하고 구체적으로 이루어집니다.

루이스는 하나님의 본질이 사랑이라는 것은 단순히 사랑하시는 성품을 가지신다는 뜻을 넘어, 하나님은 존재론적으로 사랑의 관계 속에 있는 분이시라고 주장한다. 그래서 사랑이 두 인격 혹은 그 이상의 인격이 함께 서로와 맺는 관계를 의미하기에, 기독교의 한 분 하나님 안에 있는 세 위격 혹은 세 인격은 서로 사랑하는 관계와 교제 속에 계신다고 주장한다.

이것은 놀라운 신학적 통찰이 아닐 수 없다. 특별히 20세기 후반 서구 신학계를 중심으로 삼위일체론이 재흥했다. 그 재흥의 중심은 관계론적 삼위일체이다. 성부와 성자와 성령이 서로를 사랑하며, 서로 안에 내주하는 '페리코레시스'(perichoresis) 즉 연합적 교제의 공동체/코이노니아를 이룬다는 것이다. 여기서 상호 내주를 의미하는 '페리코레시스'라는 헬라어의 어원적 의미는 '함께 춤춘다'라는 의미이다. 놀랍게도 루이스는 20세기 후반에 삼위일체론이 재흥되기 이전부터 삼위일체 하나님을 일종의 춤으로 이해하는 탁월한 면모를 보여 주고 있다. 루이스가 사용하고 있는 단어들, 예를 들어 '연합', '춤', '드라마'와 같은 단어들은 관계론적 삼위일체론과 매우 긴밀하게 닿아 있다. 여기서 우리는 루이스가 탁월한 신학자였음을 다시 한번 확인하게 되는 것이다.

또한 그는 '기독교와 다른 종교의 가장 중대한 차이점'이 삼위일체 하나님이심을 통찰함으로써, 21세기라는 종교 다원주의적 상황에서 기독교를 변호할 수 있는 키(key)가 바로 삼위일체론에 있음을 분명하게 이해했다.

나가는 말

루이스는 신학자인가? 그 대답은 매우 긍정적이다. 물론 그는 오늘날 통상적으로 이해되는 바로서의 직업적인 신학자는 아니다. 그러나 신학을 좀 더 폭넓게 그리고 유기적으로 정의한다면, 우리는 루이스를 신학자로 보지 않을 수 없다.

첫째, 그는 아마추어 신학자였다. 직업적인 '신학꾼'이 아니라, 신학을 진정으로 사랑하는 애호가였다. 그는 아마추어 신학자였지만 매우 탁월하고 고상한 아마추어 신학자였다. 신학적 유치함과 피상성을 극복한 대가였다. 둘째, 그는 만인 신학자론을 주창하면서 모든 그리스도인이 신학자임을 믿었다. 그리고 그 자신이 평범한 그리스도인으로 날마다 하나님을 배워 가는 사람, 즉 진정한 의미의 평신도 신학자, 일상의 신학자였다. 셋째, 그는 대중적인 신학자였다. 그는 전문적인 학술 논문을 신학 저널에

기고한 적은 없지만, 기독교의 진리를 모든 계층의 그리스도인들과 폭넓게 소통함으로써 진정한 의미에서 대중을 섬긴 대중적 신학자였다.

그의 신학자적인 면모는 그의 신학관과 삼위일체론에서 극명하게 드러난다. 그는 아마추어 신학자, 평신도 신학자, 대중적 신학자였지만 전문적인 신학자보다 깊게 삼위일체 하나님을 이해하였고, 심오하면서도 간결하고 설득력 있게 그 하나님을 옹호하였다. 특히 삼위일체 하나님을 사랑이라는 유비로 이해한 것은 20세기 말과 21세기에 이루어진 세계 신학계에서의 관계론적 삼위일체론의 재흥과 맞물리는 적실성을 보여 주었다. 더 나아가서 그는 삼위일체 하나님의 절대적 독특성을 확인함으로써 21세기 종교 다원주의적 상황에서 기독교의 유일성을 변증하는 노력에 큰 길을 제시하였다.

그렇다면 신학자로서의 루이스가 오늘날 한국 교회를 향하여 던지는 근본적인 도전은 무엇인가? 그것은 무엇보다도 '만인 신학자론'의 회복이다. 안타깝게도 한국 교회에서는 언제부터인가 목회자나 신학 교수들만이 신학자이고 일반 성도는 신학과 아무런 관련이 없고, 또 없어야 한다는 편견과 신화가 지배적인 흐름을 형성했다. 하지만 이러한 편견과 신화는 반드시 타개되어야 한다. 한국 교회가 건강함을 유지하고 더 깊게 성숙하기 위해서는 모든 그리스도인들이 신학자라는 정신이 반드시 회복되어야 한다.

한 사람의 예외도 없이 모든 그리스도인은 그들의 일상 속에서 하나님을 배워 가고 알아 가고 사랑하는 하나님의 사람들로 성숙해 가야 한다. 그리고 이 신학적 성숙의 현장은 반드시 교회 공동체가 되어야 한다. 이러한 고결한 정신이 회복되고 이 정신을 따른 실천이 이어져 갈 때 비로소 한국 교회는 더 성숙한 모습으로 세상에 드러나게 될 것이다.

실천적 윤리학자[1] 루이스: 『스크루테이프의 편지』[2]를 중심으로

심현찬

요약 | 이 글의 목적은 『스크루테이프의 편지』에서 드러나는 루이스의 실천적 지성인이자 윤리학자로서의 면모를 살펴보고, 동시에 그의 성찰과 실천의 윤리학을 살펴보는 데 있다. 이런 목적을 위해 네 부분을 살펴본다. 첫째로, 루이스 수용에 대한 문제와 "영적 난장이병" 가운데 신음하는 조국 교회에서 왜 하필 『스크루테이프의 편지』이며, 왜 성찰[3]과 실천의 윤리학[4]이 필요한가에 대해 다룬다. 둘째로, 이 글에 나타난 루이스의 실천적 윤리와 지혜의 구체적 내용을 열 가지 핵심 전략 중심으로 다룬다. 셋째로, 본서를 통해 보인 루이스의 탁월성을 살핀다. 그는 복음주의적 언어 연금술사요 성육신주의자로서, "낯설게 글쓰기"를 통해서 관점의 파격, 일상적이고 비유적 언어를 사용해서 모던과 포스트모던 독자들에게 효과적으로 접근했다. 또한 그는 순전한 복음에 뿌리박은 기독교적 성찰의 모델을 제시했고, 루이스적 영적 병법서로써, 영적 분별과 지혜의 제자도적 실천서를 제공했다. 또한 루이스의 삼색 경건, 즉 지성, 영성, 감성의 터치를 보여 주었다. 결론에서는 루이스를 통한 한국 교회에서의 교훈과 적용점으로, 총체적 신앙의 본질과 균형의 회복, 천국의 다리 건축가로서 이중 경청, 전방위적 영적 분별과 무장, 성결의 삶의 회복을 제시한다.

심현찬 원장
미국 워싱턴 트리니티 연구원 설립자 및 원장이며,
한국 에드워즈 컨퍼런스 및 C. S. 루이스 컨퍼런스 디렉터 및
공동 창립자이다.

그러므로 형제들아 내가 하나님의 모든 자비하심으로 너희를 권하노니 너희 몸을 하나님이 기뻐하시는 거룩한 산 제물로 드리라 이는 너희가 드릴 영적 예배니라 너희는 이 세대를 본받지 말고 오직 마음을 새롭게 함으로 변화를 받아 하나님의 선하시고 기뻐하시고 온전하신 뜻이 무엇인지 분별하도록 하라 _롬 12:1-2

끝으로 너희가 주 안에서와 그 힘의 능력으로 강건하여지고 마귀의 간계를 능히 대적하기 위하여 하나님의 전신 갑주를 입으라 … 그런즉 서서 진리로 너희 허리띠를 띠고 의의 호심경을 붙이고 평안의 복음이 준비한 것으로 신을 신고 모든 것 위에 믿음의 방패를 가지고 이로써 능히 악한 자의 모든 불화살

---

1 여기서 필자가 루이스를, 비록 그가 전문적이고 제도권 윤리학자는 아니었음에도 불구하고, 윤리학자라 부르는 이유는 다음과 같이 세 가지이다. 첫째, 윤리학이란 기본적으로 세 가지를 다루는데, (1) 일반 규범 혹은 인생의 길(a general pattern or way of life), (2) 행동 규칙들이나 도덕 코드(a set of rules of conduct or 'moral code'), (3) 인생의 길과 행동 규칙에 대한 질문을 다룬다. 따라서 철학적 윤리학의 중심 문제는 "선과 악의 의미란 무엇인가?", "선과 악을 판단하는 바른 기준은 무엇인가?", "어떻게 선과 악을 판단할 것인가?" 등을 다룬다. Raziel Abelson & Kai Nielson, "History of Ethics", *The Encyclopedia of Philosophy.* Vol.3. Ed. in Chief. Paul Edwards (New York: McMillan, 1075), 81-177. 이런 점에서, 루이스는 본서에서 인생의 기본 도덕적 원리와 규칙을 제시하고 있다. 둘째, 그가 일종의 대중적 윤리학자로서의 면모를 보여 주었기에 때문이다. 셋째, 무엇보다도 그는 그리스도인으로서 성경적 · 신학적 윤리를 제시했기 때문이다. 보다 자세한 성경적 · 신학적 윤리학에 대한 안내는 다음을 참고하라. John & Paul Feinberg, *Ethics for a Brave New World* (Wheaton: Crossway, 1993); W. E. O. White, "Biblical Ethics", Evangelical Dictionary of Theology. 2nd ed. Ed. by Walter Elwell (Grand Rapids: Baker Academics, 2001),400-402; Allen Verhey, "Ethics", Dictionary for Theological Interpretation of the Bible. Gen. ed. by Kevin Vanhoozer (Grand Rapids: Baker Academic, 2005), 196-200; 존 스토트, 『현대 사회문제와 기독교적 답변』 (서울: CLC, 1985).

2 C. S. Lewis, *The Screwtape Letters with Screwtape Proposes a Toast* (San Francisco: HarperSanFrancisco, 2001)는 앞으로 'SL'과 페이지만 표시하겠다.

3 필자는 여기서 성찰은 "examination"으로 소크라테스에서 차용하며, 이는 곧 성경적 성찰을 의미한다. 소크라테스는 그의 변호에서 "성찰 없는 삶이란 살 가치가 없다."고 주장한다("life without this sort of examination is not worth living"). "Socrates' Defense", *The Collected Dialogues.* Eds by E. Hamilton & H. Cairns (Princeton: Princeton UP, 1969), 38e. 아울러 마사 너스바움의 책을 참고하라. Martha Nussbaum, "Socratic Pedagogy", *Not For Profit* (Princeton: Princeton UP), 47-78; "Socratic Self-Examination", *Cultivating Humanity* (Cambridge: Harvard UP, 1997), 15-49.

4 본 원고는 '2016 서울 C. S. 루이스 컨퍼런스'에서 행한 강의 원고이다.

을 소멸하고 구원의 투구와 성령의 검 곧 하나님의 말씀을 가지라 모든 기도와 간구를 하되 항상 성령 안에서 기도하고 이를 위하여 깨어 구하기를 항상 힘쓰며 여러 성도를 위하여 구하라 _**엡 6:10-11, 14-18**

끝으로 형제들아 무엇에든지 참되며 무엇에든지 경건하며 무엇에든지 옳으며 무엇에든지 정결하며 무엇에든지 사랑받을 만하며 무엇에든지 칭찬받을 만하며 무슨 덕이 있든지 무슨 기림이 있든지 이것들을 생각하라 _**빌 4:8**

서론: 왜 루이스이며, 왜 『스크루테이프의 편지』인가?

C. S. 루이스를 이해하는 것은 쉽지가 않다. 그는 다성적(多聲的)이고 다층적인 면모를 가진 사람이기 때문이다. 루이스의 친구이자 잉클링즈 멤버인 오웬 바필드(Owen Barfield)에 의하면, 세 사람의 루이스를 생각할 수 있다. "논리적 루이스, 상상력의 루이스, 종교적 루이스"이다.[5] 그는 기본적으로 영국의 영문학자였다. 그럼에도 불구하고 그는 문학 작가(시인이자 소설가)이자 문학 비평가, 변증가, 철학가, 신학자, 실천적 윤리학자 등의 다양한 면모를 보여 준다. 따라서 루이스의 면모를 제대로 파악하기 위해서는 이런 다층적인 모습이 종합적으로 논의될 때 가능할 것이다.

5 "logical Lewis, imaginative Lewis, religious Lewis" [Peter Schakel, "Preface", *Imagination and the Arts in C. S. Lewis* (London: U of Missouri P, 2002), ix 재인용].

이 글의 목적과 구성

이 글의 목적은 『스크루테이프의 편지』(1942)에서 드러나는 C. S. 루이스의 성찰과 실천의 지성인이자 윤리학자로서의 면모를 살피면서, 동시에 그의 성찰과 실천의 윤리학을 살펴보는 데 있다. 물론 그의 실천적 윤리의 측면은 『순전한 기독교』, 『네 가지 사랑』, 『피고석의 하나님』, 『영광의 무게』, 『기쁨의 그리스도인』, 『인간 폐지』[6] 등에서도 드러난다. 하지만 본서야말로, 루이스적인 글쓰기의 기법과 내용, 무엇보다도 매우 실제적이고 포괄적인 기독 윤리에 관하여 매우 잘 제시하기 때문에 『스크루테이프의 편지』를 살피려 하는 것이다.

이런 목적을 위해서 이 글은 네 부분으로 구성된다. 첫째로, 루이스 수용에 대한 문제와 조국 교회에서 왜 『스크루테이프의 편지』를 통해 성찰과 실천의 윤리학이 필요한지를 다룬다. 둘째로, 『스크루테이프의 편지』에 나타난 루이스의 실천적 윤리와 지혜는 무엇인가를 살펴본다. 셋째로, 『스크루테이프의 편지』의 특성과 함께 루이스의 탁월성은 무엇인가를 살핀다. 넷째이자 마지막인 결론 및 적용에서, 현대 한국 교회와 성도들에게 던지는 루이스의 통찰과 적용점은 무엇인가를 고찰한다.

루이스와 『스크루테이프의 편지』 수용의 불편한 이유

루이스 수용론에서 다룰 점은 두 가지이다. 즉 그의 전반적인 신학적

---

6 이 책에서는 "극단적 주관주의 도덕에 대한 객관적인 도덕의 회복을 주장"한다. 다음을 참고하라 Alister McGrath, *C. S. Lewis—A Life: Eccentric Genius, Reluctant Prophet* (Carol Stream: Tyndale House P, 2013), 231; 『C. S. Lewis: 별난 천재, 마지못해 나온 예언자』 (서울: 복있는 사람, 2013). 앞으로 원문은 '*Lewis*'와 페이지로, 한역본은 『천재』와 페이지로만 표시하겠다.

측면과 본서에 나타난 기법적 측면이다. 먼저 전반적인 신학적 측면을 살펴보자.

비록 루이스가 복음주의 신학계에서 국제적 찬사를 받고 있음에도 불구하고, 일부에서는 루이스를 수용함에 있어 그의 신학적 측면에 불편함을 지적한다. 그는 애연가요, 애주가요, 그리고 성경과 대속 등에 관해 다소 모호한 견해를 가지고 있다는 것이다.[7] 그러나 이런 해석은 루이스에 대한 단편적 이해의 한 측면일 수 있다. 왜냐하면, 루이스의 관심은 문학적 접근을 통하여 성경적이고 신학적 주제와 진리를 증거하는 데 있었기 때문이다. 더욱이 그는 전문 신학자처럼 전통적 신학적 접근도 하지 않았고, 신학적 관점에서 글을 쓰지도 않았다.

루이스를 수용함에 있어 불편한 이유 두 번째는, 본서의 부정적인 접근, 즉 악마의 전략과 관련된 작품이기 때문이다. 본서의 내용은 악마인 스크루테이프가 자신의 졸개에게 원수(하나님)의 환자(성도)를 유혹하는 전략을 제시한다. 하나님의 전략이 아니라 악마의 전략인 셈이다. 이런 악마의 전략을 거꾸로 읽어야 비로소 하나님의 전략을 파악할 수 있다고 하

7 McGrath, *Lewis*, 365. 좀 더 자세히 언급하면, 루이스는 성경의 권위에 대해서 인정했지만, "무오류성"(inerrancy)을 믿지 않고, 대속관에서도 모호했다. 『사자와 마녀와 옷장』에서 아슬란이 죽을 때, 성경처럼 만인을 위한 죽음이 아니라 에드먼드 한 사람만을 위해서 죽는다. 이런 장면에 대해 일부 신학자들이 "뒤죽박죽의 혼란"의 대속론이라고 비판할 수 있다. 하지만, 이것은 루이스의 문학적 상상력의 접근, 특히 중세 대속극을 기초로 한 접근을 이해하지 못한 데 있다. 이점에 대한 자세한 논의는 McGrath, *Lewis*, 292-296을 참고하라. 아울러 성경과 문학적 접근의 관계에 대한 평가는 다음을 참고하라 Kevin Vanhoozer, "On scripture", *The Cambridge Companion to C. S. Lewis*, Robert MacSwain & Michael Ward, ed,(Cambridge: CUP, 2010), 75-88. 또한 데이비드 스튜어트(David Stewart)은 다음과 같이 극단적 견해를 보였다. "루이스는 사기꾼이었다. 그는 예수 그리스도의 복음을 변질시켰고, 그가 내세운 악마의 교리들은 수많은 희생자들을 지옥불로 이끌었다. 그는 불경스러운 말을 했고, 음탕한 이야기를 했으며, 학생들과 자주 술에 취했다"(McGrath, *Lewis*, 375에서 재인용함). 아울러 존 파이퍼는 루이스를 그의 평생 멘토로 삼았음에도, 루이스 견해의 일부에서 불편한 점들이 있음을 지적한다("Lessons from an Inconsolable Soul Learning from the Mind and Heart of C. S. Lewis", Desiring God 2010 Conference for Pastors, February 2, 2010 by John Piper Series: 2010 Conference for Pastors; http://www.desiringgod.org/biographies/lessons-from-an-inconsolable-soul

는 다소 파격적인 글쓰기다. 독자의 관점에서는 본서가 악마와 관련되어 있으므로 때론 싫어하거나 무서워서 기피할 수 있다. 때론 악마에 대해 무지하거나 무관심하기에 기피할 수 있다.[8] 무엇보다도, 하나님의 복음에서 비틀린 악마의 전략을 노출하는 것이기에, 독자들은 다소 혼란스러운 루이스의 글쓰기 기법을 기피할 수 있다.

그럼에도 불구하고 주목할 점은 루이스가 사후 50여 년이 지난 현재, "문학적 기념비"적인 존재가 되고 세계 복음주의자들의 가장 사랑받은 인물이 되었으며,[9] 특히 이 작품 『스크루테이프의 편지』는 그가 "대중 기독 신학자"로서의 위치를 견고하게 한 작품이요, 옥스포드 명예 박사 학위를 건의받게 되는 작품이기도 하다.[10]

---

8 루이스는 『스크루테이프의 편지』 '서문'에서 사단에 대한 두 가지 오류인 '불신과 과신'을 지적한다(SL, ix).

9 McGrath, *Lewis*, 376. 맥그래스는 루이스에 대한 결론적 평가를 다음와 같이 지적한다. "어떤 사람들은 루이스가 문학 작품으로 위장한 종교 선전물을 조잡하고 뻔뻔하게 썼다고 비난한다. 어떤 이들은 그가 선견지명을 발휘해서, 신앙의 합리성을 탁월하게 내세우고 변호했으며 상상력과 논리에 강력하게 호소하여 자연주의의 천박함을 폭로했다고 말할 것이다. 어떤 이들은 그가 1940년대의 잉글랜드의 과거에 근거해 퇴행적인 사회적 시각을 옹호한다고 주장할 것이다. 또 어떤 이들은 당대에 널리 받아들여졌으나, 이제는 파괴적이고 수치스럽고 해로운 것으로 다들 인정하는 문화적 경향을 비판했던 예언자로 여길 것이다. 그러나 여러분이 루이스에게 동의하건 하지 않건, 그의 "기념비적인 중요성"(landmark significance)을 부정할 수는 없다"(『천재』, 484-5). 맥그래스는 루이스가 주변적 인물에서 '루이스 현상'(Lewis phenomenon)을 가져온 다양한 원인을 탁월하게 제시한다. 맥그래스는 루이스에 대한 재발견의 이유로(*Lewis*, 367-369), 1) 미발행 저서들의 발간(서간문 등), 2) 미국의 루이스 협회 등의 단체의 설립과 활성화(뉴욕 협회, 위튼대학의 워드 센터(Wade), 옥스퍼드 루이스 협회 등), 3) 루이스 관련 전기의 발간 등(Green & Hooper, Sayer 등), 4) 톨킨과의 연관성에 의한 관심 고조. 특히 초교파적인 루이스의 태도는, 가톨릭의 제2차 바티칸공회(문화에 대한 관련성 강조)의 영향, '교단적 제국주의'에 대한 불신으로 인해, 루이스에게 관심을 갖게 됨. 물론 루이스의 신학적, 기독교 복음에 대한 보다 '접근성'(accessible)을 제공한다(371). 무엇보다도, 루이스와 포스트모던 독자들에게 미치는 효과이다. 이성적인 기독 복음의 선명성을 상실하지 않으면서, 이미지와 스토리를 통한 효과적인 전달을 통해서, 이성 불신적이고, 감성적인 포스트모던 독자들에게 어필한다고 지적한다(374). 다른 말로, 지성과 감성의 종합, 복음주의 핵심과 상상력의 종합을 통해서, 보다 광의의 독서 대중, 특히 미국의 젊은 복음주의자들에게 호소력이 있다(375).

10 McGrath, *Lewis*, 217. 물론 옥스포드대에서 명예 박사 학위는 받지 못하지만, 그의 신학자로서의 위치를 당시 최고의 신학자 올리버 퀵(Quick)와 성공회 수장 윌리엄 템플(W. Temple)이 인정한 것이라고 볼 수 있다.

왜 『스크루테이프의 편지』이며, 왜 루이스의 '성찰과 실천의 윤리학'인가?

현대 복음주의 신학계의 거장인 J. I . 패커는 지적하기를, 우리가 속한 현대 복음주의는 마치 "영적 난장이"와 같다고 진단한다.[11] 한마디로, 신앙의 왜소함을 지적하는 것이다. 그런데 이런 "영적 난장이병"은 바로 우리가 속한 한국 교회의 현실이기도 하다. 신천지 같은 극단적 이단이 서울 한복판에서 요란하게 춤을 추는데,[12] 이는 하나님과 복음의 진리가 왜곡 · 상실된 한국 교회의 성경적 성찰과 실천성을 비웃는 듯한 모습이기도 하다.[13] 특히 이런 영적 위기 중에 주목해야 할 두 가지가 있다. 첫째는 성경적 성찰과 신학의 부재이다. 일례로, 「한국 기독교 분석 리포트」의 2013년 통계에 의하면, 한국 교회 목회자의 가장 부족한 점은 "신학적 깊이의 부재"가 38%로 압도적이었다.[14] 이것은 과연 목회자만의 문제일까? 이런 목회자의 신학적 깊이의 부재는 교회와 성도들에게도 동일한 결과를 낳고, 나아가 신천지 같은 이단의 생태계를 만들어 낸 이유의 하나일 수 있다. 둘째로, 이러한 성경적 성찰의 구체적 실천의 부재이다. 앞의 통계에서, 한국 교회의 가장 큰 문제점에 대해서는 "신앙의 실천의 부족"이 31%

---

11 그는 퓨리턴과 성경을 비교해서 볼 때, "지적, 문화적, 인문학적, 미학적, 관계적" 측면에서 이를 난장이병 증세라고 지적한다("The Great Tradition", *Meet the Puritans*, Joel Beeke & Randall Pederson (Grand Rapids: Reformation Heritiage Books, 2006), 837 – 839).

12 신천지의 CBS 청사 앞에서의 데모 영상을 참고하라(https://www.facebook.com/cbsjoy/). 아울러 CBS의 신천지의 문제점에 대한 심층 특집 8부작을 참고하라. 다음은 1부작 주소이다(https://www.youtube.com/watch?v=IghCgnRh5SE)

13 이에 관한 자세한 논의는 필자의 서울 퓨리턴 컨퍼런스 논문인 다음을 참고하라. "아름다움의 관점에서 본 조나단 에드워즈의 경건과 부흥의 삼중요소: 『신앙 정서론』에 나타난 하나님 중심의 다성악적 아름다움과 한국 교회", 「2015 서울 퓨리턴 컨퍼런스 논문집」 (퓨리턴 신학과 한국 교회의 전망: 개혁주의, 조나단 에드워즈, 한국 교회), 90 – 149.

14 한국기독교목회자협의회, 「한국 기독교 분석 리포트」, (서울: URD, 2013), 368. 한국 교회에 대한 진단과 방향에 대한 논의는 다음을 참고하라. 강영안 외, 『한국 교회 개혁의 길을 묻다』 (서울: 새물결플러스, 2013), 박영돈, 『일그러진 한국 교회의 얼굴』 (서울: IVP, 2013).

로 압도적이었다.[15] 이처럼 한국 교회는 성경에 기초한 깊은 신학적 성찰과 실천의 양면적 부재 가운데 있다.

이런 "난장이병"에 신음하는 다소 우울하고 어두운 영적 · 신학적 현실 속에서, 필자는 C. S. 루이스에게 주목하고자 한다. 물론 루이스는 지구를 구하는 슈퍼맨이 아니다. 더욱이 그는 목회자나 전문 신학자도 아니었고, 평생을 평신도로 살았다. 그럼에도 불구하고, 필자가 이런 현실 앞에서 루이스와 그의 『스크루테이프의 편지』에 주목하는 이유는, 마치 나니아의 주인공 막내 루시 페벤지의 치료약처럼, 이 작품이 한국 교회를 위한 작지만 매우 효과적인 치료약임을 믿기 때문이다. 이 작품이 루이스에게 국제적 명성과 부를 제공해서가 아니다. 이 작품에서 루이스가 평생 성찰과 실천의 지성인이자 윤리학자였으며, 동시에 성경에 뿌리박은 성찰과 실천의 윤리학을 잘 드러냈기 때문이다. 어느 루이스 전문가의 지적대로, 루이스가 국제적인 성공의 삶을 경주할 수 있는 이유는 "성찰의 삶"이요,[16] 그의 참 모습은 "루이스가 말한 모든 것에 비밀스럽게 드러났다"는 대로, 실천적 삶이다.[17] 따라서 이 책이야말로 루이스의 성찰과 실천의 윤리학이 가장 잘 드러난 책이라고 할 수 있다. 나아가 우리 한국 교회를 위한 참된 제자도적 지혜의 안내서임에 분명하다. 앞으로 『스크루테이프의 편지』를 구체적으로 분석하면서 루이스적 성찰과 실천의 윤리론을 생각해 보자.

---

15 Ibid., 370.

16 Bruce Edwards, "An Examined Life", *C. S. Lewis: Life, Works, & Legacy.* Vol.1. ed by Bruce Edwards (Westport: Praeger Perspectives, 2007), 1-16.

17 이 내용은 오웬 바필드의 언급으로, Ibid., 10에서 재인용함.

『스크루테이프의 편지』에 나타난 실천적 지성인으로서 루이스와 그의 실천적 윤리론

본서에서 나타난 핵심적 특징은 이중적이다. 하나는 루이스의 성찰과 실천의 지성인이자 윤리학자로서의 면모요, 동시에 다른 하나는 그의 이런 성찰과 실천의 지혜가 어떻게 드러났는가에 대한 측면이다.

본서는 루이스의 제자이자 전기 작가인 조지 세이어의 지적처럼, 루이스의 삼색의 경건(지성과 감성과 영성)이 잘 녹아져있고, 무엇보다도 분별과 지혜를 안내하는 실천적 윤리서이다: "이 책의 장점은 '영적 깊이와 놀라운 심리학적인 통찰을 탁월하게 결합하고 … 이 책은 생각을 명료하게 해주고, 선악을 분별하는 지식을 더욱 예리하게 하고, 미덕을 갖춘 사람이 되고 싶은 욕구를 갖게 하며, 많은 실제적인 조언을 통해 그 과정을 도와준다. 이 책은 진정한 경건 서적이다."[18]

먼저 본서의 내용은 타락한 천사인 악마의 화신인 스크루테이프이 자신의 졸개인 웜우드에게 자신들의 적(하나님)의 환자(성도)를 유혹하는 전략이자 "악마의 거짓말"을 제시한다.[19] 이 책을 처음 생각하게 된 계기는, 그가 병으로 몇 주간만에 교회 예배를 참석하고 마칠 즈음에 "악마가 악마에

---

18 조지 세이어, 『루이스와 잭』, (서울: 홍성사, 2006), 294, 295 – 6.

19 "서문", 『스크루테이프의 편지』, 12; 스크루테이프의 효과에 대해서 루이스는 지적하길, "아마도 스쿠루지(Scrooge), 꼬인 나사(screw), 손가락 비트는 고문 기구(thumbscrew), 촌충(tapeworm), 관료적 형식주의의 상징인 빨간 끈(red tape) 등이 어느 정도 일조"하며, "슬럽갑(Slubgob)은 얼간이(slob), 징징거리다(slobber), 엉성하게 하다(slubber), 입에 가득한 침(gob) 등이 합쳐진 말"이라고 한다("부록: 1961년판 서문", 『스크루테이프의 편지』, 199 – 200). 루이스에 의하면, 이 글을 착상하게 된 원천은 조나단 스위프트(Swift)의 거인과 난장이나, 『에리원』(*Erewhon*)에 나오는 의학적, 윤리적 철학이나, 크리스토퍼 앤스티(Anstey)의 가루다 스톤처럼 악마가 보낸 편지 등이다("부록: 1961년판 서문", 200). 동시에 밀톤의 『실락원』에서 마지막 부분의 "유혹의 장면"에서 이브가 타락하고, 『페레란드라』(*Perelandra*)에서 동일한 이브의 다른 항성에서의 유혹 장면 등과 비교 할 수 있다(Roger Green & Walter Hooper, *C. S. Lewis: A Biography* (New York: A Harvest Book, 1974), 194).

게"쓰는 편지를 생각해 내었던 것이다.[20] 관점과 기법상, 이 책의 독특한 점은 하나님의 전략이 아니라, 악마의 전략에 관한 것이다. 이런 점에서, 하나님의 관점을 비틀고 색칠한 악마의 전략에 관한 다소 파격적인 글쓰기 전략이다.[21] 다른 말로 "악마의 복화술 기법"이다.[22]

내용상, 루이스는 본서에서 31장에 걸쳐서 그리스도인의 신앙생활 전체에서 경험하고 유혹받는 실천적인 측면에 대해서 심도 있고 예리하게 해부한다. 따라서 주목할 점은, 루이스의 지적대로 본서의 "진정한 목적은 악마의 삶을 고찰하려는 것이 아니라 인간의 삶을 새로운 각도에서 조명하려는 것"이다.[23] 앞으로 살펴볼 것이지만, 루이스가 제시하는 본서의 핵심 주제는 순전한 복음을 사모하라는 것이다. 왜냐하면 악마는 하나님의 순전한 복음을 비틀고 색칠하고 타락시키려하고 있기 때문이다. 따라서 참된 그리스도의 제자들은 "순전한" 복음에 대한 깊은 이해와 성찰, 나아가 분별하고 실천하는 지혜가 절대적이다. 바로 이런 점이 본서가 제공하는 실제적 유익이다. 그러므로 필자는 본서의 31개 편지를 10개의 핵심 전략별로 분석하면서, 루이스의 실천적 윤리학자의 면모와 지혜를 생각해 보고자 한다.

---

20 1940년, 7월20일 루이스 형 워렌에게 보낸 편지에서(Walter Hooper, ed., *The Collected Letters of C. S. Lewis, Vol.II: Books, Brodcasts, & Wars 1931–1949* (San Fransisco: HarperSanFransisco, 2004), 424 – 8). 이 스크루테이프의 편지 시리즈는 1941년에 가디언지에 연재되어 1942년 발간됨.

21 이와 관련해서 루이스도 이 작품을 쓰는 것이 '악마의 마음으로 비트는 일'이라 쉽지 않았음을 고백한다("부록: 1961년판 서문", 201).

22 "technique of diabolic ventriloguism" (Preface, *The Screwtape's Letters with the Screwtape Proposes a toast*, 181).

23 "부록: 1961년판 서문", 198.

비틈과 혐오의 전략:

복음과 신학을 비틀라(스크루테이프 전략; SS; 22, 23, 25)[24]

(순전성의 원리) 순전한 복음과 신학을 사모하라(하나님 전략; GS)

루이스가 제시한 가장 중요한 악마의 핵심 전략은 복음과 신학을 철저히 비틀고 혐오케 한다. 이 점에 대해서는 악마의 전략 중 세 가지에서 잘 드러난다. 제22장에서 복음을 비트는 전략, 제23장에서 왜곡된 신학으로 신앙을 타락시키는 전략, 제25장에서 오래된 복음을 혐오하게 하는 전략을 제시한다. 역설적인 면에서 보면, 루이스는 하나님의 전략으로 순전한 복음과 신학을 사모하라는 것이다. 이 점은 본서를 포괄하는 핵심 주제라고 할 수 있다.

이런 악마의 복음을 비트는 첫 번째 전략은 22장에서 보여 주는 것처럼, 하나님의 본질을 왜곡하려고 하는 것이다. 그는 하나님이 본질적으로 "쾌락주의자"이심을 알면서도(SL, 118)[25] "모든 것을 비틀려" 한다.

> 원수(하나님)는 내심으로는 영락없는 쾌락주의자다. … 원수의 바다로 나가 보면 쾌락, 더 많은 쾌락이 넘실거린다. … 그 작자 우편에 '영원한 즐거움'이 있다고 하지 않더냐. … 그는 세상을 쾌락으로 꽉 채워 놓았다. … 그러니 무

---

24 필자는 앞으로, 악마인 스크루테이프의 유혹적 전략은 'SS' 로 표시학고, 동시에 독자들의 편의와 안내를 위해 그 반대의 하나님의 전략은 'GS'로 표시한다. 아울러 각 장(chapter)은 번호만 표기하겠다.

25 "He's is a hedonist at heart"(SL, 118). 관련 성경 구절은 시편 116편 11절(주의 앞에는 기쁨이 충만하고 주의 우편에서 영원한 즐거움이 있도다)이다. 존 파이퍼(John Piper)는 조나단 에드워즈의 '천지 창조의 목적'을 설명하면서 "하나님은 쾌락주의자"라고 지적하는데, 루이스는 본서에서 하나님의 본성을 지적한다. 다음의 파이퍼의 책을 참고하라. *Desiring God: Meditations of a Christian Hedonist* (Multnomah Publishers, 2003); *God's Passion for His Glory* (Wheaton: Crossway Books, 1998). 이 두 책에서 특히 조나단 에드워즈의 영향을 많이 받음을 볼 수 있다.

엇이든지 비틀지 않으면 유용하게 써먹을 길이 없는 게야(128).[26]

따라서 천국과 음악을 혐오하는 스크루테이프는 세상도 지옥처럼 소음의 왕국으로 변질시키려 한다(119-120). 이처럼 루이스는 가장 중요한 악마의 전략, 순전한 복음의 왜곡을 통해서 거꾸로 하나님의 전략인 순전한 복음을 사모할 것을 제시한다.

악마의 왜곡 전략 두 번째는 제23장에서 잘 드러나는데, 그것은 왜곡된 신학인 "역사적 예수관을 가르쳐서, 신앙을 타락시키려는 것이다"(133). 악마는 성도의 영적 생활을 제거하기 어려우면 타락시키려고 공격한다. 무엇보다도, "역사적 예수"를 가르치고, 진보적이고 인본적이며 막시스트적으로 유도한다. 악마가 강조하는 역사적 예수의 전략적 잇점으로는[27] 첫째, 인간의 경건을 존재하지 않는 것에 헌신하게 시킨다. 둘째, 그리스도는 위대한 인물이나 교사로만 가르치게 한다. 셋째, 하나님의 존재를 거짓 것으로 대체해서 경건한 생활을 파멸시킨다. 넷째, 예수의 역사성을 부정할 뿐 아니라 기독교가 비역사적이라고 왜곡한다. 그래서 예수님의 역사적 전기가 아닌, 일반적 전기가 되게 유도한다. 따라서, 악마는 언제나 역사적 예수를 격려하고, 기독교를 수단이 되게 유도한다. "우리가 바라는 바, 정말 간절히 바라는 바는 인간들이 기독교를 수단으로 취급하는 것이다. 물론 자신의 출세 수단으로 이용한다면야 더 이상 바랄 게 없겠지만, 그게 안 된다면 다른 목적을 위한 수단으로라도 - 하다못해 사회 정의를 위한 수단으로라도 - 삼게 해야지"(136).[28]

---

26 "Everything has to be twisted before it's any use to us"(SL, 118).

27 『스크루테이프의 편지』, 133-136.

28 역사적 관점에 관련해서 제27장에서 사단은 역사적 관점을 가지도록 유도한다. 즉 책을 읽을 때, 책 안의 진리를 추구하지 못하게 하고, 단지 주변의 것과 질문만 찾게 해서, 결국은 "역사란 헛소리"가 되게 유도한다(Ibid., 151).

악마의 왜곡 전략 세 번째는, 제25장에서처럼 순전한 복음인 "언제나 동일한 것"(the Same Old Thing)에 대한 혐오를 부추긴다(144). 먼저 교인이 "순전한 기독인"(merely Christian) 되지 못하게 하고, "순전한 기독교"를 추구하지 못하게 한다. 그래서 순수한 기독교를 변질시키기 위해서 "기독교적 색채를 띤 유행으로 대체한다"(144).[29] 가장 중요한 것은 바로 "동일한 오랜 것에 대한 혐오"의 전략이다.[30]

> 신앙이 있어야 할 자리에 무언가 기독교적 색체를 띤 유행을 대체해. '예나 지금이나 변함없는 것'이라면 무조건 '혐오'라는 감정을 파고들라 이 말이야. 이 감정은 우리가 인간의 마음에 만들어 낸 가장 값진 열정이야. 이 감정이야말로 종교에서는 이단을, 조언할 때는 어리석음을, 결혼 생활에서는 부정(不貞)을, 우정에서는 변덕을 일으키는 원천이지(145).

따라서 악마는 성도가 반드시 변화를 경험하도록 유혹한다. 하나님의 리듬을 통한 밸런스인 계절의 변화 등이 아니라, 쾌락을 과장하고 변형해서, 늘 새것에 대한 욕구를 강조하게끔 유혹한다(147). 악마가 유혹하는 이런 끊임없는 변화를 추구함의 이점은 무엇인가?(146-8) 그것은 쾌락을 감소시키고, 탐욕과 불행으로 인도하며, 하나님이 금하는 욕망으로 인도한다. 일례로, 예술에서 고급 문화와 저급 문화의 경계가 무너지고 저질화됐다(146-7). 그리고, 유행을 만들기 위해, 새것에 대한 욕망은 필수적 요소가 되게 하며, 유행을 이용해서 성도의 관심을 분열시키고 세속적이고 미

---

29 예컨대, 기독교와 나치 독일의 신질서, 기독교와 신유의 역사, 기독교와 채식주의, 기독교와 맞춤법 개혁 등을 제시한다(Ibid., 144).

30 "The horror of the Same Old Thing is one of the most valuable passions we have produced in the human heart—an endless source of heresies in religion…."(SL, 135).

지근하게 만든다(147). 나아가, 순전한 복음인 동일한 오래된 것에 대한 혐오를 철학화하게 유도한다.

> 그러나 무엇보다 큰 승리는 '예나 지금이나 변함없는 것'을 '혐오'하는 이 감정을 철학으로 승화시킴으로써, 지식인들의 헛소리를 통해 의지의 타락을 강화시킨 것이야. 근대 유럽 사상에 전반적으로 나타나고 있는 진화론적, 역사적 특징은 이 점에서 아주 유용하지. 원수(하나님)는 상투적인 것을 좋아한다(148).

이처럼, 악마는 첫째 핵심 전략인 비틈과 혐오의 전략을 통해서, 성도들에게 순전한 복음과 신학을 비틀고, 혐오하게끔 유혹한다. 따라서 루이스는 역설적으로 성도들에게 순전한 복음과 신학을 사모할 것을 제시한다고 할 수 있다.

비실천성의 전략: 실천 없은 신앙(회개)으로 유도하라(SS 13)

실천성의 전략: 실천적 신앙을 사모하라(GS)

스크루테이프의 둘째 핵심 전략은 실천성 없음이다. 이 점은 제13장에서 잘 드러난다. 하나님에게는 성도의 회심과 은혜의 사건이 중요하기 때문에, 인간이 세상에 표류하길 원하지 않으신다. 그러나 악마는 인간을 표류하고, 세상 유행을 따르게 한다(65). 무엇보다도 "실천 없는 신앙으로 유도한다".

> 가장 중요한 건 환자(성도)가 어떤 것도 행동으로 옮기지 못하게 막는 일이야. 이 새로운 회개에 대해 아무리 생각을 많이 한들 행동으로 옮기지 않는 한

전혀 문제가 될 게 없거든. 그 하찮은 짐승(성도)이 자기 머릿속에서만 뒹굴게 해. … 여하튼 행동으로 옮기는 것만 아니라면 무슨 짓이라도 하게 두어라(81).

이처럼 스크루테이프의 둘째 핵심 전략은 성도가 실천하지 못하게 하는 것이다. 왜냐하면 회개를 생각만 하고 실천이 없으면 걱정할 필요가 없기 때문이다. 그러므로 여기서 루이스가 던지는 하나님의 전략은, 성도는 늘 실천적이어야 한다는 것이다.

반성찰과 반지성의 전략: 성도가 생각하지 못하도록 유도하라(SS 1)
성찰과 지성의 원리: 신앙에서 올바른 지성을 사용하라(GS)

스크루테이프의 세 번째 핵심 전략은 성도를 반성찰적 신앙으로 유도한다는 것이다. 이 점은 본서의 1장에서 다룬다. 스크루테이프는 성도로 하여금 논쟁을 피하게 한다. 왜냐하면 긍정적 논쟁은 인간 이성을 일깨우기 때문이다(15). 이 점은 바로 루이스가 오랫동안 회의론자였다가 1931년 9월 19일에 친구인 J.R.R. 톨킨(Tolkein)과 휴고 다이슨(Hugo Dyson)과 밤늦게 하나님과 논쟁하면서 유신론적 하나님, 결국은 그리스도께 나아가는 경험이 있기 때문이다.[31] 이런 점에서 스크루테이프는 성도가 논리적 사고를 못하게 하고, 가벼운 독서와 생각으로 유도한다. 한마디로 성도를 혼란 가운데로 유혹하는 전략이다(19).[32] 따라서, 루이스는 이런 반성찰의 스크루테이프의 전략을 통해서 역설적으로, 성도에게 올바른 지성을 사용하

31 Devin Brown, "The Screwtape Letters: Telling the Truth Upside Down", *C. S. Lewis: Life, Works, and Legacy.* Vol.2. ed. by Bruce Edwards (Westport: Praeger Perspectives, 2007), 180.

32 "Do remember you are there to fuddle him (patient or Christian)"(SL, 4).

는 성찰적 성도가 되기를 제시한다.

외모와 유흥의 전략: 외모 중심적, 유흥적 교회 생활로 유도하라(SS 2, 16)

복음과 진지함의 전략(GS)

악마의 네 번째 핵심 전략은 외모와 유흥의 전략이다. 성도로 하여금 외모 중심적이고 유흥적인 교회 생활을 하도록 유도한다. 먼저 2장에서 보여 주는 것처럼 외모 중심의 전략은, 성도가 교회의 내용보다 첫인상이나 외모가 중요하게 여기도록 만든다(6). 그래서 교회를 겉모양만 보고서 평가하고 결정하도록 유도한다.

이런 외모 중심의 전략과 함께, 16장에서 악마는 유흥의 전략을 제시한다. 편한 예배를 찾고, 교회를 섭렵하게 조장해서 "교회 감별사나 감정사"가 되게 한다(93). 성도가 한 교회에 충성스럽게 다니지 않고, 오히려 자기의 맞춤식 교회를 찾게 만든다. 여기서 루이스는 사탄이 좋아하는 두 교회와 목회자 모습을 제시한다. 한 교회 목회자는, '쉽게 한다'는 미명 하에, 믿음을 희석시키고, 예배를 쉽게 한다(어려운 찬송이나 모든 것을 약화시킨다)(95). 다른 한 교회 목회자는 광범한 설교 주제로 혼란스럽게 한다. 주목할 점은 바로 이 두 교회와 목회자들의 공통점이 파당적 교회로 분열적이라는 것이다. 교인들은 미지근하며, 비본질적인 사소한 것으로 증오심과 파당을 조장한다.

> 아주 사소한 것들 - 양초라든지 옷 같은 것들 - 이 우리에게는 더없이 훌륭한 활동 근거가 되어 주지. 우리는 바울이라는 해롭기 그지없는 녀석이 음식이나 그 밖의 본질적이지 않은 것들에 관해 가르쳤던 내용, 그러니까 거리낌이 없는 사람은 거리낌을 가지고 있는 사람들에게 항상 양보하라는 내용을 인

간들의 마음에서 꽤 많이 제거시키는 데 성공했다(97).[33]

이처럼 악마의 넷째 핵심 전략으로 외모중심과 유흥적 신앙을 조장한다. 따라서 성도는 맞춤 교회를 찾는 교회 쇼핑과 유흥적 신앙을 자제하고, 교회의 가르침과 진지한 신앙에 주목해야 한다. 루이스는 평생 신앙생활을 옥스포드시 교외의 한 교회에 출석했다.[34]

반기도의 전략: 진지한 기도를 방해하고, 의심하도록 유도하라(SS 4, 27)

기도의 전략: 진지한 기도에 힘쓰라(GS)

스크루테이프의 다섯 번째 핵심 전략은 반(反)기도 전략이다. 그는 진지한 기도를 방해하고 의심을 유도한다. 이런 전략은 4장과 27장에서 잘 드러난다. 우선 제4장에서 보여 주듯이 진지한 기도를 방해하는 전략이다(31). 이를 위해서 먼저 어린아이처럼 앵무새 기도만 단순히 반복하게 조장하고, 기도 자세는 중요하지 않다고 유혹한다. 또한 하나님 아닌 자기 자신에게 집중하도록 조장해서 자기중심적 감정을 만들게 한다(33–35). 기도를 하더라도 하나님이 아닌 자기가 만든 가상의 신에게 기도하게 만든다.

둘째로, 27장에서 보여 주는 것처럼 순수한 청원 기도를 의심하게 하는 전략이다(156). 기도에 집중하지 못하도록 혼란케 하고, 기도에 대한 거짓 영성을 권장해서, 일용할 양식을 '영적'으로 해석하게끔 유도한다. 무

---

33 이것은 악마의 전략으로, 바울이 고린도 교회에서 음식으로 분열된 것에 대한 내용이자, 장 칼뱅이 지적했던 구원과 무관한 비본질적인 것(아디아포라, *adiaphora*)을 악용하는 것이다. 『기독교강요』, 3.19.7.

34 Devin Brown, 앞의 책, 191.

엇보다도 기도는 부조리하며 불필요하다고 하는 의심을 갖도록 유도한다 (157–58).

이처럼 스크루테이프는 반(反)기도의 핵심 전략을 통해서 진지한 기도를 방해하고 의심하게 한다. 따라서 성도들은 역설적으로, 깨어서 기도하고 더욱 진지한 마음과 기도에 대한 확신을 가지고 끈질기게 기도해야 할 것이다.

불화와 왜곡의 전략:
가정의 불화, 왜곡된 사랑과 성을 유도하라(SS 3, 18–20)[35]
건전성의 전략: 가정과 사랑에서 건전성을 유지하라(GS)

오랜 동안 미혼이었던 루이스는 인생의 말년인 1956년에 조이 데이비드먼(Joy Davidman)과 결혼한다. 그는 결혼 10여 년 전인 1942년에 이 작품을 발표하는데, 가정과 사랑과 성에 대해 매우 심도 있게 다루었다.

가정과 사랑에 대한 스크루테이프의 핵심 전략은 불화와 왜곡의 전략이다. 먼저 가정에 대한 전략으로, 제3장과 같이 가정불화를 조장한다 (26). 참된 기독교는 내면에서 외면의 변화를 가져오기 때문에, 악마는 가정불화를 조장한다. 이를 위한 스크루테이프의 몇 가지 방법이 있는데, 첫째, 회심이란 내적이고 영적인 것이라고만 강조해서, 기본적 의무를 못하게 유도하는 것이다. 둘째, 어머니를 위한 기도를 못하게 하고, 심지어 기도하더라도 실제 부모가 아닌 상상의 부모를 위한 기도라고 착각하게 하는 것이다. 셋째, 성도가 어머니와 오래 살 때의 불편함을 포착하여 공격하는 것이다. 넷째, 가정의 증오를 조장한다. 다섯째, 어머니와 아들의 신

---

35 사랑에 대한 루이스의 폭넓은 견해는 그의 『네 가지 사랑』과 『순전한 기독교』도 참고하라.

앙을 악화시킨다. 실제로 루이스는 킬른스에서 공동 생활을 한 무어 부인으로부터 회심 이후에 미움을 받았다.[36]

사랑과 관련해서 제18장에서 스크루테이프는 사랑에 빠진 것이 결혼의 조건이라고 여기도록 유도한다(104). 하나님은 정절과 일부일처를 요구하신다. 그러나 스크루테이프는 사랑에 빠지는 것만이 유일한 결혼의 조건이라고 부추기고, 감정 중심의 결혼 생활로 조장한다. 결혼과 부부에 대해 하나님의 관점은, 성이라는 생식의 수단으로 사랑과 성욕이 함께하는 결혼을 원하신다. 그래서 가정을 이루고 한몸을 이룬다. 하나님께서 원하시는 성관계란 초월적인 관계요 영원한 관계를 의미한다(107). 결혼은 정절과 생산, 선의(good will)로 이루어진 하나님의 계획이다(108). 그러나 스크루테이프의 전략은 하나님의 결혼 원리를 "채색하고 왜곡하는" 것이다. 이렇게 함으로써, 절제하지 못하는 사람은 결혼할 이유를 갖지 못하게 해서 결국 결혼을 지체시키며, 성적으로 반한 것을 사랑이라고 착각하게 만든다. 마찬가지로 이혼의 조건을 정당화할 이유도 주는 것이다.

또 19장에서 보여 주는 것처럼, 하나님의 사랑과 관련해서 스크루테이프는 사랑을 악용한다(110). 하나님의 인간에 대한 사랑은 "불가능한 사랑"을 보이신 것으로, 사심 없는 사랑이다(110-1). 그러나 악마의 전략은 사랑을 악용한다. 두 가지 방법인데, 하나는 금욕주의를 조장해서 육체를 경멸하게 하는 것. 다른 하나는 5류 소설류 등을 통해, 사랑은 "저항할 수 없는 것이라고 여기게 해서 그 내재적 능력"을 강조하는 것이다(114). 그래서 결국은 자살과 살인으로 유인한다(114).

스크루테이프의 성에 대한 전략은 매우 교묘하다. 제20장에서는 왜곡된 성적 취향으로 유도하기도 한다(115). 그의 기본 전략은 순결이 건강하

---

36 Hooper, *Lewis*, 15; Devin Brown, 앞의 책, 184.

지 못한 것이라고 설득하는 것이다. 만약 '순결을 잃은 성'으로 유도하지 못하면, 결혼을 유도한다.[37] 그러나 이 결혼에서 사랑에 빠진 감정을 강조하고, 여성의 육체적 유형을 추구하도록 유도한다. 다시 말해서, 성적 취향을 오도한다(116).[38] 예컨대, 남성에게 여성에 대한 두 가지 취향을 갖게 하는데, 하나는 욕망과 허영을 이용해서 귀족적 여성을 취하게 하고, 다른 하나는 매우 여성적 여성을 취하게 하는 것이다. 이런 점에서, 여성은 노령화와 신체적 이미지를 강조하는데(116), 요즘 표현대로 "육체의 정치학"을 강조하게 한다. 아울러 남성들에게는 관능과 욕망을 부추긴다(118, 119). 루이스에 의하면, 인간이 욕망하는 두 가지 형태의 상상의 여성상으로, 지상적인 비너스와 지옥의 비너스가 있다고 한다. 전자는 하나님에게 순종적이고, 후자는 동물적 욕망을 추구한다는 것이다. 이것은 매춘과 정부와 같은 것으로, 성도를 성으로 유혹하고 결국은 파멸로 인도한다(119).

이처럼 스크루테이프는 여섯째 핵심 전략으로, 가정에서 불화를, 사랑과 성에서는 왜곡된 태도를 갖도록 유도한다. 따라서 지혜로운 성도는 가정에서 화평을, 사랑과 결혼과 성에서는 건강한 태도를 유지해야 한다.

죄와 유혹의 전략: 죄짓도록 유혹하라(SS 8, 9, 12, 17)

성결의 전략: 죄와 유혹을 피하라(GS)

스크루테이프의 일곱 번째 핵심 전략은 말 그대로 죄와 유혹의 전략이다. 성도들의 영적 침체기를 틈타서 유혹하는데, 특히 성, 죄, 탐식, 세상에 안주케 함 등을 통해서 한다. 먼저 유혹의 전략으로, 8장에서 영적 건

---

37 제27장에서는 악마가 순결에 대해 잘못된 영성을 강조하는 점을 본다. 즉 순결은 거짓이라고 보고 의학적인 측면만을 강조한다(116).

38 "misdirection of sexual tastes"(SL, 106).

조기의 인간을 유혹한다(52). 여기서 특별히 루이스의 흥미로운 통찰을 볼 수 있는데, 인간은 일종의 양서류적, 양면적 존재임을 보여 준다.

> 인간은 양서류다. 반은 영이요 반은 동물이지. … 그러니까 인간은 영적 존재로서 영원한 세계에 속해 있는 한편, 동물로서 유한한 시간 안에 살고 있어. 이게 무슨 말인고 하니, 인간의 영혼은 영원한 대상을 향하고 있지만 그 육체와 정욕과 상상력은 시시각각 변한다는 거야. 시간 안에 있다는 건 곧 변한다는 뜻이니까. … 따라서 인간이 불변성에 가장 가까이 가는 길은 바로 이 기복의 과정을 거치는 데 있다. … 이 땅에 살고 있는 한, 인간은 육체적으로 풍성하고 활기차며 쉽게 감동하는 시기와 무감각하고 결핍된 시기를 번갈아 겪어야 해(52 – 53).[39]

이런 양서류적인 양면성으로, 인간은 영육 간의 고저의 반복 운동, 즉 "기복의 법칙"(the law of Undulation) 중에 영적 건조기를 겪을 수 있다(52). 이런 영적 건조기에는 악마가 유혹하기에 절호의 기회이다(55 – 6).

영적 건조기에 유혹하는 또 하나의 전략이 9장에서 나타난다(57). 여기에서는 스크루테이프가 성도의 영적 건조기를 악용하는 구체적인 방법 세 가지를 제시한다. 첫째, 성적 유혹이다. 악마는 영적 건조기의 인간을 성도착(性倒錯)으로 인도한다(44). 주목할 것은, (좋은 의미에서) 쾌락(pleasure)은 하나님께서 창조하신 것이지만, 악마는 이것을 변질시켜 유혹한다는 것

---

39 "*Humans are amphibians—half spirit and half animal.* … As spirits they belong to the eternal world, but as animals they inhabit. This means that while their spirit can be directed to an eternal object, their bodies, passions, and imaginations are in continual change, for to be in time means to change. Their nearest approach to constancy, therefore, is undulation—the repeated return to a level from which they repeatedly fall back, a series of troughs and peaks. … As long as he lives on earth periods of emotional and bodily richness will alternate with periods of numbness and poverty(SL, 37 – 8, italics added).

이다(58-9). 둘째, 신자의 생각을 악용함이다(45). 영적 건조기가 영원하다고 믿게 하는 것이다. 이것은 비관적 인생이나 낙관적 인생 모두에게 조장이 가능한데, 비관적 인생은 절망으로 인도하고, 낙관적 인생은 자기 만족으로 인도한다(59-10). 특히 중용(moderation)이 최고라고 유혹한다(46). 셋째, 정면 공격이다.

영적 건조기에 유혹하는 또 하나의 전략은 제12장에서처럼 '작은 죄'로 유혹하는 것이다(72). 가장 효과적인 방법은 거창한 것이 아니라, 매우 "사소한 죄"일 수 있다는 것이다(76).

> 중요한 것은 네가 환자(성도)를 원수(하나님)에서 얼마나 멀리 떼어 놓는냐 하는 한 가지뿐이다. 아무리 사소한 죄라도 그것이 쌓여 인간을 '빛'으로부터 '아무것도 아닌 것'으로 조금씩 조금씩 끌어올 수 있으면 그만이야. … 사실 가장 안전한 지옥행 길은 한 걸음 한 걸음 가게 되어 있어. 그것은 경사도 완만하고 걷기도 쉬운 데다가, 갈랫길도, 이정표도, 표지판도 없는 길이지(76).[40]

이처럼 죄와 멸망의 길은 매우 점진적이다. 따라서 우리 성도들은 비록 사소해 보일지라도 죄의 유혹 앞에서 단호해야 할 것을 역설적으로 교훈한다.

또한, 루이스의 영성의 깊이와 통찰을 보는 내용으로서, 탐식을 통한 사탄의 유혹 전략을 들 수 있다. 루이스는 제17장에서 탐식과 미식의 유혹을 말하고 있다(99). 사탄이 탐식과 미식을 통해서 성도를 파멸로 유도한

---

40 "But do remember, the only thing that matters is the extent to which you separate the man from the Enemy. *It does not matter how small this sins are* provided that their cumulative effect is to edge the man away from the Light and out into the Nothing… *Indeed the safest road to Hell is the gradual one—gentle slope, soft underfoot, without sudden turnings, without milestones, without signposts.*"(60-61, 76, italics added).

다는 것이다(101-2). 아울러 탐식으로 가정불화를 조장하기도 함을 말한다. 이처럼 탐식과 미식도 성도가 주의해야 할 유혹이다. 이런 탐식의 한 예로, 나니아 스토리의 에드먼드의 치명적 결과를 가져오는 중독적인 터키 과자(Turkish Delight)를 생각할 수 있다.[41]

스크루테이프의 유혹 전략 또 하나는, 28장에서 보여 주는 것처럼 죽음을 겁내게 해서 세상에 안주하게 하는 전략이다(162). 인간은 전쟁으로 인한 두려움으로 하나님을 더욱 의지한다. 그러나 스크루테이프는, 죽음은 최악이요 생존은 최선이라고 가르친다(163). 따라서 육체적 안전을 추구하게 한다. 여기서 주목할 점은, 바로 중년과 청년을 유혹하는 전략이다. 먼저 중년을 성공과 고통으로 유혹하는데,[42] 한편으로는 "중년이라는 길고 지루하고 단조로운 세월"을 통해서 영혼이 절망하도록 인도하고, 다른 한편으로는 중년에게 성공을 이용하여 세상에 집착하고 안주하게 한다(187-8). 반면 청년에게는 세상에 습관적으로 집착하게 만든다. 특히 정치 등을 통해서 지상은 천국이 될 것이라고 유혹한다(116-6).

이처럼 악마는 죄와 유혹의 전략으로 성도들의 영적 침체기를 틈타서 유혹한다. 그러므로 성도들은 요셉처럼 죄의 유혹을 피하고(창 39장), 성결의 삶을 경주해야 한다.

가벼움의 전략: 참을 수 없는 우정의 가벼움을 즐기게 하라(SS 10-11)

진지함의 전략: 가벼움의 우정을 경계하라(GS)

스크루테이프의 여덟 번째 핵심 전략은 가벼움이다. 세속 친구를 사귀

---

41 Devin Brown, 앞의 책, 187.

42 루이스가 이 책을 쓸 때는 어느 정도 성공한 그의 나이 40대 초였다(Ibid., 199).

고 가벼움을 조장하는 것이다. 우선 제10장에서처럼, 세속적 친구를 사귀게 하는 전략인데(62), 이런 전략에서 주목할 것은 세속적 친구를 사귀는 것이 쾌락의 유혹인 것을 알지 못하게 하는 것이다(50). 루이스는 여기서 당시 현대인들이 죄에 무감각해져 있음을 비판한다(51). 또한 악마는 적극적으로 음담패설을 통해 쾌감을 느끼도록 유도하는데, 이렇게 해서 그를 세속적인 인간으로 만들고 세상에 만족하게 만든다(52). 또한 양심을 무시한 채, 세상 친구와 교제를 계속하도록 유혹하고, 그렇지 않으면 속 좁은 청교도주의자라고 비웃음을 당하게 한다.

이런 세속적 친구의 전략과 함께 가벼움의 전략을 제시한다. 루이스에 의하면, 인간의 웃음에는 네 가지 이유가 있다고 한다(67). 첫째는 기쁨(joy)으로 연인 사이처럼 반악마적인 웃음이다.[43] 둘째, 재미(Fun)로, 기쁨과 가까운 웃음. 셋째는 농담(Joke Proper)인데, 이 농담을 악용해서 사탄은 성적 농담 등을 조장한다(68). 이렇게 해서, 매사를 농담으로 여기게 조장하고, 그렇지 않으면 청교도적이라고 비난당하게 한다. 그리고 넷째, 무엇보다도 가장 중요한 전략인 가벼움(flippancy)을 조장하는 것이다(70–71). 악마는 이 가벼움으로 미덕을 비웃게 하며, 이런 가벼움을 습관화시킨다.

> 하지만 뭐니뭐니해도 최고로 좋은 건 '가벼움'이야. 무엇보다도 경제적이거든. … 이런 인간들은 마치 미덕이 우스운 것인 양 떠들도록 훈련시킬 수 있지. 그런데 가벼운 인간들은 늘상 농담이 이미 만들어져 있기라도 한 것처럼 생각하거든. … 이런 상태를 오래 끌 수만 있다면 가벼움이 습관으로 굳어져서, 마치 갑옷처럼 인간의 온몸을 둘러싸게 돼. 내가 아는 한 이건 원수(하나님)의 공격을 막아 내기에 최고로 좋은 철갑이야. 더구나 가벼움은 다른 웃음

43 이것은 저자가 진정한 웃음의 원천인 천국의 기쁨을 암시한다.

의 근원들과 달리 위험 요소가 전혀 없어. 기쁨과 한참 떨어져 있는데다가 지성의 날을 벼리는 대신 무디게 만들며, 그렇다고 함께 웃는 사람들 사이에 애정을 만들어 주는 것도 아니거든(71).

이처럼 악마는 참을 수 없는 가벼움의 전략을 통해서, 우정에서 세속 친구를 사귀게 하고 농담의 가벼움으로 유혹한다. 따라서, 성도들은 우정에서 가벼움의 유혹을 경계하고, 진지한 우정을 유지해야 할 것이다.

극단과 교만의 전략: 신앙에서 극단과 교만을 유도하라(SS 29 – 31)

중용과 겸손의 전략: 신앙에서 중용과 겸손의 지혜를 사모하라(GS)

스크루테이프를 통한 악마의 아홉 번째 핵심 전략은 신앙 태도에 대한 것으로서, 루이스의 영적 심리에 대한 깊은 통찰을 맛볼 수 있다. 한마디로 이 핵심 전략은 극단성과 교만이다. 불건전한 소유욕, 형식적 이타주의, 비겁, 현실주의 등을 조장한다. 이런 핵심 전략을 잘 보여 주는 부분으로 첫째는 7장에서 보듯이, 성도들의 극단적인 태도를 조장한다(47). 스크루테이프는 성도들을 하나님보다 자기 자신을 믿게 하여 무지의 어둠에 가둔다(47 – 48). 이런 극단성을 조장하기 위해, 단체에서 파당을 조장하고 양심적인 거부자(conscientious objector)를 만들기도 한다. 무엇보다도, "세상이 목적이요, 신앙은 수단"으로 가르치고, 모든 것을 '종교화'시킨다(51).

둘째로 제14장에서 말하고 있는 것처럼, '거짓 겸손'이라는 교만을 주입한다(82). 참된 겸손의 목적을 알지 못하게 해서 하나님보다 자기 자신을 주목하게끔 유도한다. 따라서, 이 거짓 겸손을 통해 하나님과 이웃을 멀리하게 하고, 자기중심적인 우울증과 냉소주의를 조장한다(83). 하나님의 창조의 원리는, 하나님이 인간을 사랑하셨고, 인간은 달란트를 통해서 생활하며, 영광스런 존재로 살아가는 것이다. 아울러 자기중심적인 사랑을 버리고, 사랑과 감사의 생활을 하기 원하신다(85). 그러나 스크루테이프는 성도에게 헛된 영광과 거짓 겸손을 불어넣는다.

또한 스크루테이프는 거짓 겸손의 전략과 함께, 제24장에서 보여 주는 것처럼 영적 교만의 전략을 사용한다(138). 신앙은 환경의 영향을 받기 때문에, 그는 초신자에게 영적 교만을 모방하도록 유도한다.

> 초신자들은 언제나 과장이 심한 법이다. 갓 출세한 사람은 지나치게 세련되게 굴게 되고, 젊은 학자는 현학적이 되게 마련이지. 그런데 환자(성도)는 이 새로운 집단의 초심자 아니냐. 그는 이 곳에서 전에는 상상도 못했을 만큼 수준 높은 그리스도인들의 삶을 날마다 접하는데다가, 사랑의 마법이 걸린 유리를 통해 만사를 보고 있는 중이다. 그는 지금 이 수준을 모방하고 싶은 … 마음이 간절한 상태야. 그렇다면 애인의 결점을 모방하고 과장하게 만들어서, 여자한테서는 경미했던 결정이 그한테 옮겨왔을 때는 강력하고도 아름다운 악, 즉 영적인 교만이 되게 할 수 있겠지?(139)

동시에 그리스도인은 지루하고, 불신자는 재미있는 존재라고 오도하기도 한다(132).

스크루테이프의 또 다른 전략은, 제21장에서 보여 주는 것처럼 불건전한 소유 의식을 조장하는 것이다(121). 그는 성적 유혹의 기간이 성도들을 좋은 공격하기 가장 좋은 시간으로 여기고 지성을 어둡게 하여 도덕적인 공격을 준비한다. 무엇보다도 그는 성도들의 불건전한 소유욕을 언제나 강조하게 한다(123). 동시에 “인간들이 소유격의 다양한 의미를 구별하지 못하도록 교육해서”(124), 자신만의 소유권을 주장하도록 격려한다. 일례로, ‘내 곰인형’이라는 의미도, 단순히 ‘나와 특별한 관계를 맺고 있는 오랜 애정의 대상'이라는 뜻이 아니라, '마음만 내키면 언제든지 찢어 버려도 되는 곰인형'이라는 뜻으로 변질시키고, '내 하나님'이라는 뜻도 결국은 '나한테 특별 봉사를 해 달라고 요구할 수 있으며, 설교단에서 얼마든지 이용해 먹을 수 있는, 내가 독점하고 있는 하나님'이라는 뜻으로 변질시킨다(124 – 5).

또한 제26장에서 보여 주는 것처럼, 사탄은 신앙의 태도에 대한 전략으로 형식적인 이타성(unselfishness)를 조장한다(150). 이를 위해서, 언어의 모호함을 이용하기도 하며, 사랑(Love)을 매력(enchantment)과 착각하게끔 유도한다.[44] 성도가 "이중적으로 눈멀게" 해서, 성적 흥분이 곧 '사랑'이며 그것이 영원할 것이라고 착각하게 한다. 또한 긍정적인 자선(Charity)을 부정적인 이타성으로 대체시키며(150 – 1). 이런 형식적이고 공적인 이타성을 '확립된 법'처럼 가르친다(152).

스크루테이프의 또 하나의 신앙 태도에 대한 전략으로, 제29장에서 보여 주고 있는 것처럼 겁장이 행동(Cowardice)을 권장한다(168). 이를 위해서 증오심을 부추기고, 무엇보다 비겁함을 이용한다. 왜냐하면 그의 지적대로, 비겁함은 그 어떤 것보다 순수하게 고통스러운 악덕이며, 미리 생각할 때도 끔찍스럽고, 막상 겪을 때도 끔찍스럽고, 나중에 뒤돌아볼 때도 끔찍스럽기 때문이다(170). 겁장이로 유도하여 결국은 절망하도록 유도한다(172).

그리고 제30장에서 보여 주고 있는 것처럼 성도들을 극단적 현실주의자로 유도하기도 한다(174). 영적인 것은 주관적이요, 현재 보이는 것만이 실재라고 믿게 유도한다. 이를 위해 악마는 성도의 피로를 이용하는데, 이

---

44 그의 『네 가지 사랑』에서 "선물 – 사랑"(Gift – Love)은 모성의 이타성을 보여 준다(Devin Brown, 앞의 책, 197에서 재인용).

런 최고의 방법으로 거짓 희망을 주입하기도 한다(ex. 전쟁이 곧 종식될 것이다)(176). 또한 피로를 이용해서 연인과의 관계를 방해하고, 성도의 감정적인 면을 공격한다(177). "눈에 보이는 것만이 세상의 실제 모습이고, 종교란 환타지일 뿐이다."라고 가르치며(177), 실제(real)의 의미를 모호하게 해서, 결국 "실제적 사실만이 보다 행복한 경험이며, 영적 요소는 주관적이다."라고 조장한다(178).

스크루테이프는 이와 같이 성도의 신앙을 극단과 교만으로 유도한다. 따라서 루이스는 이를 통해 성도들에게 신앙에서 중용과 겸손의 지혜를 사모해야 할 것을 교훈한다.

죽음과 불안의 전략: 죽음과 미래에 대한 불안을 유도하라(SS 5, 6, 15, 28)

섭리와 주권의 전략: 죽음과 미래에 대한 균형 있는 태도를 취하라(GS)

스크루테이프의 마지막 열 번째 핵심 전략은 죽음과 불안의 전략이다. 죽음과 전쟁, 미래에 대한 불안을 악용하여 결국 천국을 사모하지 못하게 하는 것이다.

우선 제5장에서 보여 주는 것처럼 사탄은 전쟁을 악용한다(37). 루이스는 실제로 제1차 세계 대전에 참전하여 상처를 당해 오랫동안 전쟁의 기억으로 고생했다.[45] 더불어, 미래에 짓눌린 인간을 조장한다. 이것은 제6장과 제15장에 걸쳐서 잘 드러난다. 6장에서 보여 주는 것처럼, 사탄은 성도를 현재와 미래의 불확실한 걱정과 불안에 붙들려 있도록 조장한다(42-3). 그리고 15장에서 말하듯이 미래에 짓눌린 인간으로 유도한다(89).

성도는 영원과 현실을 동시에 보는 이중적 인생이다(88). 그러나 스크루

45 위의 책, 185.

테이프의 전략은 영원과 현재를 떠나게 만드는 것이다(89). 그래서 과거나 미래에 붙들려 살게 하면서, 비현실적인 허상 속에서 살게 한다. 하나님의 이상적인 인간은 소명을 따라 살다가 천국에 가는 것이지만, 악마의 이상적 인간은 "미래에 짓눌린 인간이다".

> 하지만 우리한테는 미래에 '짓눌린' 인간이 이 땅에 금방이라도 천국이나 지옥이 임할지 모른다는 환상에 사로잡힌 인간 … 우리가 바라는 건 전 인류가 무지개를 잡으려고 끝없이 좇아가느라 지금 이 순간을 정직하지도, 친절하지도, 행복하지도 못하게 사는 것이며, 인간들이 현재 제공되는 진정한 선물들을 미래의 제단에 몽땅 쌓아 놓고 한갓 땔감으로 다 태워 버리는 것이다(91).

불안의 전략에서, 또한 스크루테이프는 성도에게 천국을 사모하지 못하게 한다. 그러나 제31장에서 보여 주듯이, 결국은 성도를 유혹하지 못함을 인정하고, 성도는 죽은 후에 인간적인 모든 것을 초월하는 천국을 경험한다(174). 여기서 주목할 점은, 이 책이 비록 비틀린 악마의 전략을 보여 주고 있지만, 성도의 궁극적 승리를 강조하는 "신앙의 긍정적 요소"를 보여 준다는 점이다.[46]

이상에서 살펴본 것처럼, 필자는 『스크루테이프의 편지』를 통해 루이스가 말하는 악마의 핵심 전략 열 가지를 살펴보았다. 가장 중요하고 본서의 가장 큰 핵심 주제라고 할 수 있는 것은 순전한 복음에 대한 비틂과 혐오의 전략이다. 그리고 비실천성, 비성찰, 외모와 유흥, 반(反)기도, 가정과 사랑에서 불화와 왜곡, 죄와 유혹, 가벼움, 극단과 교만, 불안과 죽음 등

---

46 이 견해는 마크 디포레스트(Mark DeForrest)의 견해로, Devin Brown, 앞의 책, 202쪽에서 재인용함.

이다.

『스크루테이프의 편지』를 통한 루이스의 독창성과 탁월성

앞에서 언급했듯이, 본서가 다소 어려움이 있고 수용상 불편함에도 불구하고, 루이스의 작품 중에서 지속적이고 국제적인 사랑받는 이유는 무엇일까? 이 책이 영국과 아일랜드 등의 전문 서평지에서 현대인의 '고전'으로 루이스의 탁월한 독창성과 통찰력과 가독성을 높이 평가한 이유는 무엇일까?[47] 이 작품을 통해 알 수 있는 루이스의 특징과 탁월성을 생각해 보자.

복음주의[48] 언어 연금술사로서 "영적 낯설게 글쓰기"의 전형:

---

47 영국의 전문서평지인 *The Times Literary Supplement*에서는 가독성(readable fashion)을 높이 평가했고, Manchester Guardian에서는 고전(a classic)이 될 것이라고, *The Guardian*에서는 "악마의 전략을 드러내는 것은 히틀러의 전략을 해체하는 것 같다."라고 했으며, *New Statesman and Nations*에서는 루이스의 "가독성과 통찰의 탁월성"을 찬양했다. 특히 친구인 찰스 윌리엄스는 *The Dubline Review*에서 "지성의 탁월성과 악마의 실패"의 통찰을 찬양했다. 그리고 레오너드 베이컨(Bacon)은 *The Saturday Review of Literature*에서 이 작품의 "독창성과 우울한 풍자"를 지적한다. Walter Hooper, C. S. Lewis: A Complete Guide to His Life & Works (San Fransico: HarperCollins, 1999), 275–6.

48 과연 루이스가 '복음주의자'인가의 문제에 대해서는 다소 신학적 논쟁이 있을 수 있지만, 그가 복음주의자인 몇 가지 이유를 생각할 수 있다. 1) 그의『순전한 기독교』는 복음주의의 핵심을 요약하고 있다. 2) 영국 캠브리지대학의 신학자 시리즈 중에 '서문'에서, 로버트 맥스웨인은 루이스가 "신학적으로 전통적이고, 교리적으로는 정통주의적이며, 성경 해석에서는 일반적으로 보수적"이라고 지적한다. Robert MacSwain, and Michael Ward, ed. *The Cambridge Companion to C. S. Lewis* (Cambridge: CUP, 2010), 7; 3) 또한 필립 라이큰(Philp Ryken)은 그의 한 논문에서 즐거운 복음 전도사인 루이스의 영향력을 다루면서, 루이스가 "분명한 복음주의적 확신의 사람"(a man of firm evangelistic convitoins)이라고 지적한다. 그는 이 논문에서 루이스를 "가르치는 전도자"(teaching evangelist), "저술하는 전도자"(writing evangelist), "기도하는 전도자"(praying evangelist), "제자를 키우는 전도자"(discipling evangelist)라고 주장한다. "Winsom Evanelist: The Influence of C. S. Lewis", *C. S. Lewis: Lightbearer in the Shadowlands.* Ed. by Angus Menuge (Wheaton: Crossway, 1997), 55–78; 4) 무엇보다도 루이스는 조지 마스든이 지적한 복음주의 정의 5가지에 해당되기 때문에 '복음주의'라고 평가해도 무리는 아니다. 마스든의 정의는 ⅰ)성경의 궁극적 권위에 대한 종교개혁의 교리, ⅱ)성경에 기록된 하나님의 구속 사역의 참된 역사적 성격, ⅲ)그리스도의 구속 사역에 근거한 영생

성육신적 글쓰기 접근

현대 포스트모던 시대는 하나님과 진리를 상실한 시대요, 감성과 상상력을 강조하는 문화의 시대이다. 이런 문화의 시대에 복음을 현대인의 언어로, 그러나 희석되지 않은 순전한 복음을 증거하는 지혜가 필요하다. 이런 의미에서 루이스는 현대인의 영혼에 그림을 그려 주는 복음주의적 언어 연금술사요, 대중에 감동을 주는 탁월한 대중 설교가이자 신학자였다. 주목할 점은, 바로 이런 특징이 루이스가 1946년 영국 세인트앤드류스대학에서 명예 박사 학위를 받은 이유이며, 그가 "일상적 언어화, 그리고 신학적 성찰과 시적 상상력의 조합"을 탁월하게 보여 주었다는 것이다.[49]

낯설게 글쓰기의 원리: 관점의 파격, 일상 언어와 비유적 언어

본 작품에서 가장 두드러진 특징 중의 하나는, '성육신주의자'로서의 독특한 언어 기법이다.[50] 루이스에 대한 권위자 중 하나인 알리스터 맥그래스 교수도 본서에 나타난 기법의 "새로운 방법론과 혁신성"에 주목했다. "이 『스크루테이프의 편지』는 전통적이고 건조한 영적 조언을 대단히 독창적인 틀로 재현하여 새롭게 바라보도록 해 주었다. … 조언의 내

에로의 구원, iv)복음 전파와 선교의 중요성, v)영적으로 변화된 삶의 중요성. 조지 마스던, 『미국의 근본주의와 복음주의의 이해』(서울: 성광문화사, 1992), 17. 여기서 루이스는 1번 성경의 권위와 관련해서 성경의 무오류성을 문자적으로 믿지는 않았지만, 성경의 권위는 분명히 인정했고, 2번 구속론에 대해선 구체적으로 다루지 않았다. 다른 말로 필자가 언급한 바와 같이 그의 신학적 접근은 문학적인 접근이기 때문에, 문자적으로 해석할 때 오류를 범할 수 있다. 5) 영미의 개혁주의적 복음주의자들이 루이스로부터 지대한 영향을 받았다. 존 파이퍼, 팀 켈러, 찰스 콜슨, 오스 기니스 등. 6) The Cambridge Companion to C. S. Lewis의 집필진들로, 영미 대표적 신학자들이 참여했다. 케빈 밴후저, 하우에르와스, 등.

49 Alister McGrath, *The Intellectural World of C. S. Lewis* (Oxford: John Wiley & Sons, 2014), 163, 178. 추후 *World*와 페이지만 표시한다.

50 이 점은 루이스가 "성육신주의자"요 "성육신적 접근"을 보여 준다는 조엘 헥의 견해를 빌었다. Joel D. Heck, "Praeparatio Evangelica", *C. S. Lewis: Lightbearer in the Shadowlands.* Ed. by Angus Menuge (Wheaton: Crossway, 1997), 246, 253.

용이 아니라 루이스가 조언을 제시한 선택의 관점이 너무도 혁신적이다(innovative)."[51] 루이스는 그리스도인에 대한 악마의 포섭 전략을 드라마적인 요소를 통해서 다소 역설적이고 전복적으로 사용하고 있다.

필자는 이런 복음주의 언어 연금술사인 루이스의 글쓰기의 원리를 한마디로 일종의 "영적 낯설게 글쓰기"라고 말한다.[52] 루이스의 이런 글쓰기의 특징을 세 가지로 들 수 있는데, 첫째는 "관점의 파격"이다. 하나님의 관점이 아니라, 일종의 "악마적 복화술(腹話術) 기법"(technique of diabolic ventriloquism)을 통해서[53] 순전한 복음을 비틀고 왜곡한 악마의 전략을 말하는 것이다. 루이스 자신도 이 작품을 일종의 "비트는 글쓰기"라고 밝힌 바 있다.[54] 이런 점에서 필자는 루이스가 "비정통적 접근을 통한 정통주의 변증가요 신학자"로서의 면모를 보여 준다고 생각한다.[55]

또한 이런 '낯설게 글쓰기'의 원리는, 관점의 파격성과 함께 문체상 두 가지 특징도 보여 주는데, 일상 언어와 비유적 언어의 사용이다. 이것은

---

51 Devin Brown, 앞의 책, 175–208; McGrath, *Lewis*, 217.

52 여기의 "낯설게 하기"(defamiliarization)는 문학 비평 용어로서, 러시아 형식주의 비평가인 빅토르 쉬콜로브스키의 용어를 차용한 것이다. 이것은 언어적인 규칙이나 습관을 반대해서 낯설게 글을 표현하는 기법이다. 이에 대해 다음을 참고하라: Terry Eagleton, Literary Theory: An Introduction. Oxford: Basil Blackwell, 1983), 2–8; 테리 이글튼, 『문학이론 입문』(서울: 창작사, 1986), 8–16. 맥그래스는 루이스의 『나니아 연대기』 시리즈인 *Silver Chair*의 한 장면을 소개하면서 이런 낯설게 글쓰기의 기법과 유사하다고 지적하지만(MaGrath, *World*, 66, 141, 146.), 필자의 관점으로는 오히려 본서인 『스크루테이프의 편지』에서 가장 탁월하게 잘 드러난다고 보여진다. 아울러 다음도 참고하라. Gene Edward Veith, "A Vision, Within a Dream, Within the Truth: C. S. Lewis as Evangelist to the Postmodernists." *C. S. Lewis: Lightbearer in the Shadowlands.* Ed. by Angus Menuge (Wheaton: Crossway, 1997), 369; 조엘 헥은 루이스의 글쓰기 기법에 대해서 일종의 "낯설은 시각적 상상력을 가진 말하기의 대가"(master of story–telleer with uncanny visual imagination)라고 적절히 표현했다(Heck, *Praeparatio Evangelica,* 247).

53 C. S. Lewis, "Preface", *Screwtape Proposes a Toas, in The Screwtape Letters with Screwtape Proposes a Toast* (San Fransico: HarperSanFranciso, 2001), 180; Devin Brown, 앞의 책, 176–7.

54 1961판 "서문", 201.

55 물론 루이스의 정통주의적인 면에 대해서는 앞의 각주 49번을 참고하라. 또한 영국 가디언(The Guardian) 논평가는 『순전한 기독교』에 대해, 루이스는 "충성스런 정통주의의 후손"(the offspring of enthusiastically loyal orthodoxy)의 독창성을 보였다고 평가한다(Hooper, *Lewis,* 327).

루이스가 현대인에게 순전한 복음을 전하려 했던 일종의 "성육신적 접근"의 일환이기도 하다.[56] 먼저 일상 언어 사용과 관련해서 루이스는 교회의 안과 밖의 사람들을 위한 글쓰기를 하기 때문에 일상의 언어, 청중의 언어를 사용한다.[57] 그는 전시 중에 왕립 공군 기지에서 가진 강연을 통해서 청중의 언어와 일상의 언어를 배웠다. 이와 관련한 루이스의 언급을 주목할 필요가 있다.

> 우리는 청중의 언어를 배워야 합니다. … '보통 사람'이 무엇을 이해하고 무엇을 이해하지 못하는지 선험적으로 규정하는 것은 아무 소용이 없습니다. 경험을 통해서 배워야 합니다.[58]
>
> 여러분은 신학의 모든 부분을 일상어(vernacular)로 번역하셔야 합니다. 그렇게 하려면 매우 골치 아픈 일이지만 … 꼭 필요한 것입니다. 이 작업은 여러분의 사고에 꼭 도움이 됩니다. 교육받지 못한 사람들의 언어로 번역할 수 없다면 당신의 사고는 아직 혼란스럽다고 저는 확신합니다. 번역할 수 있는 힘은 자기 말의 의미를 진정 이해했는지 확인할 수 있는 테스트입니다.[59]

---

56 Heck, 246.

57 맥그래스는 이런 언어적 특징을 루이스의 "신앙의 번역"(translation of faith)라고 지적한다(*World*, 131). 따라서 그의 글을 평가할 때, 교회 안의 관점에서 재단하고 평가하는 것은 매우 위험할 수 있다. 필자는 이런 단순한 일상 언어 사용의 원리가 어거스틴의 설교 원리인 명료성과 소박성, 루터의 일상적 신학과 언어, 퓨리턴 설교 언어의 핵심 원리인 "소박한 언어", "고상한 무관심"(noble negligence)과 밀접하다고 생각한다. 지면상 자세한 내용을 다루지 못하지만 이에 대해서 각각 다음을 참고하라. 어거스틴의 기독교 해석학과 설교학의 고전이라고 할 수 있는『기독교 교양』의 4부는 일종의 설교론으로, 설교자는 가르침의 명료성과 소박한 언어를 강조한다. Saint Augustine, *On Christian Teachinng,* Trans by R.P.H. Green (Oxford: OUP, 1999), 4.10.24, 31; 아우구스티누스,『그리스도의 교양』, 성염 역주 (왜관: 분도출판사, 2011); 퓨리턴 설교 언어에 대해서는 다음을 참고하라 D. M. Lloyd-Jones, "Preaching", *The Puritans: Their Origins and Successors* (Edinburgh: Banner of Truth, 2002), 372-389.

58 맥그래스,『천재』, 275; McGrath, *Lewis*, 207.

59 위의 책, 275; Ibid., 207.

더욱이 루이스의 글은, 자신의 표현대로, "복음의 기초를 준비시키는 것(*praeparatio evangleica*)이지 복음 전도적(*evangelium*)이 아니다."[60] 단순히 복음 전도를 위한 글쓰기가 아니라, 복음 전도를 위한 청중의 마음과 영적 생태계를 준비시키는 "전 – 복음전도자"(pre – evangelist)이다. 이런 점은 그가 옥스브리지 상아탑의 고고하고 현학적인 태도를 내려놓고,[61] 일상의 언어를 사용해서 기독교의 본질을 소통하려고 했던 기독교 작가로서 소명이 보이는 점이다.

루이스의 '낯설게 글쓰기'의 또 하나의 측면은 '비유적인 글쓰기'이다. 이미지가 있는 언어를 사용해서 독자의 마음에 그림을 그려 준다. 그의 글은 지성적임에도 불구하고, 보통 독자들도 그의 이미지 언어를 읽어 가며 이해한다. 이런 상상력 충만한 비유적 글쓰기의 전략이 본서와 루이스의 다른 작품들 속에서도 잘 드러난다.[62]

바울과 예수님의 비유법[63]

---

60 McGrath, *Lewis*, 208; Heck, 234, 236. 특히 조엘 헥의 견해대로, 루이스가 '전 – 복음전도자'(pre – evanelist)로서, 로마서 1 – 2장에서 나오는 바울의 자연인과 하나님에 대한 자연 지식(natural knowledge of God)과의 연관성, 나아가 일반인들과의 '공동 주제'를 갖게 된다.

61 그는 평소에 옥스포드와 지식인들의 "속물근성"(snobbery)에 비판적이었다. Devin Brown, 앞의 책, 180.

62 이런 낯설게 글쓰기의 작자론, 미국의 경건한 시인이었던 에밀리 디킨슨(Emily Dickenson)의 "비껴서 말하기"와 유진 피터슨의 "전복적 글쓰기"를 생각할 수 있다. 디킨슨이 지적했듯이 "진리를 비껴서 말하라"라는 말과 같은 것이다. 여기서 비껴서 말한다는 의미는 진리를 왜곡하는 것이 아니라, 낯설게 증거하라는 것이다. 그녀는 말하길, "진리는 천천히 빛나야 한다, 그렇지 않으면, 모든 사람이 눈멀 것이다." 다음을 참고하라 #1129: "Tell all the Truth but tell it slant/ Success in Circuit lies/…/The Truth must dazzle gradually/ Or every man be blind" *The Complete Poems of Emily Dickenson*. Ed. by T.H. Johnson (Boston: Little,Brown & Co, 1960), 506. 유진 피터슨(Eugene Peterson) 또한 신약 성경의 비유야말로, 직설적이고 빠른 언어 구사보다 설득력 있고, 전복적이라고 강조한다. 이와 관련 피터슨의 다음 저서들을 참고하라 *Subversive Spirituality* (Grand Rapids: Eerdmans, 1997), 241; Tell It Slant (Grand Rapids: Eerdmans, 2008).

63 루이스의 비유 언어와 예수님의 비유와의 연관성에 대해서는 다음을 참고하라. Heck, "*Praeparatio Evangelica*", 245; 특히 여성 신학자 샐리 맥페이그(S. McFague)는 자신의 책, Speaking in Parables (London: SCM, 2002)에서, 이러한 비유와 메타포를 신학적으로 체계화

무엇보다도 이러한 낯설게 글쓰기의 대가는 사실, 사도 바울과 우리 주님이시다. 바울은 아테네의 일반인들에게 복음을 증거하기 위해서, 일상의 언어, 당대 시인의 언어를 사용하여 복음의 진수를 제시한다(행 17장).[64] 또한 그는 성도의 신앙생활을 마라톤에 비유하고, 복싱 선수의 경기에 비유한다(고전 9:24–26). 무엇보다도 비유의 대가이신 우리 주님은 진리를 비유로 가르치셨다. 예컨대 주님께서는 복음서(마 12, 13장)에서 천국을 비유로 설명하신다. 씨 뿌리는 비유에서 길가와 돌밭, 가시떨기와 좋은 땅의 마음밭에 대해 설명하시면서, 천국은 마치 겨자씨와 같고 감추인 보화요, 진주 장사요, 그물과도 같다고 비유하신다. 그러면서, 비유의 목적은 "창세부터 감추인 것들을 드러내리라 함을 이루려 하심이라"(마 13:35)고 말씀하신다.

포스트모던적 글쓰기[65]

이런 낯설게 글쓰기는 일종의 포스트모던적 글쓰기라고 볼 수 있다. 특히 관점의 파격, 일상과 비유적 언어의 사용이 이런 특징을 보여 준다. 맥

했다. 그녀는 신학의 목적이란, 이 시대에 복음이 들리도록 하게 돕는 것이라고 말하고, 무엇보다도 주목할 점은, '예수님의 비유야말로 신학적 사고의 모델'[Jesus' parables as models of theological reflection'(xiii)]라고 주장한다. 한마디로, 신학적인 상상력의 중요성을 지적한다. (xiv)의 주를 또한 참고하라.

64 F.F. Bruce, *The Book of the Acts* (Grand Rapids: Eerdmans, 1988), 328–344. 바울은 여기서 성경의 언어가 아닌 당시의 언어의 말로, 성경적 내용인 창조와 보존과 심판의 하나님을 효과적으로 제시한다.

65 McGrath, *Lewis*, 374. 물론 이런 루이스의 포스트모더니즘과의 관련성에 대해서는, 이전의 전기 작가들이 조지 세이어(G. Sayer)나, 월터 후퍼 등은 언급이 없다. 참고로 필자의 미출간 원고인 "루이스와 포스트모더니즘과의 관계에 대해선 "포스트모던 시대와 루이스: 포스트모던 시대의 교회와 성도에게 비추는 루이스의 지혜의 무지개"를 참고하라. 여기서 주의할 점은 루이스의 글쓰기가 "포스트모던적 스타일"이지만 모스트모던적 "사고"를 한다고는 할 수 없다. 왜냐하면 루이스는 인간의 죄성과 그 결과로 인한 "그림자 세계"(shadowland)로서 세상을 보기 때문이다(Veith, 385). 루이스의 포스트모던적 글쓰기의 또 다른 특징으로, '경계를 허무는 글쓰기'를 들 수 있다. 즉 신학과 문학과 철학과 인문학적 범주를 넘어서는 포스트모던적 글쓰기의 전형을 보인다.

그래스는 최근 그의 루이스 전기에서, 루이스의 포스트모던 시대와의 적절성을 탁월하게 지적한다. 그의 견해에 의하면, 루이스는 상상력과 감성적 측면의 호소력을 가졌다. 루이스를 통해서 미국 복음주의자들이 신앙에서 내러티브와 상상력의 중요성을 알게 되고, 무엇보다도 그는 포스트모던 독자들에게 복음의 진리를 상실하지 않으면서 신앙의 상상력과 스토리를 제공했다.[66] 이처럼 맥그래스는 루이스가 단순히 모던니즘적 독자들을 넘어서, 포스트모던 독자들에게 어필할 수 있는 이유가 그의 이성과 상상력, 이성과 감성의 조화라는 새로운 포스트모던적 방법론을 지적한다.[67] 이런 점에서 필자는 루이스의 나니아 소설과 함께, 본서에서도 낯설게 글쓰기의 기법을 통해서 현대의 포스트모던 독자에게 효과적이라고 생각한다.[68]

이처럼 루이스는 복음주의적 언어 연금술사로서, 본서에서 낯설게 글쓰기를 통해서 파격적 관점, 일상의 언어와 비유적 언어를 사용한다. 이러한 루이스적인 독창성은 하나님과 진리에 귀를 막고 있는 현대인들에게 복음을 증거하는 매우 소중한 통찰이다.

---

66 McGrath, *Lewis,* 374.

67 Ibid., 281 – 282; *World*, 143.

68 Veith, 369; 낯설게 글쓰기의 몇 가지 예를 들어 보자. 먼저 『순전한 기독교』에선, 루이스는 성육신과 재림은 '하나님의 침공'이라고 비유하고(113), 그리스도인의 구속(redemption)이란, "단순히 달리는 말이 되는 것이 아니라, 날개 달린 동물로 변신하는 것"이라고 비유한다(*Mere Christianity* (NY: HarperCollins, 2001), 216). 『고통의 문제』에서는 "고통은 귀먹은 세상을 일깨우는 메가폰이요"(··· it is His megaphone to rouse a deaf world", *The Problem of Pain (NY: Touchstone*, 1996), 83; 이하 *PP*로 표시함), "반항적 영혼의 요새에 진리의 깃발을 심어주는 것"["··· it (suffering) plants the flags of truth within the fortress of a rebel soul"(*PP*, 85)]이라고 비유한다. 본서인 『스크루테이프의 편지』에서는 "인간은 양서류"요(53) "하나님은 쾌락주의자"(128; 시 16:11)라고 비유한다.

복음주의적 성찰의 모델: 순전한 복음에 뿌리박은 기독교적 성찰 제시

본서의 특징 중 하나는 복음주의적 성찰의 모델로서, 순전한 복음에 뿌리박은 기독교적 성찰을 잘 보여 준 데 있다. 이 복음주의적 성찰은 결국 복음을 이해하고 향유하는 것을 의미한다. 루이스는 성도가 두 측면, 즉 복음을 변호하고 향유해야 한다고 지적한다. "인간은 진리에 대한 변호만 하고 살 수는 없습니다. 진리를 양식으로 먹는 시간이 있어야 합니다."[69] 그의 전기를 살펴보면, 생애 중반기까지는 주로 복음을 변호 · 변증하는 일에 주목했고, 후반기 작품들에서는 변증보다는 복음의 진리를 향유하는데 집중했다.[70]

물론 『스크루테이프의 편지』(1942)도 시기상으로는 그의 변증의 시기인 중반에 들어간다. 그럼에도 불구하고 필자는 이 작품을 앞에서 살펴본 바처럼, 루이스가 변호와 변증만이 아니라 오히려 순전한 복음을 성찰하고 향유하는 성도의 즐거움과 풍성함을 제시한다고 생각한다. 뿐만 아니라 본서에서 순전한 복음이 악마의 전략을 거꾸로 읽을 때, 역설적이고 위트 있게 발견될 수 있다.

루이스가 제시하는 본서의 핵심 주제는 순전한 복음을 사모하라는 것이다. 왜냐하면 악마는 스크루테이프를 통해서 순전한 복음을 "비틀고 색

---

69 맥그래스, 『천재』, 409; "a man can't be always defending the truth; there must be a time to feed on it"(McGrath, *Lewis*, 317).

70 이런 데는 다양한 이유가 있다. 그중의 하나가 소크라테스클럽에서 안스콤과의 토론 중에 일종의 패배감을 느낀 후, 변증보다는 향유 방향으로 간 것이 아닌가 여겨지기도 한다. 물론 이 견해를 너무 과장해서는 안 되지만, 이 계기로 점차 그가 변증가로서의 역할에서 멀어지고, 특히 케임브리지로 전근하면서 거의 소설과 상상력에 주목한다(McGrath, *Lewis*, 253–260). 즉 그의 관심이 "이성적인 변증"(rational apologetics)에서 신자들을 위한 글쓰기로 변화한 것이다. 이성적 변증은 주로 1940–50년 초, 『순전한 기독교』, 『기적』 등과 같은 책이 있고, 50년대 후반의 신자들을 위한 글쓰기인 "상상력의 변증법"(imaginative apologetics)으로는 『시편 사색』, 『네 가지 사랑』, 『예기치 못한 기쁨』, 『나니아 연대기』 등이 있다(Ibid., 317).

칠하고 타락시키려고" 하기 때문이다. 따라서 참된 그리스도의 제자들은 무엇보다 '순전한' 복음에 대한 깊은 이해와 성찰이 중요하다.

신학적인 면에서도 그는 전통적인 신학에 매여 있는 신학자는 아니었다. 오히려 신학 전통의 헤게모니의 중심이 아닌 변두리에서, 그 중심을 흔들어 놓았던 맥그래스의 표현대로 "유기적 지성인"(organic intellect)이요, "아마추어 신학자"라고 할 수 있다.[71]

이런 점에서 루이스 경건과 본서의 탁월성 중 하나는, 신앙의 전방위에서 순전한 복음을 깊이 묵상하고 성찰한 '복음주의적 성찰의 모범'이라는 것이다.

루이스의 영적 병법서: 순전한 복음의 영적 분별과 지혜를 위한 제자도의 실천서

본서의 탁월성 중 또 다른 하나는 그리스도의 제자도를 위한 영적 병법과 지혜가 번득이는 데 있다. 『순전한 기독교』(1952)는 일종의 대중적 조직신학서요, 『고통의 문제』(1940)는 조직신학적인 변증서라고 한다면, 『스크루테이프의 편지』는 신앙의 지혜가 충만한 실천신학서이자 윤리서, 한마디로 '영적 병법서'라고 할 수 있다. 앞에서 열 가지의 핵심 전략을 살펴보았듯이, 본서는 성도들의 생활에서 포괄적인 실제 부분을 다루면서, 성경과 신학에 비추어 현대인들의 신앙 내면을 진단한다. 교리와 복음에 대한 비틈과 혐오의 전략을 비롯해서, 비실천성, 비성찰, 교회 생활에서의 유홍성, 반(反)기도, 가정과 사랑에서의 불화와 왜곡, 죄와 유혹, 우정과 인간관계에서의 가벼움, 신앙 전반에 걸친 극단과 교만, 전쟁과 미래 등에 대한 불안 등을 진솔하게 다룬다. 그리고 더 나아가 이러한 성경적 성찰을

71 이 "유기적 지성인"의 개념은 맥그래스가 이태리 정치이론가인 안토니오 그람시(Antonio Gramsci)의 견해를 차용한 것이다(*World*, 175-179). 아울러 "아마추어" 신학자의 개념에서, 맥그래스는 아마추어의 개념을 부정적인 면보다 긍정적인 면에서 평가한다.

구체적으로 실천하려는 지혜가 충만하다. 무엇보다도 앞서 언급한 오웬 바필드(Owen Barfield)의 언급대로, 루이스의 참 모습은 그의 저술에 "비밀스럽게 드러났듯이" 매우 실천적이다. 그의 인생의 모든 것, 즉 신앙과 이성과 상상력 등의 모든 것은 통합적이고 전적으로 하나님께 드려진 인생이었다.[72] 이런 점에서 본서는 영적 혼란과 무분별 가운데 신음하는 당대 영국과 현대의 한국 교회 성도들에게도 동일하게, 제자도를 위한 분별과 지혜의 실천적 윤리와 가이드를 제시한다.

삼색 경건의 또 하나의 대표작 : 지성, 영성, 감성의 터치가 충만한 작품

본서의 또 다른 특징 중 하나는 루이스의 삼색의 경건, 즉 지성, 감성, 영성이 잘 드러난 점이다. 본서에서 그의 지성은 성경과 신학에 대한 성찰과 이해을 통해, 그의 감성은 성경적이고 신학적 성찰을 효과적으로 제시하는 "낯설은 글쓰기"의 기법인 비유와 상상력을 통해, 그의 영성은 성찰된 성경적 신학적 지혜의 실천적 측면을 통해 잘 드러난다. 따라서 본서는 『순전한 기독교』, 『나니아 연대기』 등과 함께, 가장 루이스적인 특징의 글쓰기라고 할 수 있는 삼색의 영성(지성, 감성, 영성)이 잘 드러난 작품 중의 하나라고 할 수 있다.

결론 및 적용점

이상으로 루이스의 다양한 면모 중에서 이 글은 『스크루테이프의 편지』에 나타난 실천적 지성인이자 윤리학자로서 C. S. 루이스의 면모를 살피

72 Bruce Edwards, 앞의 책, 10.

면서, 동시에 그의 성찰과 실천적 윤리학을 살펴보았다. 이런 목적을 위해 세 가지를 다루어 보았다. 첫째로, 루이스 수용에 대한 문제, 그리고 조국 교회에서 왜 『스크루테이프의 편지』가 필요하며, 왜 성찰과 실천의 윤리학이 필요한가에 대해 다뤘다. 그리고 수용론에서 루이스에 대한 단편적 이해로 인한 위험성의 문제, 『스크루테이프의 편지』에 나타난 악마의 비틀기 전략에 대한 부담을 다루면서, 현재 한국 교회에서 심각한 영적 난장이병의 현상인 성경적 성찰과 그 실천적 윤리성의 이중적 부재의 문제를 말하였다.

둘째로, 본서에 나타난 루이스의 실천적 윤리와 지혜의 구체적 내용이 무엇인가를 살펴보았다. 모두 열 가지의 악마의 핵심 전략들이자 원리들이다. 악한 자는 (복음을) 비틈과 혐오의 전략을 중심으로 비실천성, 반성찰, 외모와 유흥, 반기도, 가정과 사랑에서의 불화와 왜곡, 죄와 유혹, 인간관계에서의 가벼움, 극단과 자만, 죽음과 불안 등의 전략으로 성도를 유혹한다. 따라서 우리는 이런 열 가지 전략들을 거꾸로 읽을 때 하나님의 역설적 전략을 알게 된다. 여기서 가장 중요한 하나님의 핵심 전략이 (복음의) 순전성과 함께 성찰과 실천성의 전략이자 원리임을 확인하였다.

셋째로, 본서를 통해 보인 루이스의 탁월성을 살펴보았다. 그는 무엇보다 복음주의적 언어 연금술사로서 "낯설게 글쓰기"의 전형을 보여 주었다. 순전한 복음 안내를 위한 혁신적 기법인 "낯설게 글쓰기"의 기법을 통해서, 파격적 관점과 일상적이고 비유적 언어를 사용하여 모던과 포스트모던 독자들에게 효과적으로 접근했다. 그리고 그는 순전한 복음에 뿌리박은 기독교적 성찰의 모델을 제시했고, 또한 영적 병법서로서 순전한 복음에 충실한 영적 분별과 지혜를 위한 제자도의 실천서를 제공했다. 더불어 루이스의 삼색 경건, 즉 지성, 영성, 감성의 터치를 보여 주었다.

이제 마지막으로, 루이스가 도전하는 현대 한국 교회와 성도들을 향한 교훈과 적용점은 무엇인가 생각해 보자. 이것은 앞서 언급했듯이 "영적 난장이병" 가운데 신음하는 조국 교회의 현실에 더욱 절실한 문제이다.

총체적 신앙의 본질과 균형을 회복해야

신앙의 순전성을 회복해야

우선, 순전한 복음과 신학을 사랑해야만 한다. 한마디로, 간서치(看書痴)적 열정을 사모해야 한다.[73] 악한 원수 마귀는 순전한 복음과 신학을 비틀어 혐오하도록 유혹한다(『스크루테이프의 편지』 22장, 23장, 25장). 따라서 우리는 정신을 바짝 차리고 순수한 말씀과 건강한 신학(삼위일체 하나님을 높이고 교회와 성도를 세우는 신학)을 사모해야만 한다. 동시에 교묘하고 거짓된 사이비나 이단의 교리에 유혹되지 말아야 한다.

성경 중심적 성찰의 신앙 회복해야

우리의 악한 원수는 성도가 건전한 사고를 하지 못하도록 반(反)성찰과 반(反)지성의 전략으로 유혹한다(『스크루테이프의 편지』 1장). 이런 점에서 우리 성도는 신앙의 전방위에서 성경적인 성찰의 태도를 경주해야 한다. 루

---

73 여기서 간서치(看書痴; 책에 미친 바보) 개념은 조선 시대의 이덕무를 생각하고 빌린 것이다. 이덕무에 관하여는 다음을 참고하라. 정민, 『미쳐야 미친다』 (서울: 푸른역사, 2008), 68-84; 이덕무, 『책에 미친 바보』 (서울: 미다스북스, 2011). 물론 이덕무는 성경이 아닌 조선 시대 경전과 시서 등에 미쳤던 것이지만, 필자는 이것을 차용해서 성도는 성경에 대한 이런 거룩한 간서치적 열정이 있어야 한다고 생각한다. 이런 간서치적 열정은 어거스틴의 스승이었던 밀란의 암브로스를 들 수 있다. 그는 바쁜 사역 중에서도 말씀에 삼매경이 되어 문안을 간 어거스틴을 눈치채지 못할 정도였다. Saint Augustine, *Confessons* (Oxford: OUP, 1998), VI. iii(3). 주목할 점은 이런 거룩한 간서치적인 열정은 시편에서 말씀을 주야로 "묵상"(*hagah*/meditate, whispering)함의 의미와 깊은 연관이 있다(특히 시편 1편 3절과 23편, 119편을 참고하라). 이것은 유진 피터슨의 예화대로, 마치 자신의 애완견이 밖에서 주워 온 뼈를 가지고 하루 종일 놀이하고 있는 즐거움과 비슷한 것이기도 하다. E. Peterson, *Eat This Book* (Grand Rapids: Eerdmans, 2006), 1-2.

이스는 『스크루테이프의 편지』에서 신앙의 전방위 분야에서 성경적 관점의 성찰과 실천을 심도 있게 제시했다. 따라서 우리는 맹목적이며 유아기적 신앙을 벗어 버리고, 베뢰아의 성도들처럼(행 17:11), 평생 하나님의 말씀을 사모하되 성경적 성찰의 신앙을 가져야 할 것이다.

실천적 지혜의 신앙을 회복해야[74]

성경에 근거한 순전성과 성찰적 신앙과 함께, 구체적으로 실천하는 지혜의 신앙이 절실하다. 참된 제자도는 성경 말씀을 단순히 지식적으로 아는 것에 그치지 않고, 구체적으로 적용하는 "실천적 지혜"(practical sapience)의 길이기 때문이다. 이 지혜는 전방위에서 말씀을 가지고 성찰하며 그대로 순종하고 실천하는 지혜이다(롬 12:1 – 2).

이런 순전한 신앙과 성찰, 그리고 실천의 삼중주가 함께 어울린 총체적 신앙을 회복해야 할 것이다.

천국의 다리 건축가(Kingdom Bridge – builder)가 되어야:[75] 이중 경청하기

---

74 이에 대해서는 엘렌 체리(Ellen Charry)의 다음 책을 참고하라. By The Renewal of Your Minds: *The Pastoral Function of Christian Doctrine* (Oxford: OUP, 1997). 루이스의 이런 실천적 경건의 특징은 그의 삶 속에서도 잘 드러난다. 킬른스에서의 공동 생활, 끊임없는 자선 활동, 조이와의 결혼(매우 중세 기사도적 사랑), 소명적인 삶에서 잘 드러난다. 그는 남을 철저히 배려하며 자기의 고통을 인내하고 희생했다. 그리고 회심 이후에는 소명에 붙들려서 그리스도를 위한 순례자의 순례를 경주했다. 다시 말해서, 그는 이성적인 성찰적 신앙만이 아니라, 철저히 실천적인 신앙을 보여 준다. 그의 생활 속의 실천적 모습에 대한 상세한 내용은 다음을 참고하라 McGrath, *Lewis*; 『천재』; George. *Jack: A Life of C. S. Lewis* (Wheaton: Crossway Books, 1994); 『루이스와 잭: 회의자의 사도 C. S. 루이스의 생애』, 홍종락 역 (서울: 홍성사, 2006).

75 이 "천국의 다리 건축가"의 모델은 존 스토트 목사의 "다리 건축가"(Bridge – Builder)의 모델을 차용한 것이다. 말 그대로 목회자와 성도의 역할은 현대와 성경, 현대와 천국을 이어 주는 다리와 같다는 것으로, 요한복음 1장 14절의 성육신적 모델이다. 자세한 내용은 스토트의 설교론을 참고하라*Between Two Worlds: The Challenge of Preaching Today*(두 세계에서: 현대 설교의 도전) (Grand Rapids: Eerdmans, 2001), 135 – 179. 그는 이 모델을 제시하기 전에 기존의 두 가지 설교 모델의 문제점을 설명한다. 첫째로, '보수주의 모델'은 성경의 진리만 선포될 뿐 현실에서의 적용에 무관심한 설교를 말한다. 이와는 반대로 둘째 모델인 자유주의 모

앞에서 지적했듯이 루이스는 『스크루테이프의 편지』를 통해 복음주의적 언어 연금술사로서의 지혜를 보여 주었다. 그는 일종의 "낯설게 글쓰기" 전략으로 일상과 비유의 언어로써 기독교적 지혜를 당대 지성과 감성의 독자들에게 매우 효과적으로 제시했다. 그는 현대의 포스트모던 독자들에게까지 감성과 상상력을 통해 복음을 효과적으로 증거했다. 따라서 맥그래스는 루이스가 국제적으로 사랑받는 이유를 그의 글이 지성과 감성의 종합이요, 복음주의 핵심과 상상력의 종합이기 때문이라고 말한다.

> 그들(복음주의자들)에게 루이스는 신앙을 풍성하게 하고 확장시키되 희석시키지 않는 인물이기 때문이다. 다시 말해, 복음주의자들은 루이스를 기독교 신앙의 근본적인 특징을 건드리지 않으면서도 지성과 감정, 상상력을 사로잡아 기독교 신앙을 더 깊이 바라보는 안목을 열어 주는 촉매로 본다.[76]

따라서 목회자와 성도 모두는 천국의 다리 건축가로서, 루이스처럼 오래된 순전한 복음을 포스트모던 시대의 한국 사회에 증거하는 지혜가 필

델은, 설교의 출발이 철저히 현실이요, 목적도 현실 세상인 설교다. 즉 현실에서 시작해서 현실에서 머문다. 설교에서 성경의 권위는 실종되고 현실에 권위를 둔다. 따라서, 이 모델은 복음과 예수 그리스도의 진리가 절대 진리로 증거되지 않는다. 스토트는 이 두 모델의 오류를 극복하고, 두 세계(성경의 세계와 현 세계)의 간격을 이어 주는, 건강한 성경적 원리의 모델이 바로 "다리 건축가" 모델이라는 것이다. 필자는 이 천국의 다리 건축가의 모델로, 사도 바울과 예수님을 들 수 있다. 아덴에서의 바울은(행 17:16–34), 당시 서양의 철학과 문학의 근원인 아테네의 광장인 아고라 시장과 아레오바고에서 철학자들의 조롱에도 불구하고, 그들의 문화 용어를 사용하여 성경의 원리, 특히 창조자되신 하나님과 예수 그리스도의 부활 등의 복음을 증거했다. 또한 예수님께서는 수가성 여인을 만났다(요 4장). 이것은 D. A.카슨의 표현대로,"최초의 타문화 선교의 모델"(the 1st cross–cultural evangelism)로서, 당시 유대인들에게는 적대적인 땅 사마리아를 거쳐서, 수가성 우물의 한 여인에게 복음을 증거하셨다[D.A. Carson, *The Gospel According to John* (Grand Rapids: Eerdmans, 1991), 232]. 즉, 바울과 예수님의 모델에서 공통점과 주목할 점은 천국의 다리 건축가로서의 언어이다. 우리들만의 내용을 우리들만의 언어로 말하지 않고, 저들의 언어, 즉 아고라 시장과 우물의 일상 언어를 사용해서 증거하셨다는 것이다.

76 『천재』, 479–80.

요하다. 이를 위해서 존 스토트의 표현대로, "이중 경청"(double listening)에 주목해야 한다. 초대 교부요 당대 최고의 설교가인 요한 크리소스톰(John Chrysostom)이 "성경과 세상의 사람"(Man of the Word and the World)이라고 불렸듯이, 성숙한 성도들은 성경의 소리에 순종적으로 경청하고 세상의 소리에 비판적으로 경청해야 한다. 물론 여기서 주의할 점은 이 이중 경청이 말 그대로 동시적인 것이지, 분리된 것이 되어서는 안 된다. 왜냐하면 이 변치 않은 성경의 음성과 언어를 단순히 교회 안에서 게토화시키거나 벙커 속에 감추어 놓은 것이 아니라, 변하는 세상에 지혜롭게 전하는 것이 성도와 교회의 역할이기 때문이다.[77] 이런 점에서 성도들과 교회의 리더들은 성경에 미친 열정과 함께, 인문학과 일반 학문 분야에도 분별 있는 부단한 만남을 가져야 한다. 동시에 현대인에게 복음을 전할 수 있는 복음주의적 언어도 계발해야 할 것이다. 이것이 바로 루이스가 우리에게 던져 준 포스트모던 독자와 교감하는 지혜이기도 하다.

전방위적 영적 분별과 무장, 성결을 사모해야

본서에서 주는 또 하나의 교훈은 영적 세계에 대한 분별과 무장, 나아가 전방위적 성결에 대한 통찰이다. 루이스는 본서의 "서문"에서 악한 자에 대한 두 가지 오류를 지적하는데, 이는 "불신과 과신"이다(11). 이런 점에서 악마의 존재에 대한 무시나 무지 또는 과신을 넘어서, 말씀과 성령의 인도를 받아 늘 깨어 있고 분별해야 할 것이다.[78] 이런 분별과 전방위적 성

---

77 이런 "벙커 멘털리티"(bunker mentality)의 개념은 필자가 졸업한 시카고 트리니티신학교(TEDS) 존 우드부리지(J. Woodbridge) 교수의 강의에서 언급한 내용을 빌었다.

78 사탄(타락한 천사)에 대한 성경적 명칭과 특징으로 다음을 참고하라. 1) 예수님: 살인자요 거짓의 아비(요 8:44), 2) 바울: 광명의 천사(고후 11:14), 3) 구약: 에덴동산의 뱀(계 12:9; 20:2), 4) 신약: 마귀요 고소자(계 12:9-10), 세상의 신(요 12: 31), 먹이를 찾는 자(벧전

결에 대해서는 로마서 12장 1 – 2절, 에베소서 5장 11 – 18절에서도 잘 드러난다. 로마서 본문에서는 분별(2절)과 함께 전방위적 예배자로서의 성도(1절)를 제시한다. 동시에 우리는 분별과 함께 영적 무장에 대해서 에베소서 본문처럼, 말씀과 성령, 기도로 삼위일체 하나님과 동행하는 삶을 경주해야 할 것이다.

이런 영적 분별과 무장은 결국 성도와 교회가 주님 앞에서 순결한 신부로 경주하는 성화의 여정, 순례자의 여정이다. 이 여정은 마치 존 번연의 순례자 크리스천과 크리스티나처럼 전방위와 전생애에서 성결을 사모하는 여정이다.[79] 따라서 현대를 살아가는 우리는 루이스의 본서를 읽으면서 빌립보서 4장 8절의 말씀에 경청해야 할 것이다.

> 끝으로 형제들아 무엇에든지 참되면 무엇에든지 경건하며 무엇에든지 옳으며 무엇에든지 정결하며 무엇에든지 사랑 받을 만하며 무엇에든지 칭찬 받을 만하며 무슨 덕이 있든지 무슨 기림이 있든지 이것들을 생각하라 _**빌 4:8**

이상에서 우리는 루이스의 『스크루테이프의 편지』를 통해서 루이스의 성경적 성찰, 그리고 실천의 지성인이자 대중적 윤리학자로서의 루이스를 살펴보았다. 이 글이 더욱 발전시켜야 할 점 중의 하나는 다른 루이스의 작품들과 비교 연구하는 것이 필요하다. 예를 들어, 본서의 악마의 순전한 복음에 대한 비틈과 혐오의 전략과 관련해서는 『순전한 기독교』와 비교하며, 악마의 가정과 사랑과 결혼에 대한 왜곡적 태도는 『네 가지 사랑』

5:8), 미혹자요 용(눅 22:32; 계 12:9)

79 존 번연(John Bunyan)의 『천로역정』은 1부에서는 순례자 '크리스천'의 구원의 여정을, 2부에서는 그의 아내인 크리스티나와 자녀들의 영적 여정을 다룬다. *The Pilgrim's Progress*. Ed. by Cynthia Wall (New York: Norton, 2009).

과 비교하며, 그 외에 다양한 신앙의 측면에 대한 사단의 전략들은 『기독교적 숙고』와 비교하는 연구를 생각해 볼 수 있다.

바라기는 이 글을 통해서 살펴본 루이스의 성경적 성찰과 실천적 윤리가 영적 난장이병 중에 신음하는 우리 한국 교회 가운데, 작지만 효과적인 치료제가 되길 소망한다.

참고문헌

Bibliography Selected

Lewis, C. S. *The Screwtape Letters with Screwtape Proposes a Toast*. San Fransico: HarperSanFranciso, 2001; 김선형 역. 『스크루테이프의 편지』. 서울: 홍성사, 2000.

______. "Preface." Screwtape Proposes a toast, *The Screwtape's Letters*.

______. "부록: 1961년판 서문". 『스크루테이프의 편지』.

Brown, Devin. "The Screwtape Letters: Telling the Truth Upside Down." *C. S. Lewis: Life, Works, and Legacy*. Vol.2. ed. by Bruce Edwards. Westport: Praeger Perspectives, 2007.

Edwards, Bruce. "An Examined Life." *C. S. Lewis: Life, Works, & Legacy.* Vol.1. ed by Bruce Edwards. Westport: Praeger Perspectives, 2007.

Green, Roger L., and Walter Hooper. *C. S. Lewis: A Biography.* NY: Harcourt Brace & Co., 1974.

Heck, Joel D. *"Praeparatio Evangelica." C. S. Lewis: Lightbearer in the Shadowlands.* Ed. by Angus Menuge. Wheaton: Crossway, 1997.

Hooper, Walter. *C. S. Lewis: A Complete Guide to His Life & Works.* San Francisco: HarperCollins, 1999.

______. ed. *The Collected Letters of C. S. Lewis*. Vol. II: Books, Broadcasts, & Wars 1931 – 1949. San Francisco: HarperSanFrancisco, 2004.

MacSwain, Robert and Michael Ward, ed. *The Cambridge Companion to C. S. Lewis.* Cambridge: CUP, 2010.

McGrath, Alister. *C. S. Lewis—A Life: Eccentric Genius, Reluctant Prophet*. Carol Stream: Tyndale House P, 2013; 홍종락 역. 『C. S. Lewis: 별난 천재, 마지못해 나온 예언자』. 서울: 복있는 사람, 2013.

______. *The Intellectual World of C. S. Lewis.* Oxford: John Wiley & Sons, 2014.

Ryken, Philip. "Winsome Evangelist: The Influence of C. S. Lewis". *C. S. Lewis: Lightbearer in the Shadowlands.* Ed. by Angus Menuge. Wheaton: Crossway, 1997.

Sayer, George. *Jack: A Life of C. S. Lewis.* Wheaton: Crossway Books, 1994; 홍종락 역. 『루이스와 잭: 회의자의 사도 C. S. 루이스의 생애』. 서울: 홍성사, 2006.

Veith, Gene Edward. "A Vision, Within a Dream, Within the Truth: C. S. Lewis as Evangelist to the Postmodernists." *C. S. Lewis: Lightbearer in the Shadowlands.* Ed. by Angus Menuge. Wheaton: Crossway, 1997, 367–388.

Vanhoozer, Kevin. "On scripture." *The Cambridge Companion to C. S. Lewis.* Eds. by Robert MacSwain & Michael Ward. Cambridge: CUP, 2010.

심현찬. "포스트모던 시대의 교회와 성도에게 비추는 루이스의 지혜의 무지개". 미국 워싱턴 "C. S. 루이스 축제" 발제 논문, 2011.

_____. "균형 잡힌 경건의 초상을 찾아서: 루이스의 삼색 경건(지성, 감성, 경건)을 중심으로". 서울 C. S. 루이스 컨퍼런스 발제 논문, 2015.

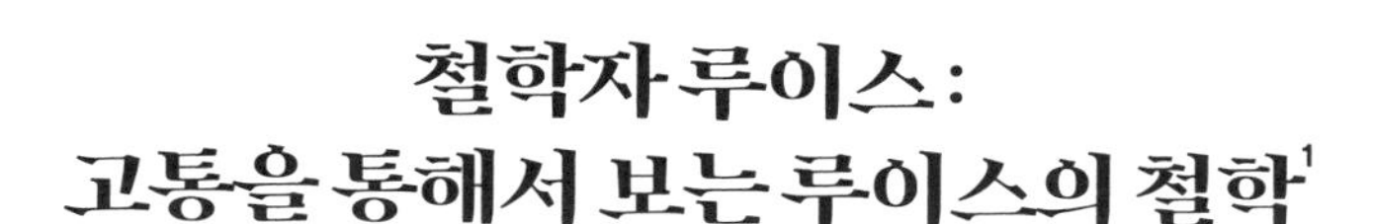

철학자 루이스: 고통을 통해서 보는 루이스의 철학[1]

강영안

요약 | 이 글은 루이스의 철학자로서의 면모를 드러낼 수 있는 여러 주제 가운데서 특별히 '고통'의 문제를 루이스가 어떻게 보고 있는지를 다루었다. 『고통의 문제』라는 작품에서 우리는 루이스가 매우 합리적인 방식으로 고통에 관하여 논증하는 것을 보게 된다. 그러나 말년의 『헤아려 본 슬픔』에서는 합리적인 루이스가 아닌 매우 신랄하고 하나님에 대해 매우 저항적인 루이스를 보게 된다. 기독교 변증가로서, 철학자로서 그는 과연 철학적이며 논리적인 일관성을 유지하고 있는지 이 글을 통해 묻고 있다.

강영안 교수
현 미국 칼빈신학교 교수, 서강대 철학과 명예교수 및
고신학원 이사장 역임, 화란 자유대학 박사 학위,
한국 칸트 학회 회장 역임, 『강교수의 철학이야기』 외 다수

1 본 원고는 '2016 서울 C. S. 루이스 컨퍼런스'에서 행한 기조 강의 원고이다.

고통에 대한 두 가지 태도

C. S. 루이스는 고통에 관하여 전혀 다른 두 권의 책을 썼다. 좀 더 정확하게 말하자면 루이스는 고통의 문제에 관하여 이론적이고 객관적인 논의를 담은 책, 그리고 자신의 슬픔을 관찰한 책을 썼다. 앞의 책은 루이스가 마흔 두 살이던 해(1940년) 『고통의 문제』(*The Problem of Pain*)라는 제목으로 출판되었고, 뒤의 책은 원래 공책 4권 분량의 작은 책으로서 그가 죽던 해(1963년)에 가명(假名)인 『헤아려 본 슬픔』(*A Grief Observed*)이라는 제목으로 출판되었다. 두 책은 문체나 분위기나 태도에서 사뭇 다르다. 고통의 문제에서 루이스는 "구체적인 죄를 회개하는 데서 나오는 슬픔, 그리하여 구체적으로 자기 잘못을 바로잡거나 남에게 끼친 해를 보상하게 만드는 슬픔이나 남을 향한 연민에서 솟아나 적극적으로 그를 돕게 만드는 슬픔이 아닌 한, 슬픔은 정말 나쁜 것입니다."라고 말했지만, 그의 아내 조이 데이비드먼(Joy Davidman)이 죽자 이와는 관계없는 슬픔을 토로했다.

루이스는 누구보다도 절실하게 자신의 삶에 찾아왔던 예기치 않은 기쁨에 관해 말한 저자였다. 그리고 자신이 그 기쁨을 누린 것에 대해서 하나님께 감사드렸다. 그러나 루이스는 속 깊이, 뼈가 저리도록 슬픔을 아는 사람이었다. 어린 나이에 어머니를 잃은 것만큼 큰 슬픔과 고통이 또 어디 있겠는가? 그러나 루이스는 서른한 살의 나이(1929년)에 뒤늦게 그리스도인이 되었고, 그리스도인이 된 지 11년 만에 『고통의 문제』라는 책을 썼다. 이때는 고통이 마치 저만치 떨어져 있는 것처럼 거리를 두고서 고통에 관하여 말하였다. 루이스와 조이를 그린 영화 〈섀도우랜드〉(Shadowlands)를 보면, 루이스는 교회에서 "하나님은 우리가 꼭 행복하기를 원하시지는 않는 것 같습니다. 사랑할 줄 알고 사랑받을 줄 아는 사람이 되길, 우리가 철들기를 바라시죠. 우리를 사랑하시기에 고통을 선물로 주시는 겁니다. 귀

기울이지 않는 세상을 깨우치려고 '고통'이라는 메가폰을 드신 겁니다."라고 대단히 열정적으로 강연하는 모습이 나온다. 『고통의 문제』에는 이렇게 쓰여 있다.

> 우리는 우리의 죄와 어리석음에 만족하며 지낼 수 있습니다. 최고로 맛있는 음식을 아무 생각 없이 퍼먹고 있는 대식가를 본 적이 있는 사람이라면, 우리가 쾌락조차 무시할 수 있는 존재임을 인정할 것입니다. 그러나 고통은 고집스럽게 우리의 주목을 요구합니다. 하나님은 쾌락 속에서 우리에게 속삭이시고, 양심 속에서 말씀하시며, 고통 속에서 소리치십니다. 고통은 귀먹은 세상을 불러 깨우는 하나님의 메가폰입니다.[2]

그러나 1961년 암에 걸려 죽어 가고 있음을 알면서도 결혼하여 몇 년을 행복하게 지냈던 조이가 죽자, 루이스는 자신이 했던 이 말을 잊은 것처럼 이렇게 말한다.

> 그런데 하나님은 어디 계시는가? … 다른 모든 도움이 헛되고 절박하여 하나님께 다가가면 무엇을 얻는가? 면전에서 '쾅' 하고 닫히는 문, 안에서 빗장을 지르고 또 지르는 소리. 그러고 나서는 침묵. 돌아서는 게 더 낫다. 오래 기다릴수록 침묵만 뼈저리게 느낄 뿐. 창문에는 불빛 한 점 없다. 빈집인지도 모른다. 누가 살고 있기나 했던가? 한때는 그렇게 보였다. 그때는 꼭 누가 있는 것처럼 보였으나 지금은 정말 빈집 같다. 지금 그분의 부재는 무엇을 의미하는가? 왜 그분은 우리가 번성할 때는 사령관처럼 군림하시다가 환난의 때에는

2 C. S. 루이스, 『고통의 문제』, 이종태 옮김 (서울: 홍성사, 2002), 141.

이토록 도움 주시는 데 인색한 것인가?[3]

조금 더 인용해 보자.

대답은 없다. 그저 잠긴 문, 철의 장막, 텅 빈 허공, 절대적인 무의 세계만 있을 뿐, '구하여도 구하지 · 얻지 못하리라'. 구하다니 내가 바보였다. 지금으로서는 그러한 확신이 온다고 해도 믿을 수 없을 것이다. 그건 나 자신의 기도에 의해 야기된 자기 최면일 테니까.[4]

하나님이 광대마냥 한순간 우리 밥그릇을 채어 갔다가 다음 순간 똑같이 생긴 다른 밥그릇으로 바꿔치기라도 하신단 말인가? 자연조차도 그런 광대 짓은 하지 않는다. 자연은 똑같은 음률을 결코 두 번 연주하지 않는다.[5]

오랫동안 채워지지 못했던 고귀한 허기가 마침내 맘에 맞는 음식을 만났으나 즉시 그 음식을 빼앗기고 말았다. 운명(아니면 다른 무엇이든)이란 대단한 능력을 만들어 내고서는 곧 그 능력을 꺾는 데 재미를 느끼는 모양이다. 베토벤은 귀머거리가 되지 않았는가. 우리 기준으로 보자면 심술궂은 장난이다. 비열한 얼뜨기가 저지르는 짓궂은 바보짓이다.[6]

나는 우리가 사실은 덫에 갇힌 쥐가 아닐까 싶어 더 두렵다. 아니, 더 나쁘게는 실험실의 쥐들인지도 모른다. 누군가 '하나님은 언제나 기하학적으로 행하

---

3 C. S. 루이스, 『헤아려 본 슬픔』, 강유나 옮김 (서울: 홍성사, 2004), 22.
4 위의 책, 25.
5 위의 책, 23.
6 위의 책, 38.

신다'라고 했다. 사실은 '하나님은 언제나 생체 실험을 행하신다.'이면 어쩔 텐가?[7]

『고통의 문제』에서 루이스는 고통을 내가 당하는 고통도 아니고 내 눈앞에 있는 네가 당하는 고통도 아닌, 마치 그가 당하는 고통처럼 서술하지만 『헤아려 본 슬픔』에서는 자신이 당하는 고통을 그리고 있다. 3인칭적 관점에서 한 서술과 1인칭적 관점에서 한 서술이 다를 수밖에 없다. 그렇다면 혹자가 말하듯 루이스는 정말 신앙을 버리고 하나님을 떠났는가? 하나님에 대한 생각과 고통에 관한 생각이 근본적으로 달라졌는가? 필자는 그렇지 않다고 생각한다. 그의 친구로부터 구제할 가능성이 없는 자처럼, 마치 소망이 없는 자들이 슬퍼하는 것처럼 그렇게 슬퍼하지 말라는 말을 들을 정도로 슬픔에 빠진 루이스에게는, 하나님이 마치 부재한 것처럼, 문을 꽁꽁 걸어 잠그고는 외면하시는 분처럼 보였다. 그러나 슬픔에서 조금씩 회복되면서 그의 생각은 다시 예전의 생각으로 이어진다. 이 면을 보기 전에 『고통의 문제』에서 루이스가 고통을 다룬 방식을 잠깐 살펴보자.

『고통의 문제』에서 본 고통

루이스는 전통적인 변신론(또는 신정론 theodicy)의 문제 제기를 고통의 문제로 확인한다.

> 하나님이 선하다면 자신이 만든 피조물들에게 완벽한 행복을 주고 싶어할 것이며, 하나님이 전능하다면 그 소원대로 할 수 있을 것이다. 그런데 지금 피조

7 위의 책, 51.

물들은 행복하지 않다. 그러므로 하나님은 선하지 않은 존재이거나 능력이 없는 존재 또는 선하지도 않고 능력도 없는 존재일 것이다.[8]

이것은 고통의 문제를 "가장 단순하게 표현한 말"이라고 루이스는 말한다. 여기서 문제는 하나님의 전능함과 선함이 피조물의 불행과 어떻게 양립 가능한가 하는 것이다. 그래서 루이스는 하나님의 전능함과 선함에 관하여 두 장을 할애해서 자세하게 논의한 다음, 인간의 악함과 타락을 다시 두 장으로 나누어 자세하게 서술한다. 그 다음 비로소 인간이 경험하는 고통에 관해서 다시 두 장으로 나누어 서술한 다음 동물의 고통을 다루는 한 부분을 포함해 지옥과 천국에 관하여 다룬다. 논의 순서만 보더라도 고통에 대한 루이스의 논의 방식과 태도가 드러난다. 몇 가지 핵심만 얘기해 보자.

첫째, 하나님의 전능함은 하나님은 어떤 일이든 할 수 없는 일이 없다는 뜻이 아니다. 하나님조차도 불가능한 것, 말이 되지 않는 것은 할 수 없다. 예컨대, "하나님은 한 피조물에게 자유 의지를 주시는 동시에 안 주실 수도 있다."는 것 같은 것은 불가능하다. 상호 모순되는 일은 우리뿐만 아니라 하나님도 할 수 없다. 하나님의 능력이 장애물을 넘지 못하기 때문이 아니라 우리가 보기에 말도 안 되는 일은 하나님께도 똑같이 말도 안 되는 일이기 때문이다.[9] 그러므로 하나님께서 우리에게 삶의 환경으로 자연과 생존 조건을 주시고 우리에게 자유 의지를 주셨다면, 이것을 하나님조차도 바꿀 수 없다. 그래서 루이스는 이렇게 말한다.

---

8 C. S. 루이스, 『고통의 문제』, 39.
9 위의 책, 42.

하나님이 아무리 전능하시다고 해도 상대적으로 독립적이며 '가차 없는' 자연을 창조하지 않고서는 자유 의지를 가진 영혼들의 사회를 창조하실 수 없다는 점입니다.[10]

이렇게 보는 이유는, 불변하는 법칙과 인과적 필연성에 따른 결과 및 전체 자연 질서가 일상의 삶을 제한하는 한계인 동시에 그러한 삶을 가능케 해 주는 유일한 조건이기 때문이다. 따라서 루이스는 "자연 질서 및 자유 의지와 맞물려 있는 고통을 배제한다는 것은 삶 그 자체를 배제하는 것과 같을 것"이라고 말한다.[11]

둘째, 루이스는 하나님의 선하심을 하나님의 사랑으로 이해하되, 하나님의 사랑은 그저 모든 것을 허용하고 봐주는 그런 말랑말랑한 사랑이 아니라는 것을 강조한다. 하나님의 사랑에 대해서 루이스는 이렇게 말한다.

꾸벅꾸벅 졸면서 여러분이 그 나름대로 행복해지기를 바라는 연로한 할아버지의 인자함이나 양심적인 치안 판사의 냉담한 박애주의, 손님 대접에 책임감을 느끼는 집 주인의 배려로서가 아니라 소멸하는 불로서, 세상을 창조해 낸 사랑으로서, 작품을 향한 화가의 사랑처럼 집요하고, 개를 향한 인간의 사랑처럼 전제적(專制的)이며, 자식을 향한 아버지의 사랑처럼 신중하고 숭고하며, 남녀의 사랑처럼 질투할 뿐 아니라, 꺾일 줄 모르는 철두철미한 사랑.[12]

이런 관점에서 루이스는 "하나님이 우리를 만드신 주된 목적은 우리로

---

10 위의 책, 43.
11 위의 책, 50.
12 위의 책, 68-69.

하여금 하나님을 사랑하게 하려는 데 있는 것이 아니라(물론 이 목적도 있지만), 하나님이 우리를 사랑하심으로써 우리를 그의 사랑이 '아주 기쁘게' 머물 수 있는 대상으로 만드시려는 데 있습니다."라고 말한다.[13] 그래서 마치 거지 소녀가 더러운 누더기를 걸치고 있으면서도 왕이 만족하기를 바라는 것이나 사람을 사랑하기를 배운 개가 야생동물처럼 벌레 투성이에 더러운 몸으로 집안의 물건을 물어뜯으면서도 주인의 너그러움을 기대할 수 없듯이 인간도 하나님이 거리낌 없이 사랑하실 수 있는 존재로 만들어질 때 비로소 진정한 행복이 인간에게 있을 수 있다는 것이다. 따라서 인간에게 주어진 고통은 하나님의 사랑을 받을 수 있는 존재로 빚어져 가는 데 기여를 한다고 보게 된다. 이것이 루이스가 "인간의 고통과 인간을 사랑하시는 하나님의 존재를 조화시키는 문제는, 우리가 '사랑'이라는 말에 하찮은 의미를 부여하며 인간이 만물의 중심인 양 만물을 바라보는 한 결코 해결될 수 없습니다."라고 한 까닭이다.[14] 인간의 역할은 그에 따르면 "피조물에 불과한 존재들로서, 우리의 역할은 언제나 주체에 반응하는 객체, 남성에 반응하는 여성, 빛에 반응하는 거울, 소리에 반응하는 메아리"가 되는 것이며, 인간이 할 수 있는 가장 고귀한 활동은 "주도하는 것이 아니라 반응하는 것"(response, not initiative)이다.[15]

셋째, 하나님의 사랑은 우리 자신을 변화시키고자 하는데, 그 까닭은 우리가 자유 의지를 잘못 사용함으로 아주 악해졌기 때문이라고 루이스는 서술한다. 그래서 루이스는 죄 문제를 아주 심각하게 다룹니다. 고통은 곧 죄의 결과라고 보는 것이다. 이렇게 볼 수 있는 근거를 루이스는 "인간

13 위의 책, 70.
14 위의 책, 70.
15 위의 책, 75.

이 처음 지음받았을 때에는 완전히 선하고 완전히 행복한 존재였지만, 하나님께 불순종함으로써 오늘날 보는 바와 같은 존재가 되고 말았다."는 데서 찾는다.[16] 단지 저 먼 과거뿐만 아니라 지금도 우리는 하나님을 인식하고 우리 자아를 인식하는 순간, 하나님을 자기의 중심으로 택하느냐 자아를 중심으로 택하느냐 하는 '무서운 양자택일'의 길에 서 있고, 자기를 선택함으로써 배운 사람이나 배우지 못한 사람이나 누구나 매일같이 죄를 짓고 있다.[17] 이것이 모든 개별적인 죄들의 배후에 자리 잡고 있는 '근본적인 죄'이다.[18] 따라서 고통에 대한 루이스의 핵심 사상은 이것이다. 인간은 하나의 종(種)으로서 스스로 부패했기 때문에 이런 상태에서 우리에게 선이 되는 것은 우리를 치료하며 바로잡는 것이며 고통이 실제로 그와 같은 치료책이라는 것이다.[19] 그래서 루이스는 이렇게 말한다.

> 하나님의 메가폰으로서 고통이 혹독한 도구라는 데에는 의심의 여지가 없습니다. 또 고통은 끝까지 회개하지 않은 반항으로 연결될 수도 있습니다. 그러나 고통은 개심(改心)할 수 있는 유일한 기회를 악인에게 제공해 줍니다. 고통은 베일을 벗깁니다. 고통은 반항하는 영혼의 요새 안에 진실의 깃발을 꽂습니다. 만사가 잘 돌아가고 있다는 환상을 깨뜨리는 것이 고통의 효력 중 가장 낮은 단계에 해당하는 첫 번째 효력이라면, 두 번째 효력은 '지금 우리가 가진 것은 본질적으로 좋은 것이든 나쁜 것이든 간에 전부 우리 것이며 그 이상은 필요치 않다'는 환상을 깨뜨리는 것입니다.[20]

---

16 위의 책, 109.
17 위의 책, 113-4.
18 위의 책, 114.
19 위의 책, 131-2. 참조
20 위의 책, 144-5.

이어서 세 번째 효력으로 루이스는 고통을 통해서 비로소 우리가 우리 자신이 아니라 하나님을 선택했다는 것을 의식적으로 알 수 있다는 것을 들고 있다. 하나님께 자아를 완전히 양도하는 행위에는 고통이 따르게 마련이라는 것이다.[21] 이처럼 루이스에게 고통은 분명히 목적이 있고 의미가 있는 것이다.

루이스는 신앙을 버렸는가?

이제 물음은 젊은 시절의 생각을 루이스가 말년에도 그대로 일관되게 유지했는가 하는 것이다. 『헤아려 본 슬픔』 1장과 2장에서 인용한 앞의 구절들을 보면 루이스는 생각을 완전히 바꾼 것 같다. 하나님은 더 이상 선한 분도, 전능한 분이 아니며 가학적인 신이요, 음식을 주고는 다시 빼앗아 가는 광대, 멍청한 바보로 불리기도 한다. 심지어 '나쁜 신'이라고 언급하기까지 한다.

> 나쁜 신을 믿는 것이 합리적인가? 어쨌든 그처럼 나쁜 점을 가지고 있는 신을 믿는 것이? 우주를 다스리는 가학적인 신, 악의에 찬 얼뜨기(The Cosmic Sadist, the spiteful imbecile)를?[22]

그 자신도 스스로 이렇게 묻는다.

> 왜 나는 마음 속에다 이처럼 쓰레기 같고 말도 안 되는 생각을 남겨 놓는 것인

21 위의 책, 148-150. 참조
22 C. S. 루이스, 『헤아려 본 슬픔』, 52

가? 이렇게 하면 마치 내가 덜 느낄 수 있기라도 하는 양, 손바닥으로 느낌을 가리려 하고 있는 것인가? 이 모든 기록이, 고통이란 겪는 수밖에 없다는 사실을 받아들이지 않으려는 자의 의미 없는 글쓰기에 불과한 것이 아닐까?[23]

그러나 『헤아려 본 슬픔』 3장과 4장에 가서 루이스는 1장과 2장의 기록에서 보인 태도를 수정한다. 특히 관심을 끄는 대목은 두 가지이다. 하나는 혹시나 자신의 삶이 종이 카드로 쌓아 올린 성채에 불과한 것이 아닌가 하는 생각과, 하나님이 생체 실험을 하고 있는 자인지 아니면 질병을 고쳐 주고자 하는 수의사인지 묻는 질문이다. 여기서 필자는 『고통의 문제』를 쓴 40대 초반의 루이스와 『헤아려 본 슬픔』을 쓴 60대 초반의 루이스 사이의 연속성을 본다. 조금 더 자세히 살펴보자.

루이스는 조이의 죽음에 대한 자신의 슬픔이 사실은 조이를 위한 것이 아니라 자신을 위한 슬픔임을 자각한다. 암으로 몸의 고통을 받던 조이의 고통에 비하면 자신의 고통은 별 것이 아닌 데도 자신은 자신의 고통만을 생각하고 그녀의 고통에 대해서는 생각하지 못했음을 인식한다. 동시에 루이스는 조이에 대한 사랑이 하나님에 대한 믿음과 거의 같은 종류의 것이었음을 고백한다. 하나님에 대한 믿음 안에 상상 외의 다른 요소가 없었는지, 조이에 대한 사랑 안에도 이기주의 말고 다른 것은 없었는지 자문해 보지만, 오직 하나님만 아실 것이라고 루이스는 토로한다. 하나님에 대한 믿음이나 조이에 대한 사랑도 카드로 만든 성채였음을 발견한다.[24] 그리고 결국 아무 것도 모르는 쪽은 결국 자신이었음을 고백한다.

23 위의 책, 55.
24 위의 책, 66.

하나님은 우리 믿음이나 사랑의 자질을 알아보시려고 시험을 하시는 게 아니다. 그분은 이미 알고 계시니까. 모르는 쪽은 오히려 나였다. 이 시험에서 하나님은 우리가 피고석과 증인석, 그리고 재판석에 모두 한꺼번에 앉아 볼 수 있도록 만드신다. 그분은 언제 내 성채가 카드로 만든 집이라는 사실을 알고 계셨다. 내가 그 사실을 깨닫도록 하는 유일한 방법은, 그것을 쳐서 무너뜨리는 것뿐이었다.[25]

바로 여기서 젊은 시절 루이스의 목소리가 다시 울린다. 삶의 중심으로 자기 자신에서 하나님에게로 옮기는 방법은 고통으로 삶을 뒤흔드는 수밖에 없다는 생각이다.

하나님은 수의사인가 생체 실험가인가 하는 질문은, 앞에서 잠깐 언급했던 하나님은 혹시 '나쁜 신'이 아닌가 하는 생각과 관련이 있다. 이 생각은 결국 하나님은 생체 실험가가 아니라 병을 치료하기 위해 고통을 주는 수의사나 외과 의사 또는 치과 의사라는 생각으로 답을 얻는다. 하나님이 우리를 치료하고자 고통을 주신다는 사실을 믿는다면, 그리고 이렇게 믿으면 믿을수록, 자비를 구하는 일은 아무 소용이 없음을 믿지 않을 수 없다. 외과 의사가 다정하고 양심적인 사람일수록 더욱 무자비하게 썩은 살을 도려낼 것이고, 만일 자비를 베풀어 애걸복걸하는 일에 꺾이고 만다면 그때까지 겪은 고통은 아무 소용이 없게 되지 않겠느냐는 것이다. 만일 이 고통이 필요 없다면 신은 존재하지 않거나 악한 존재일 것이라고 루이스는 단언한다. 만약 선한 신이 계신다면 이러한 고통은 필요할 수밖에 없다는 것이다. 그래서 루이스는 "하나님은 선하신 분이니, 나는 그분이 두렵지 않아."라고 말하는 자는 생전 치과에도 가보지 않은 사람이라고 루이스

---

25 위의 책, 78.

는 힐난한다. 하나님이 선하시기 때문에 고통을 주시고 고통을 통해 치료를 해 주신다는 것이다.[26] 조이는 올바른 영혼을 지녔으며 영민하고 칼과 같이 그 지성이 잘 벼려진 사람이었지만, 조이나 자신은 죄 많은 여자요 죄 많은 남자이므로 아직까지 치유가 필요하고 박박 닦아 내야 할 얼룩이 있는 존재임을 루이스는 고백한다.

고통을 통해 루이스가 배운 것

자신의 고통을 통해 루이스는 두 가지 소득을 얻었다고 말한다. 하나는 이제 하나님은 자신에게 닫힌 문이 아님을 안 것이다. 그리고 조이를 바라볼 때 이제 더 이상 공허한 진공을 만나지 않게 된다. 아니 여기서 한 걸음 더 나아가 하나님과 조이를 찬양하게 된다. 찬양이란 "그 안에 기쁨을 담고 있는 사랑의 양식"이다. 찬양할 때는 올바른 순서로 찬양해야 한다. 루이스는 그래서 주신 분으로서의 하나님을, 그리고 자신에게 주어진 선물로서 조이를 찬양한다.[27] 조이는 그에게 마치 칼과 같이 뛰어난 지성을 소유한 존재였고 또한 들어가 보면 볼수록 깃들일 수 있는 정원과 같다고 토로한다. 찬양을 통하여 루이스는 정원에서 정원을 가꾸시는 분으로, 칼에서 칼을 만드시는 대장장이로, 생명을 주시는 생명의 근원으로, 아름답게 만드시는 아름다움의 근원으로 올라가는 경험을 한다.[28]

그러나 루이스는 예전처럼 그렇게 논리적으로, 합리적으로 고통에 대해 모두 설명할 수 없음을 인정한다. 왜냐하면 자신이 하나님께 이런 저런 질문을 던질 때 하나님은 역시 '묵묵부답'임을 경험하였기 때문이다. 그러

26 위의 책, 68.
27 위의 책, 89-90.
28 위의 책, 91. 참조

나 루이스는 이렇게 쓰고 있다.

> 잠긴 문이 아니다. 외려 조용하고 분명 동정적인 시선 같은 것, 마치 그분이 거절의 뜻으로 머리를 가로저으시는 게 아니라, 질문을 유예하시는 것 같은. '아들아, 잠잠하거라. 너는 이해하지 못한다' 하시는 것 같은.[29]

그러면서 루이스는 『고통의 문제』 마지막 장에서 천국을 다루었듯이 『헤아려 본 슬픔』이 거의 끝나는 부분에서도 '천국'을 말한다.

> 천국이 우리의 문제를 풀어 줄 것이나, 명백히 모순되는 생각들을 은근히 화해시키는 방식으로 해결하지는 않으리라고 생각한다. 우리의 생각들은 모두 발아래 무너져 버릴 것이다. 문제라고는 애초부터 전혀 없었음을 보게 될 것이다.[30]

젊을 때 루이스와 노년의 루이스는 동일하다. 다만, 세상의 다양한 색깔을 조금은 회색빛 톤이 강하게 감도는 모습으로 볼 수 있게 된 것이 다를 뿐이다.

---

29 위의 책, 98.
30 위의 책, 100.

문학가 루이스: 세례받은 상상력[1]

이인성

요약 | 본 글은 밀턴과 루이스의 작품 속에 나타난 '신화'의 문학적인 측면들을 검토함으로써, 루이스가 강조한 '사실이 된 신화'의 구현 과정을 구체적으로 탐색하고 있다. 또한 이를 통해 궁극적인 신화의 세계로 나아가는 루이스의 '세례받은 상상력'을 분석하고 있다. 밀턴과 루이스는 바로 이 '세례받은 상상력'을 통하여 실제에 대한 '추상적인 지식'과 '보는 것이 믿는 것'이라고 여기는 '인간의 딜레마'에서 벗어나도록 독자들을 이끌어 내고 있다. 이들은 '사실이 된 신화'의 구현 과정을 작품을 통해 구체적으로 보여 줌으로써 자신들의 문학적 소명을 완수하고 있다. 즉, 밀턴의 고전과 루이스의 현대 작품은 서양 문학의 핵심 요소 중의 하나인 '신화'를 통해 공통된 구현 과정과 결과를 만들어 내고 있는 것이다. 더 나아가, 이 글에서 필자는 밀턴의 작품과 같은 고전이 루이스의 작품과 같은 20세기의 대표적인 대중 문학으로 다시 부활할 수 있는 가능성과 그 가치를 모색하고자 한다.

이인성 교수
현재 숭실대 영어영문학과 교수
한국 문학과 종교학회 회장
미국 오클라호마주립대 박사 학위, 『밀턴의 이해』 외 다수

1 본 원고는 '2016 서울 C. S. 루이스 컨퍼런스'에서 강의한 원고이다.

들어가는 글

17세기에 살았던 존 밀턴과 20세기에 살았던 C. S. 루이스는 300여 년의 시간을 뛰어넘어, 그들의 아이디어와 사상에 있어서 문학적 코드가 매우 비슷하다. 이들은 영국의 역사와 문화 그리고 국가적 배경을 공유할 뿐만 아니라, 루이스가 밀턴을 포함한 중세 및 르네상스 영문학 교수였다는 점에서도 서로 통하고 있다. 또한 문학을 통한 기독교 담론의 전파와 확장을 목적으로 했다는 점에서도, 두 사람은 기독교 작가로서의 정체성이 분명했다.

루이스와 밀턴은 기독교 작가로서 특이하게도, 이교적 허구라는 측면에서 기독교의 진리와 대비되는 '신화'와 '신화적 요소들'을 그들의 작품 속에서 중요한 문학적 요소들 중의 하나로 사용하고 있다. C. S. 루이스(Clive Staples Lewis, 1898–1963)의 특징 중의 하나는 매우 밀턴적인 작가라는 점이다. 존 밀턴(John Milton, 1608–1674)은 루이스가 "가장 사랑했던 작가"(Schakel 9) 중 한 사람이며, 이 두 작가는 영국이라는 역사와 문화, 그리고 국가적 배경을 공유한다. 또한 루이스는 옥스퍼드와 케임브리지대학교에서 중세와 르네상스 영문학을 가르친 학자로서 밀턴을 깊이 있게 연구한 문학 비평가이다. 기독교는 이 두 사람의 사상과 영혼을 지배했으며 이들의 문학을 특징짓는 매우 중요한 요소 중의 하나이다. 실제로 밀턴의 문학적 소명관과 루이스의 문학적 소명관은 많은 부분에서 일치한다. 루이스는 "하나님이 그에게 준 소명이 다른 사람을 가르치고, 글을 쓰고, 영적인 조언자나 친구가 되는 것"(Bramlett 79)이라고 생각했으며, 밀턴 또한 자신의 "예술의 존재 목적을 가르침"(Langdon 2)에 두고, 일생을 공부와 명상으로 보내며 교육자와 작가로서의 삶을 살았다.

이 두 크리스천 작가는 300년이라는 시간을 뛰어넘어 작품의 주제, 이미저리(imagery), 배경, 인물 등을 묘사하거나 상징하는 데 있어 신화와 신화적 요소를 거침없이 사용하고 있다. 밀턴과 루이스의 작품들에서 결코 빼놓을 수 없는 핵심 요소 중의 하나가 바로 '신화'이다. 일반적으로, 신화는 허구이며 이교도적인 것으로서 기독교와 상충된다고 인식되고 있음에도 불구하고, 문학을 통한 기독교적 소명을 공통적으로 가지고 있는 두 작가는 기독교적 진리가 아닌 이교적인 신화와 신화적 요소를 그들의 작품에서 구체적으로 구현하고 있는 것이다.

이 글은 루이스의 작품에서 신화라는 요소가 전개, 발전되는 과정과 그것을 통해 작가가 궁극적으로 말하고자 하는 의미를 파악하는 데 주목적이 있다. 이를 위해 밀턴의 동반시 「쾌활한 사람」(L'Allegro)과 「사색하는 사람」(Il Penseroso)에 나타나는 신화의 모습, 그리고 루이스의 『나니아 연대기』(*The Chronicles of Narnia*) 전 7권 중에서 첫 번째로 발표한 『사자와 마녀와 옷장』(*The Lion, The Witch and The Wardrobe*)과 마지막으로 발표한 『마지막 전투』(*The Last Battle*) 두 작품을 중심으로 비교 분석하고자 한다. 루이스의 『나니아 연대기』와 밀턴의 동반시 「쾌활한 사람」과 「사색하는 사람」을 현실 세계와 신화 세계, 그리고 신화 세계와 '사실이 된 신화'의 관점에서 '세례받은 상상력'을 중심으로 분석한 본 연구는 필자가 알기로는 최초의 시도이다.

「쾌활한 사람」에 나타난 대조적 배경을 통한 신화 세계 제시

빛은 어두움 속에서 더욱 그 가치를 발하기 마련인 것과 같이, 밀턴은 독자들을 더욱 아름다운 신화 세계로 초대하기 위해 대조적 이미지를 사용하며 시를 시작한다. 「쾌활한 사람」(L'Allegro)의 알레그로(allegro)는 이탈리아어 형용사로서, 특별히 음악적으로는 밝고 명랑한 템포를 의미하지만 명사로서는 '행복한 사람'을 의미한다(Flannagan 65). 이 「쾌활한 사람」의 시인은 알레그로의 삶을 추구하기 위해 유희의 여신을 찬양하기에 앞서, 비천한 지옥 이미지의 여신인 사색의 여신(Melancholy)을 먼저 불러내고 물리침으로써, 유희의 여신(Mirth)에 대한 동경을 극대화시키고 있다.

이 여신은 가히 천상의 이미지로서 '천국에서는 에우프로시네라고 불리며(In Heav'n ycleap'd Euphrosyne)'[2](11), 아름다움의 여신 비너스(Venus)와 풍요와 술의 신 바쿠스(Bacchus)의 혈통을 이어 받은 존재이다. 또한 '웃음의 화관을 쓰고(Wreathed Smiles)'(28), '주름살진 근심을 놀리며(Sport that wrincled Care derides)'(31–32), '달콤한 자유(sweet Liberty)'(36)를 가진 여신이다. '하늘을 나는 종달새의 노래 소리가 들리면(To hear the Lark begin his flight)'(60–61), 시인은 유희의 여신과 함께 그 삶의 절정을 관망한다. 이 삶은 유희의 여신의 신화적 이미지와 목가적 배경이 어우러져서 낙원 같은 풍경을 자아내는 한낮의 풍경으로 묘사된다. 다음은 이러한 기쁨의 순간들의 극치를 나타내는 구절 중 하나이다.

> 펼쳐진 경관을 살피는 동안
> 곧 나의 눈은 새로운 기쁨들을 포착했다.
> 적갈색 목장과 회색빛 휴경지,
> 야금야금 뜯어먹는 양떼들이 거닐고,
> 노동하는 구름들이 자주 쉬는
> 메마른 가슴을 가진 산:
> 알록달록한 데이지 꽃으로 정돈된 목초지,
> 얕은 개울들과 넓은 강들.

---

2 밀턴의 작품에 대한 모든 인용은 Flannagan, Roy. ed. *The Riverside Milton*에서 한 것이며, 본 글에서의 모든 번역은 필자가 한 것임을 밝힌다.

우거진 나무 숲속에 불룩 솟은
탑들과 흉벽들을 본다.
그 곳에는 아마도 어떤 미녀가 있으리,
이웃들의 눈에 찬미받는 대상이.
바로 그 옆, 두 그루 늙은 참나무 사이에서,
오두막집이 굴뚝 연기를 피운다.

Streit mine eye hath caught new pleasures
Whilst the Lantskip roud it measures,
Russet Lawns, and Fallows Gray,
Where the nibling flocks do stray,
Mountains on whose barren brest
The labouring clouds do lften rest:
Meadows trim with Daisies pide,
Shallow Brooks, and Rivers wide.
Towers, and battlements it sees
Boosom'd high in tufted trees,
Wher perhaps som beauty lies,
The Cynosure of neighbouring eyes.
Hard by, a Cottage chimney smokes,
From betwixt two aged Okes, (L'Allegro, 69–82)

「쾌활한 사람」에서는 이러한 전원적 배경의 평화로움과 풍요로움, 그리고 소박하고 행복한 기쁨의 순간들을 열거하면서 독자들을 유희의 여신의 미와 기쁨 속으로 흠뻑 끌어들이고 있다.

『나니아 연대기』에 나타난 대조적 배경을 통한 신화 세계 제시

밀턴과 같이 루이스 또한 대조적 배경을 통한 신화 세계의 아름다움을 제시하며 『나니아 연대기』를 시작한다. 루이스는 작가이자 학자로서 그리고 기독교적 소명가로서 1, 2차 세계 대전이라는 비극적 현실을 극복하기 위해 '판타지'라는 장르를 사용하고 있다.

『나니아 연대기』의 제1 권인 『사자와 마녀와 옷장』은 아이들을 주인공으로 한 판타지임에도 불구하고 지극히 불행한 시대적 현실인 전쟁의 공습으로 이야기를 시작하고 있다. 원문에는 단지 "전쟁의 공습"(LWW, 1)[3]이라고만 묘사하고 있지만, 2005년 월트 디즈니에서 영화화한 『사자와 마녀와 옷장』은 당시 전쟁의 무시무시한 공습 상황을 사실적이고도 구체적으로 묘사함으로써, 루이스가 작품을 쓸 당시 공습의 아픔을 생생하게 기억하고 있을 독자들의 심리를 더욱 생동감 있게 반영하고 있다. 어린이들에게 있어 긴박한 "전쟁의 공습"과 "기차역은 10마일 밖에 있고 우체국과는 2마일이나 떨어져 있는"(LWW, 1) 한적한 시골집으로 자신들이 보내졌다는 사실은, 이 낯선 곳에서는 부모나 친척과 연락이 닿을 수 없다는 그들의 심리적 불안과 공포에 맞닿아 있다. 이렇듯 루이스는 "공포와 독재, 억압, 그리고 패배와 식민지의 위험이 지배하던"(Schake 40) 현실 세계와 나니아의 신화 세계를 작품 속에서 뚜렷하게 대비해서 그리고 있다. 그러나 이러한 대비적 설정은 당시의 독자였던 어린이들에게 실제로 있었던 전쟁의 비극을 작품 속에 구현함으로써, 전쟁의 아픔을 기억하는 독자들에게 역설적으로 신화의 세계에 대한 상상과 동경을 강화하는 효과를 주고 있는

3 이 작품에서의 모든 인용은 *The Lion, The Witch and The Wardrobe* (New York: HarperCollins, 2002)에서 한 것이다.

것이다.

신화의 세계인 나니아는 루시(Lucy)에 의해 처음으로 독자에게 제시된다. 툼누스(Tumnus)의 집은 루시에게 "이전에 결코 가본 적이 없는 멋진 곳"(LWW, 15)이었다. 또한 루시가 툼누스에게 대접받은 차와 음식 또한 "환상적"이었다(LWW, 16). 이후 루이스는 한 장에 걸쳐 길게 툼누스의 "숲 속 생활에 관한 신비로운"(LWW, 15) 이야기들을 독자 눈앞에 펼쳐 보이듯이 묘사한다. 이 이야기에서 툼누스는 그리스 · 로마 신화의 여러 신들을 등장시켜 신화 세계의 낙원적 이미지를 확대시키고 있다. 그러나 이에 대한 루시의 감정은 툼누스의 집이나 대접받은 차에 대한 감탄과는 달리 표현되지 않고 있다. 이는 신비롭고 아름다운 신화의 세계에 대한 독자들의 감정을 루시 한 사람의 감정이나 언어적 표현으로 제한하지 않으려는 루이스의 의도를 담고 있는 듯하다. 나니아에 처음 들어간 루시를 통해 독자들에게 소개되는 낙원 같은 신화의 이미지는, 쾌활한 사람이 유희의 여신과 함께하는 더없이 행복한 순간과 동일하다. 결과적으로, 루이스가 독자들에게 제시한 전쟁, 즉 피난 가는 아이들을 통한 감정 이입으로 독자들이 작품 속으로 가지고 온 비극적 현실은, 루시로 하여금 처음 경험한 나니아의 신화 세계를 통해 휴식을 갖게 할 뿐만 아니라, 전쟁으로 채워진 마음이 나니아의 아름다운 신화 세계를 더욱 소망하는 마음으로 대치되고 있다.

「쾌활한 사람」에 나타난 신화 세계의 한계

그러나 이렇게 유희의 여신과 함께하는 삶에 대한 찬양이 절정을 이루는 순간, 즉 유희의 여신에 대한 찬양이 더욱 커질수록 오히려 시인은 유희의 여신과 함께함에도 불구하고 인간이 극복할 수 없는 한계와 절망을 더욱 상기시킨다. 이것은 아이러니하게도 유희의 여신에 대한 찬양이 절정을 이루는 부분에서 잘 나타나고 있다(ll. 71–82).

나무가 우거지고 꽃의 장식을 제공해 주는 산은, 열매를 결코 맺을 수 없는 '불모의 가슴'을 가진 산으로 다시 묘사되고, '진통하는 구름'은 노동의 수고로 쉬지 못하는 타락한 인간의 모습을 상기시킨다. 또한 숲속의 '잔디'와 '농경지'는 방목된 양처럼 에덴동산의 공급을 자연적으로 받을 수 있었던 노동과 타락 이후 죄의 대가로서의 노동을 대조적으로 연상시킨다. 불룩 솟은 '탑과 흉벽'은 인간의 경쟁과 전쟁의 역사를 심어 놓고 있다. 또한 아리따운 여인이 사는 곳이 그 흉벽 안이라는 아이러니 외에 더욱 유감스러운 것은, 그녀에게 필연으로 다가 올 운명으로서 '해묵은' 떡갈나무를 통해 나타나는 '늙음'이다. 이렇게 필연적인 늙어 감의 암시는, 그 떡갈나무만이 아니라 이 여인에게도 필연적으로 찾아오는 것으로서, 이것은 아름다운 전원의 풍경 이면에 그녀의 아름다움의 한계를 일깨워 주고 있는 장치로 작용한다.

이렇듯 밀턴은 「쾌활한 사람」의 유희의 여신을 불러내어 그녀와 함께하는 삶을 찬양하면서도, 그 이면에는 그녀 또한 극복하여 줄 수 없고 어쩔 수 없이 자각되어지는 인간 세상의 약점들과 그릇된 역사 그리고 피할 수 없는 근심들을 내포하고 있다. 이러한 약점들과 그릇된 역사 그리고 피할 수 없는 인간의 궁극적 근심은 이 시의 마지막에 잘 제시되고 있다.

그리고 언제나 잠식하고 있는 근심에 대항하여

공감하는 영혼을 꿰뚫는 것과 같은,

불멸의 시와 결혼한

부드러운 리디아의 곡조로 나를 감싸라

And ever against eating cares

Lap me in soft Lydian airs,

Married to immortal verse

Such as the meeting soul may pierce (135–138)

인생에게는 언제나 파고드는 슬픔이 있기 마련이고, 그 슬픔의 극치는 '필멸'이다. 필멸의 문제는 이 시에서 '잠식하는 근심'으로 나타나는데, 이 것은 이후의 행에서 시인이 인간의 필멸을 풀 수 있는 '불멸의 시'를 염원하고, 하데스의 귀를 설득하여 아내를 죽음에서 불완전하게 되찾은 에우리디케를 완전히 찾기를 원하는 생명의 소망으로 명확해진다.

『나니아 연대기』에 나타난 신화 세계의 한계

아름다운 나니아 나라의 신화 이야기와 툼누스의 따뜻한 마음을 경험한 루시와는 달리, 신화의 세계에 처음으로 들어가게 된 에드먼드에게 나타난 것은 나니아 나라의 여왕이다. 이 마녀는 보석 컵에 담긴 따뜻한 음료수와 터키젤리로 에드먼드(Edmund)를 유혹함으로써 뿌리칠 수 없는 감각적 기쁨을 주었다. 그리고 무엇보다도 "왕권에 대한 욕구"(LWW, 40)는 에드먼드의 마음을 사로잡기에 충분했다. 이러한 에드먼드의 한계를 통해, 이 마녀는 자신이 원하는 네 명의 아이들을 손에 넣고 나니아의 지배자가 되기를 원하지만, 이는 그녀 또한 에드먼드와 같이 일차적[4] 세계에

4 샤클은 톨킨과 루이스가 정의한 일차적 세계와 이차적 세계에 대해 다음과 같이 이야기한다. 그들은 "우리가 일상적인 삶을 영위하는 '일차 세계'(톨킨과 루이스는 우리 세계를 '현실 세계'라고 부르려 하지 않았다.)와 대비하여 '이차 세계'라고 부른다. … 다른 세계는, 이미 알고 있거나 혹은 아직 인식하지 못한 영적 욕망을 일깨우고 충족시키는 세계, 초자연적인 특성을 지니고서 독자에게 영적이거나 심지어 신비적인 영향을 미치는 (이차) 세계였다. … 이차 세계에서 돌아오면, 우리는 일차 세계에서 새로운 것을 보게 되거나 오래된 것을 새로운 방식으로 보게 된다. 이차 세계의 마법과 힘과 찬란함은 일부분 우리와 함께 돌아와 일차적 세계를 조명한

대한 욕망을 뛰어넘지 못하는 한계가 있음을 보여 주는 것이다. 이 한계는 오직 나니아의 세계를 지배하려는 욕망을 가진 여왕의 모습을 통해서 잘 보여 주고 있는데, 배신한 에드먼드를 대신하여 아슬란의 목숨을 요구하는 장면에서 더욱 구체화 된다.

> 모든 배반자는 나의 합법적인 포로로서 나한테 속하며, 나에게 그를 죽일 권리도 있다는 사실은 너도 알고 있겠지. 그러니 저 인간 피조물은 내 것이다. 그의 목숨은 나에게 몰수되었다. 그의 피 또한 나의 소유다. (155–156)

에드먼드의 죄 값을 요구하는 마녀는, 판타지 소설 속의 신화적 인물임에도 불구하고, 현실 세계의 금전적인 이미지와 법률 용어를 사용하고 있다. 이러한 장면은 오히려 판타지 소설보다는 사실주의 소설에 더욱 어울릴 만한 장면이다. 이는 여왕이 비록 신화적 인물이지만, 그녀가 추구하는 것은 지극히 일차적이고 감각적인 것임을 단적으로 보여 주는 좋은 예라 할 것이다.

그러나 여기에서 여왕이 배신자 에드먼드에 대하여 죽음이라는 정당한 죄의 대가를 요구하는 것은 황제가 나니아에게 준 보편적이고 자연스러운 법으로서, 현실 세계의 도덕적, 사회적 질서를 가능하게 하는 법과 같다. 이 법은 지키지 않으면 "온 나니아가 불과 물로 뒤집혀 멸망"(LWW, 156)하는 법이다. 따라서 아슬란이 여왕의 심오한 마법에 승복할 때, 수잔을 비롯한 세 명의 아이들과 함께 독자 또한 그 절대적인 권력을 인정할 수밖에 없다. 그리고 모두가 마녀를 대항해 아무것도 할 수 없었다.

그러나 이때 아슬란은 드디어 에드먼드를 대신해서 나선다. 아슬란이

다." (Schakel 31–33)

에드먼드를 대신하여 나설 때, 그때 비로소 태초 이전의 "더욱 심오한 마법"(LWW, 178)에 대한 희미한 단서가 아슬란을 통해 제시된다. 루이스는 그의 저서 『단순한 기독교』(*Mere Christianity*)에서 다음과 같이 이야기한다.

> (세상에는) 진정한 도덕률이 있으며 그 이면에는 '힘'이 존재한다는 것을 여러분이 깨달은 후에, 그리고 여러분이 그 진정한 도덕률을 깨뜨리고 그 힘과 잘못된 관계에 자신이 놓여있다는 것을 깨달은 후에야, 이 모든 일이 완전히 다 일어난 그 순간에야 비로소 기독교는 말하기 시작한다. (38)

즉, 먼저 독자들에게 보편적이고 합법적인 마녀의 법을 인식시키고, 그 후에 아슬란 만이 그 법을 깰 수 있는 더욱 심오한 능력이 있다는 것을 볼 수 있는 시각을 깨우치는 것이 루이스의 중요한 메시지이다. 여왕은 더욱 심오한 마법, 즉 "결백한 자가 반역자의 죄를 대신하여 스스로 목숨을 바칠 경우 돌 탁자가 깨지고 죽음 그 자체가 다시 원상태로 돌아간다는 사실"(LWW, 179)을 알 수 있을 만한 차원에 이르지 못한 신화적 인물이다. 이러한 여왕의 한계는 오히려 자신을 죽음으로 몰아감으로써, 결국 자신조차도 죽음을 극복하지 못하는 비극적 모습을 갖는다.

신화적 존재가 감각적 세계에 대한 욕망을 극복하지 못하고 죽음이라는 한계를 갖는다는 점에서, 여왕과 유희의 여신은 공통점을 갖는다. 밀턴과 루이스가 신화의 세계를 통해서 빚어 내는 신화적 인물들의 한계는 심오한 마법 이전의 더욱 심오한 마법을 볼 수 없는 여왕, 그리고 밀턴과 동시대인들의 '더욱 연약한 눈'을 대변한다. 자신의 보편적이고 합법적인 법을 넘어서지 못했던 마녀의 한계는, 현실의 보이는 것과 이성에 의존하여 길들여진 우리의 모습과도 연관이 있다. 이러한 의미에서, 밀턴과 루이스가 보여 주는 신화들의 한계는 다분히 의도적인 것으로 볼 수 있다. 즉, 현대인들로 하여금 마법과 같은 진부함이나 익숙함의 얼룩을 벗어 내고, 선명한 시야로써 "더욱 심오한 마법"을 볼 수 있는 더욱 깊은 상상의 세계로 나아가도록 하는 계기로 삼고 있는 것이다.

'세례받은 상상력'

만약 유희의 여신이 자신의 한계와 죽음의 문제를 극복할 수 있는 초월적 존재라고 한다면, 유희의 여신의 신화는 궁극적이고 완전한 신화가 될 수 있다. 이 유희의 여신을 필멸을 극복할 수 있는 궁극적이고 완전한 기쁨의 여신으로 볼 수 있는가 하는 것은 결국 밀턴 자아에 대한 문제로까지 확장이 되며, 또한 이러한 신화의 탐색은 루이스가 일생 동안 추구했던 '기쁨(Joy)'과도 상응되고 있다. 이 시를 쓸 당시 밀턴은 신학자로서의 소명과 시인으로서의 사명 사이에서 고뇌하던 청년의 시기였으며, 결국 이 시의 결말에 가서 밀턴은 시인으로서 가야 할 목표와 방향을 분명하게 인식하게 된다. 즉, 그것은 밀턴이 시인으로서 모든 경험의 축적과 영적인 순례를 이룬 후에 천상적인 진리로써 – 루이스가 일생을 추구했던 궁극적이고 완전한 '기쁨'과 같은 경험을 함으로써 – 예언자적인 시인이 되는 것이었다. 따라서 이 동반시의 마지막에 밀턴 자신에게 부여했던 '마침내 옛 경험이 / 예언자의 노래와 같은 것에 도달 하도록[Till old experience do attain / To something like Prophetic strain' (Il Penseroso, 175–176)] 한 것의 의의는, 루이스가 어린 시절 맛본 이후로 "인생 이야기의 핵심 부분을 이루고"(Surprised, 1253) 있으며, 자신의 문학을 통해 일생 동안 진지하게 찾았던 '기쁨'과 같은 의미를 갖는다고 하겠다. 자신의 자서전인 『예기치 못한 기쁨』(*Surprised by Joy*)의 마지막 장에서 분명히 밝혔듯이, 이제 루이스는 '기쁨'을 향한 숱한 설명과 조언을 담고 있는 '지시봉'을 바라보고 있지 않다. 그 지시봉을 벗어나 그 기쁨의 근원을 향해 가는 길을 직접 밟고 있는 것이다. 루이스는 밀턴이 예언자적 시인으로서의 소명의 길을 걷는 것과 같이, '기쁨'의 땅으로 가는 길을 '보는' 것이 아닌 '직접 걸으며' 문학적 소명을 이루고 있는 것이다.

> 하나는, 숲이 우거진 산마루에서 평화의 땅을 보는 것이고 … 그것과 다른 하나는, 그 땅으로 이끄는 길을 직접 걷는 것이다. (Surprised, 1377)

이렇듯 자신의 '기쁨'을 찾기 위해, 밀턴은 감각적인 유희의 여신을 넘어서 사색의 신화 세계로, 그리고 루이스는 보편적이고 합법적인 마법의 세계에서 더욱 심오한 마법의 세계로 들어간다. 이러한 두 문학가의 공통된 사상은 루이스의 지식론, 즉 실재에 '대한 지식'과 실재를 '직접 아는 지식'의 구분을 통해 더욱 확실해진다.

밀턴과 루이스가 사색의 신화 세계와 더욱 심오한 마법의 세계로 나아가는 것은 '실재에 대한 지식'을 추구하기 보다는 '실재를 직접 아는 지식'에 참여하고 있음을 알 수 있다. 즉, 감각적 세계의 즐거움을 주었던 유희의 여신의 세계는 실재에 '대한' 지각과 느낌을 통해 기술되는 지식이며, 마녀의 심오한 마법 역시 나니아 세계의 보편적인 철학이나 법에 의해 얻어지는 추상적인 지식인 것이다. 그러나 이제 밀턴과 루이스는 친밀하고 직관적인 상상력을 통해 궁극적 실재를 '직접' 접촉하고자 한다. 이렇듯 궁극적 실재에 직접 접촉하는 지식을 갖기 위해 필요한 참여적이고, 신비적이며, 직관적인 상상력을 루이스는 『예기치 못한 기쁨』에서 '세례받은 상상력'이라고 부르고 있다.

> 그러나 다른 의미에서 모든 것이 변했다. … 그것은 '거룩함'이었다. … 한때는

그것이 너무 멀어서 잡을 수 없었다면, 이제는 너무 가까워서 잡을 수 없었다. 너무 가까워서 볼 수 없었고 너무 분명해서 이해나 지식이 필요 없었다. … 내가 누구도 깨뜨릴 수 없는 지적 무지로 완강하게 무장하고 있었을 때, 어떤 요청도 없이, 어떤 동의도 없이 이 모든 것이 주어졌다. 그날 밤 나의 상상력은 분명한 모습으로 세례를 받았다. (Surprised, 1347–1348)

이와 같이 루이스는 자신의 문학을 통해 일생을 찾았던 '기쁨'을 깨닫는 순간 자신의 문학적 상상력에 대해 궁극적 정의를 내리게 된다. 그의 문학적 상상력은 기쁨의 근원인 신의 거룩함을 직접 경험하고 있음을 루이스 자신과 독자에게 고백하고 있는 것이다. 밀턴의 상상력이 궁극적으로 자신의 신을 직접 추구하고 경험하여 그 예언자적인 지식을 노래하며, 또한 그 문학적 상상력에로 독자들을 이끌고 있다는 점에서 밀턴은 루이스와 '세례받은 상상력'의 문학자로서 그 공통점을 갖는다고 하겠다.

'세례받은 상상력'과 인간의 딜레마

그러나 이러한 세례받은 상상력의 진행에 있어 밀턴과 루이스는, 루이스가 '신화가 사실이 되었다(Myth became Fact)'에서 논의한 "인간의 딜레마"에 봉착한다.

인간의 지성은 치유 불가능할 정도로 추상적이다. … 우리가 누군가를 사랑하고, 고통을 겪고, 기쁨을 누리는 동안에는, 지성적으로 그 기쁨, 그 고통, 그 인간을 파악하지 못한다. 우리가 이해하고자 시도했을 때, 다른 한편으로 그 구체적인 실재는 단순한 수준의 사례나 예증으로 전락하게 되기 때문이다. 우리는 더 이상 그 구체적 실재를 다루는 것이 아니라, 사례가 된 그것들을 다루는 것이다. 이것이 우리의 딜레마이다. … 사고하는 존재로서, 우리는 우리의 사고의 대상 자체로부터 분리되어 있다. (God, 65)

루이스에게 있어 인간의 딜레마란, 우리가 구체적 실재를 직접 경험하는 순간에는 그 경험하는 실재에 대한 지식을 완전히 구축할 수 없다는 것이다. 또 다른 한편으로 우리는 이미 경험한 것을 되새기거나 더욱 완전하게 기술하여 지성적으로 간직하기를 원하지만, 이것 역시 경험 밖에서 이루어지는 행위로서 그 경험을 완전히 만들어 낼 수 없다는 것이다. 따라서 실재에 대한 직접적 경험과 추상적 지식은 구분된다.

우리는 사고하는 존재를 직접 경험하는 '구체적 지식' 대신, 사고하는 존재로서 우리의 '추상적인 지식'을 더욱 발전시키며 끊임없이 사고하는 존재 자체에 가까이 가고자 노력한다. 그러나 이러한 행위는 결국 사고하는 존재 '자체'가 아닌 사고하는 존재에 '대한' 추상적 이론들이며, 이러한 사고하는 존재에 대한 추상적 지식의 강화는 오히려 우리가 사고하는 존재를 직접 경험하는 지식을 약화시키고 낮은 수준의 것으로 전락시킨다. 결과적으로 루이스는 실재를 '직접' 인식하지 못하게 하는 실재에 '대한' 지식을 인간의 딜레마로 주장하고 있다. 이 딜레마는 '치유 불가능할 정도'로 인간에게 내재되어 있다는 것이다.

밀턴은 이 인간의 딜레마를 「사색하는 사람」과 「쾌활한 사람」의 작품 속에서 '더욱 연약한 눈'으로 표현하고 있다. 「사색하는 사람」과 「쾌활한 사람」은 동반 시로서 같은 구조를 가지고 각각의 여신을 찬양함으로써 시작하고 있지만 이 여신들이 찬양받는 것은 대조적인 이유를 지닌다. 유희의 여신은 '보편적 사람들'(L'Allegro, 13)에게 분명히 지각되고 정의되어 '마음을 위안하는 기쁨(heart-easing Mirth)' (L'Allegro, 13)이라는 이름을 부여 받는다. 유희의 여신이 비록 그 한계성을 나타냈을지라도 인간이 지각하고 상상할 수 있는 최고의 여신이라면, 그에 반해 사색의 여신은 인간의 연약한 시각에는 제대로 보이지 않는다. 사색의 여신이 지닌 아름다움은 인간이 마주하기에는 너무나 강렬한 성스러운 모습이다. 「쾌활한 사람」에서 인간의 지각에 의해 최고의 찬사를 받은 유희의 여신의 아름다움은, 이제 역설적으로 너무 아름답고 성스러워 인간의 지각으로는 제대로 볼 수 없다는 사색의 여신의 아름다움을 한층 고양시키고 소망하도록 하는 역할을 하고 있다.

그대의 성인 같은 용모는 너무나 찬란하여
사람의 눈에는 제대로 보이지 않는다.
그러므로 우리의 더욱 연약한 눈에는
불변하는 검은 지혜의 색을 칠한 것으로 보인다.

Whose Saintly visage is too bright
To hit the Sense of human sight;
And therefore to our weaker view,
Ore laid with black staid Wisdoms hue. (Il Penseroso, 12–15)

루이스에게 있어서 이것은 실재에 '대한' 지식에서 친밀하고 직관적인 실재를 '직접' 아는 지식으로 상상력에 의해 그 지식이 전환되고 있음을 말하는 것이다.

이와 같이, 매우 연약한 인간의 눈으로는 사색의 여신의 검은 아름다움을 제대로 볼 수 없듯이, 루이스 또한 독자들을 '세례받은 상상력'의 세계로 이끌기 위해 극복해야 할 인간의 딜레마를 제시한다. 루이스는 딜레마를 지닌 인간이 보기에는 검은 색뿐인 옷장의 어두움을 넘어서 신화의 세계로 어린이들을 직접 초대하기 위해 매우 신중한 도입을 시도하고 있다. 이는 루시가 나니아에 들어가서 처음 느낀 감정, 즉 "어디에 있으며 어디를 통해 들어섰는지 몰라 당황해하고 불안해하다가 인간이 아닌 생물체와 만나 깜짝 놀라는"(Schakel 18) 어린 독자의 감정을 부드럽고 자연스럽게 상상의 나라(아슬란의 신화의 나라)로 인도하려는 루이스의 노력인 것이다. 루이스는 컴컴한 옷장의 루시와 독자들이 "한 걸음 나아가서, 그리고 두 걸음 또 세 걸음"(LWW, 6) 같이 갈 수 있도록 조심스럽게 묘사해 나간다. 결과적으로, 신화의 세계와 현실의 세계를 구분 짓는 옷장의 캄캄한 세계는 루이스의 세밀한 장면 묘사와 루시의 심리적 표현을 통해 충분히 극복이 되고 있는 것이다.

그러나 이후에, 루이스는 '세례받은 상상력'을 불가능하게 만드는 인간의 딜레마를 직접적으로 명백하게 제시한다. 루이스는 먼저 옷장 속 나니아의 세계에 다녀왔다는 루시의 말을 전혀 믿지 못하는 피터와 수잔의 딜레마를 독자들에게 이입시키고 공감시킴으로써, 검은 옷장 속의 신화 세계에 결코 들어가지 못하는 현대인들의 시각을 진정한 장애물로 제시한다. 이러한 보통 사람들의 시각을 밀턴은 「사색하는 사람」에서 '우리의 더욱 연약한 눈'이라고 표현하고 있다.

루이스는 이러한 현대인들을 구체적으로 지적하기 위해 "두 아이보다 나이 많고 분별력 있는 현실주의자인 수잔과 피터"(Schakel 41)를 설정한다. 이들은 옷장 너머에 신화의 세계가 존재할 리 없다고 확신한다. 이들은 지속적인 학교 교육과 사회화를 통해 실재에 '대한' 사고와 지식에 갇히게 된 어른 독자들의 딜레마를 대변한다. 즉, 두 아이보다 나이가 많고 분별력 있는 수잔과 피터의 사고는 우리가 흔히 할 수 있는 것으로서, 독자들의 의문을 디고리 교수에게 대신 묻고 있다. 이것은 루이스가 '인간의 딜레마'라고 부르는 것과 다르지 않다. 피터는 "만약 옷장 안에 어떤 게 실제로 존재한다면 그것들은 항상 거기에 있는 상태로"(LWW, 54), 그래서 인간이 그 실재에 대하여 분석하고 사실들을 설명할 수 있어야 한다는 것이다. 이에 대하여 단호하게 루이스의 말을 대변하는 것은 디고리 교수이다. 디고리 교수는 수잔과 피터의 절대적 신념인 실재에 '대한' 지식에 대응하여 실재를 '직접' 경험한 루시의 말을 신뢰한다. 즉, 루이스는 인간의 딜레마를 안고 있는 대표적 인물로 수잔과 피터를 설정하고, 이를 극복하기 위한 '세례받은 상상력'을 가진 인물로 디고리 교수를 설정한다. 이러한 인물들을 통하여 루이스는 독자로 하여금 딜레마를 극복하고, 친밀하고 직관적인 상상력의 세계, 초월적이고 신비로운 신화의 세계와 접촉하는 '세례받은 상상력'을 갖도록 유도하고있다.

「사색하는 사람」과 '세례받은 상상력'을 통한 신화 세계 탐구

인간의 딜레마를 극복한 사색하는 사람은 인간의 연약한 눈으로는 제대로 볼 수 없어 검은색으로 볼 수밖에 없는 이 초월적이고 신성한 사색의 여신을 추적해 나간다. 사색의 여신에게 잘 어울리는 동무는 '가장 높은 천사인 명상'[Cherub Contemplation(Il Penseroso, 53)]과 나이팅게일이다. 「쾌활한 사람」에서 "강건한 현실주의를 일깨우기 위해"(Flannagan 67) 날카로운 비상을 하는 종달새와는 대조적으로, 나이팅게일은 수줍어하며 어둑어둑할 때 긴 사랑의 노래를 부른다. 밀턴은 나이팅게일을 사색적인 시인의 본성과 동일시하며, 종종 나이팅게일을 이러한 상징으로 사용하곤 했다(Flannagan 74). 사색의 세계를 비상하는 나이팅게일의 날개는 '황금 날개로 높이 치솟아 오르며 / 불바퀴 달린 옥좌를 인도하는 / 가장 높은 천사의 명상'[Him that yon soars on golden wing, / Guiding the fiery-wheeled throne, / The Cherub Contemplation(Il Penseroso, 52-54)]과 호응하는 이미지를 갖는다.

이후의 구절은 두 동반시가 같은 구조로서, 「쾌활한 사람」의 유희의 여신과 함께하는 삶에 대한 기쁨의 극치를 나타내는 구절인 반면에, 유희의 여신의 한계가 세밀하면서도 강하게 드러나 있는 부분이기도 하다. 그러나 시인은 동반시의 같은 구조와 같은 행 속에서(L'Allegro ll. 72-74, Il Penseroso ll. 72-74) 유희의 여신의 세계에 속하는 한계적 이미지를 사색의 여신이 지니는 이미지로 대체함으로써 그 한계성을 극복하고 있다.

행복한 오후의 한때지만 불모의 땅을 연상시키도록 하는 「쾌활한 사람」의 '메마른 가슴'의 이미지는, 이제 「사색하는 사람」의 같은 구조와 행에서 '솟아오른 땅'의 이미지를 통하여 임신한 여성이라는 대조적 묘사를 그리고 있다. 시인은 나아가 더욱 충만한 상태를 표현하여, 그 땅위로부터 가득 차 넘쳐 광활한 수면 위 너머로 울리는 저녁 기도의 종소리를 듣는다. 이를 통해 시인은 불모의 땅 대신 생산하는 여성의 축복을 상기하며, 나아가 세례를 의미하는 물과 영적 사색인 기도까지 가능하도록 하는 사색의 여신의 기쁨을 맛보고 있다. 타락 이후, 여자에게 주어진 죄의 결과가 잉태의 고통이었다면, 남자에게 주어진 것은 '노동'(L'Allegro, 74)이다. 아름다운 자연 경관 속에서 한쪽으로 비치어지는 노동하는 구름은 타락 후 인간이 노동의 수고를 해야 먹을 수 있는 필연적인 비극 상태를 나타낸다. 그러나 시인은 「쾌활한 사람」의 '노동하는 구름'에 대하여 「사색하는 사람」에서는 '양털 같은 구름(a fleecy cloud)'을 제시한다. 이는 인간의 노동의 수고로 이어졌던 타락의 모습과 대비하여 어린 양의 속죄를 상기시킴으로써, 인간 타락의 문제가 궁극적으로 해결되는 결과를 암시하고 있다.

「쾌활한 사람」의 '탑'(Tower)은 이어지는 '흉벽'(battlements)의 부분 어절인 '전쟁'(battle)과 이미지가 연결되어, 스스로 높아지고자 쌓는 인간의 교만과 다툼의 흔적들을 상기시키며 나아가 바벨탑을 연상시킨다. 이러한 '탑'과 '흉벽'에 대하여, 시인은 동반시 「사색하는 사람」의 같은 구조 속에서

'흉벽'과 운율적 호응을 갖는 '수라군(belmans)'을 제시한다. 이는 신을 향한 인간의 화해 그리고 신과의 직접적 대면을 상징하는 '저녁 기도의 종소리(Curfeu) '(Il Penseroso, 74)에서 한 걸음 더 나아가, 어두운 밤 인간 상호 간의 평안과 축복을 빌어 주는 '수라군'의 종소리로 청각적 이미지를 더욱 가깝게 느끼도록 해 주고 있다. 이와 같이 유희의 여신의 세계에 속하는 제한적 이미지는 사색의 여신이 지니는 극복적인 이미지와 기독교적 이미지로 대체됨으로써 그 한계성이 극복되고 있다.

사색의 여신과 함께 미지의 세계를 걸어 다닌 시인은 이제 '외롭게 높게 솟은 탑'[high lonely Tower(Il Penseroso, 86)]에서 '자신의 등불'[my Lamp(Il Penseroso, 85)]을 켠다. 「쾌활한 사람」의 탑은 시인이 멀리서 세상을 바라보는 탑이지만, 「사색하는 사람」의 탑은 그가 그 안으로 들어가 그 속에 참여하여 신의 궁극적이고 초월적인 세계를 직접 경험하고자 하는 탑이다. 시인은 탑에서 '육체의 은신처를 벗어난 / 영원불멸의 정신을 담고 있는 / 어떤 거대한 영역의 세계'[What World, or what vast Regions hold / The immortal mind that hath forsook / Her mansion in this fleshly nook:(Il Penseroso, 90–92)]를 찾는다. 그리고 신비로운 황홀의 경지나 초자연적 존재인 '정령들'[Demons(Il Penseroso, 93)]과의 종교적 합일을 꿈꾼다. 이러한 시인의 태도에 대하여 플레너건은 "밀턴은 신비로운 황홀경의 분위기를 암시하고 있다. … 밀턴은 초자연적인 존재들과 종교적인 조화를 이루고자 한다. 이것은 곧 기적적이고 마법적인 힘을 얻게 되는 경험이다."(75)라고 정확하게 설명하고 있다.

더 나아가 궁극적으로, 시인은 자신이 초자연적인 존재들과 종교적으로 하나가 된 후에 가져야 할 목표를 '문학'에서 찾는다. 즉, 죽음의 신 플루토를 극복한 오르페우스의 음악을 동경하며, '위대한 음유시인들'[great Bards(Il Penseroso, 116)]의 '귀에 들리는 것보다 더 많은 것을 의미하고 있는

/ 황홀한 마법의 노래'[inchantments drear, / Where more is meant then meets the ear(Il Penseroso, 119-120)]를 최종적으로 소망하고 있다. 「쾌활한 사람」이 감각적 아름다움에 빠져 있었다면, 시인은 이제 감각적 아름다움에 호소하는 것 이상의 초월적 문학을 추구한다. 이것은 귀로 듣는 '감각적인 그 무엇' 이상의 의미를 가능하게 하는 문학을 소망하는 시인의 모습에서 찾아볼 수 있다. 결과적으로 시인은 자신의 문학이 실재에 '대한' 추상적 아름다움을 찬양하는 것에 국한되는 것이 아니라, 인간이 믿는 상식의 세계를 초월한 신화의 세계를 '직접' 경험하는 문학, 곧 루이스의 '세례받은 상상력'의 문학을 갈망하고 있는 것이다.

『나니아 연대기』와 '세례받은 상상력'을 통한 신화 세계 탐구

『나니아 연대기』의 제7 권인 『마지막 전투』는 처음부터 '혼란' 속에서 시작된다. 교활한 원숭이 시프트(Shift)에 의해 아슬란의 신화적 세계가 다른 우상의 신화적 세계로 바뀐다(shift). 또한 당나귀 퍼즐(Puzzle)은 시프트에게 굴복하고 사자 가죽을 입음으로써 나니아 백성들에게 그릇된 지식을 얻게하는 혼란(puzzle)의 시초가 된다. 후에 티리언 왕은 퍼즐이 가짜 아슬란이라는 사실을 알게 되고, 나니아 백성들에게 이 사실을 알리면 다시 아슬란에 대한 올바른 지식을 회복시킬 수 있으리라고 생각한다. 그러나 이미 나니아 백성에게는 의식상의 전도가 일어나고 있었다. 즉, 티리언 왕은 난장이들에게 퍼즐의 모습을 보여 주어 가짜 아슬란의 실체를 드러내고 진실을 규명하지만, 이제 난장이들은 더 이상 속는 것이 두려워서 티리언이 보여 준 퍼즐의 모습을 원숭이 시프트의 타슐란을 본떠 만든 더 나은 가짜로 치부해 버린다. 그리고 그들은 자신을 보호해 주고 지켜 줄 존재로 자신 스스로를 선택하고 이를 절대적으로 신봉한다. 그들에게는 이미 신적인 존재 자체가 원래부터 없었다는 듯이 되어 버린 것이다. 이는 곧 진정한 신에 대한 인간의 의식이 전도된 나니아의 세계에서, 티리언 왕에게 싸움은 더 이상 물리적이고 가시적인 것이 아닌 것임을 명확히 하는 사건이다. 이는 자신에게 끊임없이 밀려들어 오는 인간의 의식, 즉 실재에 '대한' – 곧 혼란 속에서의 아슬란에 '대한' 거짓된 – 모든 진술들, 개념들, 이론들에 대한 티리언 왕자의 '세례받은 상상력'의 싸움인 것이다.

아슬란에 '대한' 모든 지식들이 혼란스러운 마지막 시대에, 티리언 왕은 아슬란과 어린아이들이 위기의 순간마다 나타나 나니아를 구해 준 역사들을 분명하게 기억한다. 그리고 그 아슬란과 아이들에 '대해' 역사로서만 알고 있는 것이 아니고, 이러한 지식을 넘어 '직접' 아슬란을 부른다. 이때, 티리언 왕에게는 아슬란을 '직접' 알 수 있는 '세례받은 상상력'이 주어진다. "아슬란이여! 아슬란이여! 아슬란이여! 지금 곧 오셔서 우리를 도와주십시오."(LB, 25)[5] 이제 아슬란은 티리언 왕에게 있어 추상적인 존재가 아니라 티리언 왕이 '직접' 알고 경험하는 존재로서 '세례받은 상상력'이 사실이 되는 순간이다. 곧 '세례받은 상상력'은 티리언 왕에게 "알 수 없는 희망과 강해지는"(LB, 52) 내적 변화를 일으킨다. 티리언 왕에게 처음 일어난 이 '알 수 없는 희망과 강한' 힘은 티리언 왕으로 하여금 나니아 세계 너머에 있는 아이들을 부르게 만들고, 마지막 전투를 치를 때까지 '세례받은 상상력'을 지킬 수 있는 힘이 되고 있다. 이제 역사 속의 아이들은 티리언 왕 앞에 실제로 나타난다. 곧 '세례받은 상상력'이 나니아 세계 속에서 현실이 된 것이다. 이로써 비로소 티리언 왕은 알고 있었던 추상적인 역사지식을 '직접'적으로 명료하게 경험하게 된다.

---

5 이 작품에서의 모든 인용은 *The Last Battle* (New York: HarperCollins, 2002)에서 한 것이다.

> 그런 와중에도 티리언은 계속해서 흘끗 흘끗 옆을 바라보았다. 다른 세계에서 온 창조물들과 나란히 걷고 있다는 신비함 때문에 머리에 약간 현기증이 났다. 그러나 이런 느낌은 옛날 이야기들을 전보다 훨씬 더 사실적으로 느껴지게 만들었다. … 이제 어떤 신비한 일이 일어날 것 같았다. (LB, 59–60)

이 '세례받은 상상력'이 현실화된 가운데, 티리언 왕은 아이들과 함께 진실하고 궁극적인 신화의 존재를 찾아 나간다. 이 과정에서 순간순간 필요한 것은 티리언 왕의 '세례받은 상상력'의 결단으로, 이것은 그 무엇보다도 중요하다 하겠다.

티리언 왕에게 계속해서 주어지는 절망적인 이미지는 마지막 전투의 대부분을 차지하고 있다. 이 절망적이고 종말적인 이미지는 티리언 왕이 극복해야 할 현실로서, '세례받은 상상력'을 끊임없이 방해한다. 이러한 종말적 상황 속에서 『마지막 전투』에 나오는 전체적인 의식의 흐름은 아슬란의 본성 자체에 대한 오해이다. 아슬란의 이름은 이미 타슐란으로 바뀌어진 상태이다. "아슬란이 그동안 자기 백성들에게 너무 지나치게 잘해"(LB, 35)주었으며, 이제는 화가 나 있는 신으로, 자기 백성들의 피를 먹고 사는 칼로르멘의 신 타슈와 연합한 신으로 바뀌어졌다. 가장 절망적인 최악의 순간은, 타슐란의 노여움을 백성들에게 보여 주기 위해 거짓 연기하려던 진저가 마굿간 안에서 진짜 타슈를 보게 되고, 그 두려움으로 말을 잃어버리게 되었을 때다. "때때로 루이스는 우리가 '이건 정말 최악이야' 하고 말할 수 있을 때는 아직 정말로 최악의 상황이 오지 않은 것이라고 표현했던 적이 있다. 그리고 진저가 말을 잃어버렸다는 사실은 정말로 그 최악의 순간이 찾아왔음을 보여 준다."(Ward 72) 이때, 나니아의 백성들은 아슬란의 존재가 정말 노여움에 가득찬 타슐란이라고 믿게 된다. 진저가 말을 잃어버린 순간, 바로 진정한 마지막 전투가 시작된 것이다.

이러한 순간, 인간의 가장 궁극적인 근심인 필멸을 넘어 불멸의 존재를 '직접' 찾아 나선「사색하는 사람」의 시인처럼, 티리언 왕은 눈앞에 보이는 마구간의 죽음과 종말을 넘어 다시 부활한 초월적 존재인 아슬란을 따르고 있다. 그러나『마지막 전투』의 처음부터 이 죽음과 절망의 순간까지도 아슬란은 단 한번도 등장하지 않는다. 아슬란은 오직 처음에 티리언 왕에게 '세례받은 상상력'으로 인한 '새로운 힘'과 '환상'을 주었을 뿐이다. 그러나 티리언 왕은 아슬란이 눈에 보이지 않음에도 불구하고, 여전히 아슬란을 따르고 있는 "인간 의지의 가장 고귀한 상태"(Ward 74)를 보여 주고 있다. 티리언은 '아슬란의 이름'으로 진격하며, "아슬란이 보내는 모험"(LB, 117)을 끝까지 감행해 나간다. 즉 이것은 티리언 왕이 아슬란을 믿고 갈망하는 '세례받은 상상력'의 승리를 위한 싸움이었다. '세례받은 상상력'의 싸움은 종말을 맞이하려고 마구간으로 몸을 던지는 주얼의 말에서 그 빛을 드러낸다.

> 아름다운 친구여. 저건 아슬란님의 나라로 들어가는 우리를 위한 문일지도 몰라요. 그러면 오늘 밤 그분의 식탁에서 저녁 식사를 하게 될 것이에요. (LB, 161)

이 주얼의 말은 십자가의 모든 고통을 겪고 죽음을 맞이하기 전, 회개한 강도에게 하신 예수님의 말씀과 유사하다.[6] 루이스는『나니아 연대기』를 성경과 알레고리적 관계가 있는 것으로 읽는 것을 싫어했다. 루이스가 원하는 것은, 성경에 있는 그 신화가 나니아라는 나라에서도 있었다면 어

6 누가복음 23장 43절. 예수께서 이르시되 내가 진실로 네게 이르노니 오늘 네가 나와 함께 낙원에 있으리라 하시니라

떠한 모습으로 있었을까를 상상하며 작품을 읽는 것이다. 즉, 『나니아 연대기』와 성경과의 일대일 대응적 사건의 비교가 아니라, '나니아 세계' 그 자체를 상상하는 것이었다. 이러한 의미에서 예수님께서 십자가에서 돌아가시기 전 죄인에게 하신 말씀이, 나니아 나라에서는 주얼의 입을 통해 말해지고 있다. 예수님께서 자신의 뜻을 이 세계에 완성시키기 위해 끝까지 헌신하셨다면, 티리언 또한 '세례받은 상상력'을 포기하지 않고 끝까지 자기 자신과 나니아 세계에 성취시키고 있는 것이다. 초월적이고 신적인 '세례받은 상상력'을 깊이 생각하며 추구하는 티리언과 인간의 궁극적 필멸을 넘어 '세례받은 상상력'으로 끊임없이 초월적 문학을 추구하는 「사색하는 사람」의 시인 또한 '길들여지지 않은' 아슬란 그리고 예수 그리스도와 닮은 듯하다.

「사색하는 사람」에 나타난 '사실이 된 신화'[7]

사색의 잠에서 깨었을 때, 시인은 낮의 「쾌활한 사람」이나 밤의 「사색하는 사람」의 세계와 다른 차원의 세계를 맞이하게 된다. 시인은 이제 플라톤의 영혼 세계와 정령들과의 종교적 합일, 오르페우스의 신화 그리고 마법의 문학에 대한 사색에서, 오랫동안 소망해 오던 차원의 비전을 맞이하게 된다. 이 비전은 시인이 잠에서 깨었을 때 시인의 의도와 상관없이 "어

7 루이스가 쓴 에세이로 *God in the Dock*에 실려있다. 이 에세이에서 루이스는 '죽어있는' 그리스 · 로마 신화의 신들에 대비하여 현재에도 '끊임없이' 살아서 역사하는 신인 예수 그리스도를 제시한다. 루이스는 죽은 신들과 같이 '상상과 전설의 하늘'에 갇혀있지 않고 인간의 '역사 속으로' 들어온 '예수 그리스도의 성육신'을 진정한 "사실이 된 신화"로 정의한다.(66) 즉, 만일 '하나님이 신화를 만들기로 결심하셨다면' 그것은 '하늘에만 머무르는 신화로 만들지 않고' '모든 사람들이 사랑하고, 순종하고 감탄하고 즐길 수 있는 신화'일 것이라고 주장한다. 이러한 의미에서 예수 그리스도의 성육신은 '하늘과 땅의 진정한 결합(결혼)'이요, '완전한 신화이며 완전한 사실'이 된다. 따라서 인간도 성육신을 통해 예수 그리스도와 결합(결혼)한 신화적 존재임을 밝히고 있다. (67)

떤 영에 의하여 선한 인간들에게 보내어진"[Sent by som spirit to mortals good(Il Penseroso, 153)] 거부할 수 없고, 호흡할 수밖에 없는 음악으로 시작한다. 이는 루이스가 "어떤 요청도 없이, 어떤 동의도 없이 이 모든 것이 주어졌다. 그날 밤 나의 상상력은 분명한 모습으로 세례를 받았다."(Surprised, 1347–1348)고 고백한 경험과 같다. 이는 시인의 잠자던 영혼이 깨었을 때, 새로운 초월적인 세계를 보게 되는 동시에 자신이 이 신화적 신비에 동참하고 있음을 깨닫는 종교적 경험으로의 첫걸음이다.

「사색하는 사람」의 마지막 24행은 사색의 여신의 세계를 넘어선 다른 차원의 "사색의 삶과 보다 고상한 삶의 관계 … 종교적인 삶으로 전이된다."(Brooks 65–66) 여기에서 시인은 사색의 여신의 세계의 참여자의 모습에서 더욱 상승된 존재가 된다. 즉, 이 종교적 세계는 모든 잠식하는 근심을 초월하는 신화, 그것을 소망하는 시인을 기꺼이 그 신비적 세계로 이끌고 있으며, 초월적 황홀경 속에 시인의 영혼을 천상의 영원한 아름다움과 합일시키고 있다. 이것은 인간이 신화적 존재로 상승되는 것이며, 시인에게 있어 이제 신화는 더 이상 신화가 아닌 사실로써 직접 경험되고 있는 것이다.

희미하게 종교적 불빛을 던지는,
엄숙한 예배를 드리는 자들에게로, 맑은 성가
그 감미로움이 나의 귓속에 흘러들어
나를 황홀경 속으로 녹아들게 하고,
모든 천국을 나의 눈앞으로 가져온다.

Casting a dimm religious light.
In Service high, and Anthems cleer,

As may with sweetnes, through mine ear,

Dissolve me into extasies.

And bring all Heav'n before mine eyes. (Il Penseroso, 160-166)

이렇듯, 기독교 신화의 성육신 상태에서 예언자의 영감을 받아 천상을 노래한다면 더 이상의 초월적이고 아름다우며 영원한 노래는 없을 것이다. 이제 시인과 밀턴은 동일한 자아로서 '세례받은 상상력'과 신화적 황홀경을 경험한 예술가로서의 삶을 일치시키고 있다. 이제 이 시를 첫 페이지로 하여, 밀턴은 초월적이고 영원한 '세례받은 상상력'을 구현하는 예술가로서 '오랜 세월동안 쌓인 경험'[Till old experience do atain.(Il Penseroso, 172)]과 '끝내 나의 지친 만년'[And may at last my weary age.(Il Penseroso, 166)]이 '예언자의 노래와 같은 것에 도달하는'[To something like Prophetic strain.(Il Penseroso, 173] 삶을 살 것을 고백한다. 이는 시인에게 있어 신화가 자신에게 직접 이루어지는 경험으로서, 루이스가 그의 에세이에서 말한 '사실이 된 신화'의 현현인 것이다. 이러한 직접적인 '사실이 된 신화'의 경험은 시인으로 하여금 끊임없는 '세례받은 상상력'을 가능하게 하여, 궁극적 신화의 세계를 노래하는 예언자적 시인이 되도록 하고 있다.

『나니아 연대기』에 나타난 '사실이 된 신화'

「사색하는 사람」의 시인이 깨었을 때, 어떤 영에 의해 보내진 감미로운 음악의 호흡이 흘러넘쳤던 것처럼, 마굿간 안으로 던져진 티리언 왕에게 새 나니아의 세계보다 "더욱 향긋한 향기와 반짝이는"(LB, 183) 아슬란의 "향기나는 공기"와 "광채"(LB, 183)가 찾아온다. 그리고 이미 티리언 왕은 옛 나니아에서의 옷이 아닌 새 나니아에 잘 맞는 새 옷으로 "갈아 입혀진"

상태이다. 이것은 이미 티리언 왕이 새 나니아에 걸맞는 존재로 변화되었음을 상징한다. 티리언은 향긋한 향기와 반짝이는 빛에 이끌려 "그토록 열망해 오던" 아슬란의 "발치에 몸을 던지게" 된다. 그리고 "사자는 티리언 왕에게 입을 맞추었다."(LB, 183)

아슬란은 "암울한 시기에 확고하게 맞선 나니아의 마지막 왕"(LB, 183)인 티리언을 "더욱 높은 곳으로, 더욱 깊숙한 곳으로"(LB, 194) 부른다. 아슬란의 이러한 부름은 이제 마구간으로 상징되는 종말 이야기에 이어 다시 아슬란 나라에서의 새로운 삶을 출발시킨다. 새 나니아에서 정원으로, 더욱 높은 곳으로, 더욱 안쪽으로 가는 티리언 왕의 '세례받은 상상력'은 드디어 정원에 도착했을 때 현실이 되었고, 그가 '세례받은 상상력' 속에서 그토록 갈망하던 존재가 되어 결국 궁극적이고 진정한 신화적 존재가 된다.

루이스는 그의 에세이에서 티리언 왕이 신화적 존재가 될 수 있었던 가능성을 예수 그리스도의 성육신 즉, '사실이 된 신화'에서 찾는다.

> 신화가 인간의 이성을 뛰어넘는 것으로 볼 때에, 예수 그리스도의 성육신은 신화를 넘어선다. 기독교의 중심에는 사실이 된 신화가 있다. 죽는 신들이 등장하는 옛날 신화들과는 달리, 신화가 신화이기를 그치지 않고 상상과 전설의 하늘에서 지구의 역사 속으로 내려온 것이다. (God, 66)

예수 그리스도의 '사실이 된 신화'의 성육신은 여기에서 그치지 않는다. 이것은 반대로 역행하는 길을 만드는데, 이것은 곧 그리스도의 '부활'로써 가능해진다. '사실이 된 신화'의 성육신은 신이 인간의 역사 속에 오심으로써 인간으로 하여금 '세례받은 상상력'을 가능하게 했다는 점에서, 또한 '성육신의 부활'은 인간으로 하여금 신화적 존재가 될 수 있는 확실한 길을 만들었다는 점에서 큰 의미를 갖는다. 즉, 예수 그리스도께서 신화의 성육신으로서 이 땅에 오심으로 인해 「사색하는 사람」의 시인과 티리언 왕은 '세례받은 상상력'이라는 신적 영감을 받을 수 있었다. 그리고 예수 그리스도께서 부활하여 올라가심으로써, 시인과 티리언 왕으로 하여금 직접 신화적 존재가 되어 신화 세계에 올라갈 수 있는 확실한 길을 열어 주신 것이다. 그리하여 「사색하는 사람」의 시인이 '세례받은 상상력'을 통한 깊은 사색과 묵상의 끝에 신과의 합일에 이르는 '황홀경'을 직접 경험하고, 『마지막 전투』에서는 '세례받은 상상력'을 끝까지 고수하며 지킨 티리언 왕자가 새 나니아에 들어감으로써 신화적 존재가 된다. 이러한 사건은 예수 그리스도의 성육신과 부활 이후 지금도 계속해서 이 땅에서 이루어지고 있다. 이와 같이 예수 그리스도를 통해 인간에게 이루어진 신화를 루이스는 "하늘과 땅의 '진정한 결합(결혼)'이며, 완전한 신화 그리고 완전한 사실"(God, 67)이라고 말하고 있다.

그러나 루이스는 티리언을 비롯한 다른 등장인물들이 진정한 신화적 존재가 된 것으로 전 7권의 『나니아 연대기』를 마무리하지 않는다. 루이스 자신의 자서전적 작품인 『예기치 못한 기쁨』이 시작으로 마지막 장을 장식하는 것과 같이, 『나니아 연대기』에서도 새롭게 시작된 페이지를 독자들에게 선사하고 있다.

> 그러나 그들에게는 이것이 실재 이야기의 시작일 뿐이었다. 우리 세계에서 보냈던 그들의 삶과 나니아에서의 모든 모험은 책 표지에 적혀 있는 제목에 지나지 않는다. 이제 드디어 그들은 지구상의 어느 누구도 읽지 못한 위대한 이야기의 첫 장을 시작하고 있는 중이다. 그 이야기는 영원히 계속될 것이며, 항상 모든 장이 그 이전 장보다 더욱 뛰어난 이야기가 될 것이다. (LB, 228)

이것은 작품 속의 등장 인물들에게 이루어진 '사실이 된 신화'를 넘어서는 독자들을 향한 메시지이다. 즉, 루이스는 시대적 선각자로서, 『나니아 연대기』를 통하여 보여 준 '세례받은 상상력'의 소망을 독자에게 불어넣는 것을 뛰어넘어, '사실이 된 신화'를 영원히 지속하도록 하는 희망과 용기를 독자들에게 제공해 주고, 그 정신을 가지고 독자들이 '직접' 써 나갈 수 있는 새로운 페이지를 남기고 있는 것이다. 이는 밀턴이 '세례받은 상상력'으로 신적 황홀경을 직접 경험한 후, 예언자적 시인이 될 것을 결심하고 자신의 인생의 페이지를 새롭게 쓰게 된 것과 같은 의미를 갖는다고 하겠다.

결론적으로, 밀턴과 루이스는 르네상스라는 인본주의 현실과 1, 2차 세계대전의 비극적 현실을 작품 속에 끌어들임으로써 독자들을 신화의 세계로 초대하고, 인간의 딜레마를 벗어난 새로운 지식으로써의 '세례받은 상상력'을 작품 속에 구현하고 이를 독자들에게 선사하고 있다. 이런 과정의 궁극적 의의는 독자들을 완전한 신화적 존재로 재창조하는 '사실이 된 신화'에 있는 것이다. 이러한 작품의 완성을 통해, 밀턴과 루이스는 독자들을 궁극적으로 신화적 존재로 재창조하여, 역사의 새로운 페이지를 더욱 사실적이고 더욱 매력있는 신화 이야기로 꾸며 가도록 함으로써 공통된 문학적 소명을 완성하고 있는 것이다.

나오는 글

루이스는 1, 2차 세계 대전을 겪으면서, 밀턴은 종교개혁과 르네상스 인문주의의 바람을 맞이하면서, 기독교 소명자로서 또한 시대를 이끌어 가는 지식인으로서 사회적 책임감을 갖게 되었다. 루이스는 2차 세계 대전을, 밀턴은 인본주의적 아름다움을 추구하는 시대적 흐름을 작품에 끌어 들였다. 밀턴과 루이스는 이러한 현실 반영으로부터 독자들을 신화의 세계로 조심스럽게 이끌어 들임으로써 신화 세계의 아름다움을 느끼고 즐기도록 제시한다.

그러나 밀턴과 루이스는 신화 세계의 찬양이 절정을 이루는 순간, 이 신화가 극복하지 못하는 궁극적 한계와 절망을 제시함으로써 신화적 요소에 반전을 이루어 낸다. 그러나 이 반전은 신화의 한계를 드러내는데 그 목적이 있는 것이 아니고, 오히려 더욱 완전하고 궁극적인 신화를 찾도록 독자들을 이끄는 역할을 한다. 그리하여 독자들은 더욱 깊은 신화의 세계, 더욱 높은 상상력의 세계로 나아가는 계기를 맞게 된다.

이러한 독자들에게, 밀턴과 루이스는 당대의 선각자로서 더욱 깊은 통찰을 주고 있다. 이 통찰을 루이스는 '세례받은 상상력' 이라고 명명하는데, 곧 친밀하고 직관적인 상상력을 통하여 궁극적 실재의 본질과 직접 접촉하여 얻은 깨달음을 말한다. 반면, 이 '세례받은 상상력'에 익숙하지 않고, 실재에 대한 추상적인 지식과 "보는 것이 믿는 것"이라고 여기는 지식에서 빠져 나오지 못하는 현상을, 루이스는 "인간의 딜레마"로 정의한다. 밀턴과 루이스는 이 인간의 딜레마를 작품 속에서 구현하고, 독자로 하여금 이 딜레마에서 벗어나도록 인도한다. 그리하여 이 딜레마에서 벗어난 독자들은 '세례받은 상상력'으로 궁극적 신화에 도달하는 과정을 작품 속에서 경험하게 된다.

나아가 이 과정의 궁극적인 귀결은 루이스가 그의 에세이에서 쓴 '사실이 된 신화'에 있다. 이 '사실이 된 신화'는 최초로 예수 그리스도의 성육신으로 말미암아 인간 속에 신화가 이루어졌으며, 이로 인하여 인간의 딜레마에 길들여지지 않은, '세례받은 상상력'을 지닌 독자에게도 신화가 이루어지게 된다. 또한 성육신의 부활로 말미암아 인간이 신화적 존재가 될 수 있는 확실한 길이 열리게 되었다. 이제 신화적 존재로 새롭게 태어난 독자는 궁극적이고 완전한 신화를 직접 맛보고 누리며 새로운 책의 페이지들을 장식하게 된다.

이러한 과정, 즉 '사실이 된 신화'의 과정을 통해 독자들을 궁극적 신화적 존재로 재창조하여 역사의 새로운 페이지를 더욱 분명하고 더욱 황홀한 신화 이야기로 꾸며가도록 이끎으로써 밀턴과 루이스는 공통된 문학적 소명을 완성하고 있는 것이다.

참고문헌

Bramlett, Perry C. 강주헌 역. 『작은 그리스도 C. S. 루이스』. 서울: 엔크리스토, 2002.

Brooks, Cleanth. *The Light Symbolism in "L'Allegro - Il Penseroso"*. The Well Wrought Urn: Studies in the Structure of Poetry, New York; Harcourt Brace Jovanovic, 1975.

Flannagan, Roy, ed. *The Riverside Milton*. New York: Houghton Mifflin Co., 1998.

Langdon, Ida. Milton's Theory of Poetry and Fine Art: An Essay with a Collection of Illustrative Passages from His Works. New York: Russell & Russell, 1965.

Lewis, C. S. "Myth Became Fact." *God in the Dock*. Ed. Walter Hooper. Michigan: Wm. B. Eerdmans Publishing Co., 1970. 63–67.

_______. *Mere Christianity*, New York: Macmillan Publishing Co., Inc., 1952.

_______. *"Surprised by Joy," in Selected Books*. London: Harper Collins, 1999.

_______. *The Lion, The Witch and The Wardrobe*. New York: Harper Collins, 2002.

_______. *The Last Battle*. New York: Harper Collins, 2002.

Schakel, Peter J. *The Way Into Narnia*. Grand Rapids: Wm. B. Eerdmans Publishing Co., 2005.

Ward, Michael. "The Secret of the Narnia Chronicles: Part Two, The Last Battle". 제2회 C. S. 루이스 연례 기념 강좌. 서울: 한국고등신학연구원, 2006. 60–78.

문학비평가 루이스: 루이스 문학 비평 서설[1]

정정호

요약 | 이 글에서 필자는 영문학을 전공하지 않은 일반 독자들을 위해 문학 비평가 C. S. 루이스를 소개한다. 필자는 루이스의 많은 저작 중에서 단행본인『문학비평에서의 실험』(1961)과『실낙원 서문』(1942) 두 권과 셰익스피어에 관한 논문 두 편 "셰익스피어와 다른 작가들의 변형"과 "햄릿: 왕자인가 시인가?"를 선택한다.

우선 필자는『문학비평에서의 실험』을 읽고 루이스 문학 비평의 기본적 태도를 살핀다. 루이스는 영국 경험주의자의 입장에서 문학 비평의 목적과 방법을 보통 독자들에게 쉽게 제시하고자 한다. 다시 말해 작품의 문학사적 고려를 무시하지 않고 작품 자체를 읽으면서 작품과 독자와의 상호관계를 중시하였다. 루이스는 무엇보다 우리가 독자로서 수용적 작품 읽

정정호 교수
현재 문학 평론가 및 중앙대 영어영문학과 명예교수
미국 위스컨신대 박사 학위
한국 영어영문학회 회장 역임,『영미문학비평론』외 다수

1 본 원고는 '2016 서울 C. S. 루이스 컨퍼런스'에서 강의한 원고이다.

기를 통해 자신을 알고 변화시키며 세상에서 이웃들과 잘 살아가는 방법을 배워야 한다고 주장한다.

필자는 두 편의 논문인 "셰익스피어와 다른 작가들의 변형"과 "햄릿: 왕자인가 시인가?"를 요약 소개한다. 루이스는 이 두 논문에서 셰익스피어 문학의 위대성의 비밀을 시적인 것과 사실적인 것의 탁월한 예술적 융합으로 보았다. 루이스는, 우리가 극시(劇詩)『햄릿』을 읽는 방법은 등장 인물의 심리 연구가 아닌『햄릿』작품 자체를 시로 읽되 어린이처럼 유령 등 흥미로운 요소들을 찾아 재미있게 읽으려는 노력이 필요하다고 강조한다.

결론에서 필자는 루이스 문학 비평의 4가지 특징을 지적한다. 첫째, 루이스는 영국 문학 비평의 위대한 전통인 시인 · 비평가를 강조하는 경험주의 비평가라는 점이다. 둘째, 그의 비평의 목적은 등장 인물이나 배경보다 작품 자체에 집중하는 것이라는 점이다. 셋째, 그의 비평 방법은 작품의 언어 분석과 비유법 등을 강조하는 문헌학적이라는 점이다. 넷째, 루이스의 접근은 문학의 역사를 포괄하는 역사 비교학적 접근이라는 점이다. 루이스 문학 비평을 관통하는 원리는 '균형 속의 견제'가 추동하는 '대화적 상상력'이다. 이성과 상상력의 대화, 과거와 현재의 대화, 철학과 문학의 대화, 신화와 현실의 대화 등 루이스는 양극단을 피하고 언제나 조화와 중용의 길을 택한다.

앞으로 더 논의되어야 할 과제는 두 가지이다. 첫째 루이스의 비평 저작 전부를 읽고 종합적으로 연구하여 문학 비평가로서의 루이스의 총체적 비전을 찾아내야 한다. 둘째는 비평가 · 학자 루이스를, 소설가 루이스와 대중 신학자 루이스의 상호 관계성을 함께 논의하여야 인간 루이스의 전모가 밝혀질 것이다.

들어가며

C. S. 루이스는 탁월한 다면체적 인간이다. 중세 르네상스 전공 영문학자이며, 문학 비평가이고, 시인이자 소설가이며, 무엇보다도 대중 신학자이다. 루이스는 옥스퍼드대학에서 고전 문학과 철학과 영문학을 두루 공부하였다. 그는 논리와 언어적 수사에 출중하고 뛰어난 관찰력과 놀라운 암기력(암송력)을 지녔으며 무엇보다 풍부한 상상력을 발휘했다. C. S. 루이스의 총체적인 모습을 온전하게 이해하려고 했을 때, 필자같이 능력이 부족한 사람에게는 엄청난 시간과 노력이 필요하다. 더욱이 이번 2016년 서울 루이스 심포지움에서 필자가 맡은 부분은 "문학 비평"이다. 문학 비평의 범위를 보다 넓게 그의 영문학자로서의 학술적인 저작까지 모두 포함시킨다면, 그 양이 적지 않다. 루이스는 깊고 넓은 사유 속에서 박학한 지식들을 종횡무진 사용한다. 그리고 그의 다양한 언어적 표현의 기교와 (때로는) 복잡한 문장 구조로 인하여, 그의 어떤 글도 결코 쉽게 읽히지 않는다. 그럼에도 필자가 용기를 내어 루이스 문학 비평에 관한 글을 준비할 수 있었던 것은 그 논의의 범위를 대폭 축소하였기 때문이다. 그래서 글의 제목도 나 자신을 위한 "서설"(序說)로 잡았다.

루이스의 방대한 비평적 저작은 여기서 자세히 소개하지 않겠다(참고문헌을 보기 바란다). 오늘 필자가 다루고자 하는 내용은 그중 극히 일부이다. 필자가 이러한 결정을 한 것은 본서의 독자들이 대부분 영문학 전공자나 문학 비평 전공자들이 아닐 것이기 때문이기도 하다. 루이스는 죽기 2년 전인 1961년에 『문학비평에서의 실험』(*An Experiment in Criticism*)을 출간했다. 이 책은 책 제목 중 "실험"이라는 말에서 볼 수 있듯이, 다행히 추상적이고 난해한 문학 이론의 문제를 다루지 않고 자신의 경험을 토대로 문학과 독서에 관한 전반적인 문제들을 비교적 독자 친화적으로 접근하고 있다. 따라서 필자는 우선 이 책을 선택하여 그 주요 내용을 발췌함으로써 독자들에게 소개하고자 한다.

루이스는 전문 영문학자이면서 강단비평가(scholar-critic)이어서 영문학에 등장하는 많은 시인 작가들을 다루었다. 중세 영문학에서 영국 문학의 아버지로 불리는 『켄터베리 이야기』를 쓴 제프리 초서(Geoffrey Chaucer, 1343–1400), 16세기 엘리자베스 시대의 대표적 시인인 『선녀여왕』을 쓴 에드먼드 스펜서(Edmund Spenser, 1552–1599), 윌리엄 셰익스피어(William Shakespeare, 1564–1616), 17세기 초반 종교적인 색채가 강한 형이상학파 시인들 가운데 존 던(John Donne, 1572–1631)을 비롯해 17세기 후반 『실낙원』을 쓴 존 밀턴(John Milton, 1608–1674), 『천로역정』을 쓴 존 번연(John Bunyan, 1628–1688), 18세기 신문 에세이 작가 조셉 에디슨(Joseph Addison, 1672–1719), 19세기 소설가 제인 오스틴(Jane Austen, 1775–1817), P. B. 셸리(Shelley, 1792–1822), 월터 스콧 경(Sir Walter Scott, 1771–1832), 윌리엄 모리스(William Morris, 1834–1896), 러디어드 키플링(Rudyard Kipling, 1865–1936), T. S. 엘리엇(Eliot, 1888–1965) 등에 관한 많은 비평적 글들을 남겼다. 이 중에서 필자는 영문학의 주요 작가인 셰익스피어의 『햄릿』과 밀턴의 『실낙원』에 대한 루이스의 비평을 택해서 논의하고자 한다. 필자가 이 셰익스피어와 밀턴을 택한 이유는 이들이 영국 문학을 대표하는 대작가이며, 독자들에게도 비교적 친숙한 작가들일 것이라고 생각했기 때문이다.

셰익스피어와 밀턴은 18세기부터 영국 문학에서 가장 자랑스럽게 생각하는 문화 영웅들이다. 17세기 이래로 영국과 프랑스는 일종의 문화 전쟁을 지금까지 하고 있는 바 셰익스피어와 밀턴은 언제나 최전방에 투입되고 있다. 루이스는 셰익스피어 전공학자는 아니지만 그가 남긴 두 편의 글을 뽑아 셰익스피어 문학 전반에 관한 논의와 『햄릿』에 관한 작품론을 간략하게나마 소개하고자 한다. 밀턴의 경우 루이스는 1942년에 『실낙원 서문』이라는 탁월한 안내서를 출간했다. 루이스의 『실낙원』론은 이 책을 중심으로 살펴보겠다. 오늘 소개하는 이 글은 학술 논문이 결코 아니다. 루이스의 문학 비평을 이해하기 위한 초보적 작업이다. 이에 따라 필자는 제2차 자료는 거의 참고하지 않았다. 사실상 루이스의 문학 비평에 관한 단행본이나 논문이 별로 없기도 하다. 필자가 한 일은 주로 주요 부분을 요약하고 핵심적인 구절들을 다수 인용하여 청중들이 직접 루이스의 글맛을 알게 하는 것이다. 루이스도 어느 글에서 자신이 "과도한 인용애호가"(my own immoderate quotation)라고 선언하지 않았던가?

루이스 문학 비평의 기본적 태도 : 『문학 비평에서의 실험』을 중심으로

C. S. 루이스는 자신의 문학 비평에 관한 논의들을 정리해서 죽기 2년 전인 1961년에 『문학비평에서의 실험』을 간행했다. 루이스는 문학을 그 자체로서 즐기지 못하고 문학을 하나의 연구 대상으로만 삼는 일부 문학 전공자들을 비판하는 것으로 논의를 시작한다.

> 나는 외국의 대학에 있는 불행한 학자들을 생각해 본다. 그들은 문학 작품에 관해 무언가 새로워야 하고, 혹은 새로운 것처럼 보이는 논문들을 끊임없이 출판하지 않으면 '직장을 유지할 수 없는' 그런 대학의 학자들이다. 혹은 '대학 입시'를 준비하는 학생처럼 가능한 한 신속하게 이 소설에서 저 소설로 연달아 읽어 치우는 과로한 문학 평론가를 염두에 두고 하는 말이다. 그런 사람들에게 독서는 종종 단순 노동이 된다. 그들 앞에 놓인 텍스트는 그 자체로 존재하는 것이 아니라 단지 원자재로 존재한다. 그들에게 이 원자재는 이야기의 벽돌을 완성시키는 재료일 따름이다(14-15쪽).

여기에서 문학 학자들은 살아 있는 문학을 즐기지 못하고 단순히 분석 대상으로만 삼아, 문학을 '닫힌 책'으로 만들어 자신의 삶의 변화에 이르지 못한다.

그렇다면 진정한 문학 작품의 감상은 어떻게 해야 할 것인가? 첫 번째 단계는 철저하게 '우리 자신의 관심사, 연상, 선입견'을 독서 과정의 중심에서 옆으로 치워 놓아야 한다. 두 번째 단계는 긍정적인 노력이다. 문학 작품을 있는 그대로 사실대로 바라보아야 하고, 작품이 우리 자신에게 작동하도록 순종해야 한다. 독자가 너무 나서서 독서의 방해가 되어서는 안 된다. 그래서 작품과 독자와의 바람직한 상호 관계가 구축돼야 하는 것이다. 왜냐하면 모든 문학 작품은 '일반적인 규칙'과 '특정한 양식'을 가진 자체의 질서를 가지고 있기 때문이다. 독자들이 그것들과 대화하고 함께 어떤 의미를 만들어 내어, 결국 독자들의 내면 세계에도 새로운 질서를 구축할 수 있다. 독자에게 변화를 주지 못하는 문학은 생명력을 잃은 죽은 문학이다.

문학은 본질적으로 언어 예술이다. 언어로 정교하게 구성된 하나의 미적 건축물이다. 따라서 문학의 기본 재료인 단어에 세밀하게 주목할 수밖에 없다.

> 우리의 판단이 근거해 있는 이 모든 경험은 그 단어들을 진지하게 다루는 데 의존한다. 우리가 의미와 소리 두 가지 모두에 충분한 주의를 기울이지 않는다면, 그 단어들이 우리를 초대하는 대로 인식하고 상상하고 느끼도록 공손한 태도를 취하지 않는다면, 우리는 그런 경험을 할 수 없을 것이다(42쪽).

독자는 흰 종이 위에 검은 모양으로 누워 있는 단어들이 그 하나의 의미를 가지고 살아 움직이도록 연주하고 지휘해야 한다. 독자는 어떤 의미에서 글자가 배열인 악보를 보고서 악기를 연주하는 연주자와 같다.

루이스는 『문학비평에서의 실험』의 5장, 6장, 7장에서 각각 문학에서 '신화', '환상', '리얼리즘'에 대한 진정한 의미를 밝혀 준다. 신화에 대해서 그는 6가지 특징을 지닌 "스토리"로 정의를 내린다.

(1) 신화는 초문학적인 것이다.
(2) 신화의 즐거움은 서스펜스나 경악과 같은 통상적인 이야기의 매력에 거의 의존하지 않는다. 신화는 맨 처음 듣는 순간부터도 필연적인 것이 느껴져야 한다.
(3) 신화에서 인간의 동정심은 최소화된다. 우리는 등장 인물들에게 우리 자신을 강하게 투사하지 않는다.
(4) 신화라는 단어는 그 자체에 이미 '환상적인'이라는 의미가 있다. 신화는 불가능한 것과 초자연적인 것을 다룬다.
(5) 신화의 경험은 슬픈 것일 수도, 혹은 즐거운 것일 수도 있지만 언제나 엄숙하다.
(6) 경험은 언제나 엄숙하기만 한 것이 아니라 경외감을 불러일으키는 것일 수도 있다. 우리는 신화에서 신성한 것을 느낀다(54-56쪽).

신화는 모든 이야기의 원천이 될 수 있고 시대와 작가에 따라 변용되어 다시 새롭게 태어날 수 있다. '신화를 사랑하는 사람'은 신화를 제대로 이용하고 변형시킨다. 루이스도 물론 신화를 사랑하는 사람으로서 그의 많은 문학 작품들에서 신화를 적절하게 사용하고 새롭게 창작하였다.

환상, 특히 '문학적인 환상'에 대해서도 루이스는 심리적 요소를 강조한다. 환상을 통해 "상상력적인 구성물"을 만드는 데는 어린아이들이 어른들보다 능숙하다는 것이다.

> 보다 진척된 단계는 흔히 어린아이들에 의해 도달하게 되는데, 주로 상호 협동에 의해서이다. 어린아이들은 전체 세계를 허구로 만들 수 있으며, 그곳에서 거주하면서도 그런 세계 바깥에 머물 수도 있다. 하지만 이 같은 단계에 도달하게 되면, 그저 몽상이 아닌 그 이상의 것이 일어나게 된다. 허구라는 세계 속에서 구성과 창조가 진행되게 된다(66쪽).

어린아이들이 환상을 통해 상상하는 세계는 "이기적 성 쌓기"에서 "사심 없는 성 쌓기"로 이어지고, 독창적 구성 단계를 지나, 허구적인 것으로 이동하는 단계를 거쳐, 창조에 이른다. 물론 여기서 주의해야 할 것은 환상이 어린아이들에게만 있는 것은 아니고 문학을 좋아하는 모든 사람들이 가질 수 있는 능력이라는 것이다. 루이스는 리얼리즘에 관한 장에서 환상과 어린아이와의 관계를 좀 더 자세히 설명한다. "위대한 환상이나 동화는 어린아이들을 대상으로 하는 것만이 아니라 모든 사람에게 말을 건네는 것이다."(85쪽) 어린아이는 성인들에 비해 문학 감상에 필요한 호기심, 상상력, 경외감, 연민을 풍부하게 가지고 있고 또한 작동시킨다. 우리가 문학적 허구에 대한 불신을 기꺼이 연기하고 중지하여 문학 작품 자체에 몰입할 수 있는 능력은, 문학을 사랑하고 즐기며 우리 자신에게 작동시킬 수 있는 능력에 필수적인 것이다.

루이스는 문학이 언어로 구성된 것이라고 다시 한번 상기시키면서, 훌륭한 문학의 조건을 다음과 같이 천명하고 있다. 여기서 '구성된 것'이란 유기적으로 짜여진 것이라는 뜻이다.

> 모든 훌륭한 픽션에서 거둔 가장 중요한 성취는 진리나 철학이나 세계관 같은 것과는 아무런 상관이 없다. 그것은 두 가지 전혀 다른 질서를 성공적으로 조정한 것이다. 한편으로 이런 사건들(단순한 플롯)은 그들 나름의 연대기적이고

> 인과적인 질서를 가지고 있으며, 실제 생활에서도 그런 것들이 있을 것이다. 다른 한편으로 작품에 나타난 모든 장면이나 여러 가지 분할은 디자인의 원칙에 따라 서로 간에 연결되어 있어야 한다(98쪽).

루이스는 이 책에서 여러 번 문학적이건 비문학적이건 문학 작품에 대한 잘못된 독서 방식을 비판하고 있다. 문학은 자체의 질서와 체계와 언어로 구성된 하나의 예술 체계 이외에 다른 것이 아니다.

> 문학 연구자가 대단히 재능이 있고 영리하고 특히 근면하지만, 그들의 진정한 관심사는 특히 문학적이지 않은 사람들이 하는 방향으로 나아가고 있다. 책에 관해서 끊임없이 말을 하지 않을 수 없다 보니 그들이 할 수 있는 일이라고는 그들이 논의할 수 있는 대상으로 책을 만들어 버리는 것이다. 그러다 보니 그들에게 문학은 종교가 되고 철학이 되며, 윤리학파가 되고 심리요법이 되고 사회학이 된다(102쪽).

문학 작품을 그 자체의 체계와 목적 이외의 것으로 사용하는 것은 루이스가 가장 혐오하는 행위이다. 그렇다면 문학을 그 자체의 체계와 목적에 알맞게 작동시키는 방법은 무엇인가? 그것은 작품 속의 단어들에 관심을 집중하여 일차적으로 비유법, 상징주의, 수사학적 효과나 가치들을 논하고, 그런 다음 전체적 구성물로서 견고한 조직을 이해하고 감상하는 것이다. 루이스가 여기에서 특히 강조하는 것은 운율의 훈련을 통해 단어의 '소리'나 '리듬'까지도 느끼고 인식하여 작품 속에서 단어들이 펼치는 역동적인 연주를 감상해야 한다는 것이다.

루이스는 독서 행위에서 오독(誤讀)도 문제시하고 있지만 한 발 더 나아가 '비판적인 독서'도 비판한다. 그는 비판 이전에 편견 없는 작품 자체의 수용을 우선으로 할 것을 권고한다. 수용적 독서는 앞서도 잠시 언급한 바 있지만 자신을 비워서 빈 공간을 만들어 작품이 우리 '내면의 침묵' 속에 들어와 수용되는 것이다. 그는 "시인을 잠재적인 사기꾼으로 간주하면서, 그에게 속지 않으리라고 결심하면서 시의 세계로 들어가는 독자에게 어떤 시도 자기 비밀을 털어놓지 않는다. 우리가 무엇인가를 얻으려면 속을 각오를 해야 한다."(111쪽)라고 충고한다.

루이스는 문학 작품 해석의 일원주의를 주장하지 않는다. 어떤 한 가지 독법만 옳고 다른 것은 틀렸다고 말할 수 없다. 한 작품을 독자에 따라 다양한 방식으로 읽어 낼 수 있다. 어떤 독서가 그 작품에 대해 최상의 독서인가가 중요하다는 것이다. 지휘자는 작곡자의 악보를 어떻게 청중에게 감동을 주기 위해 연주시키기 위해 최선의 능력을 하는 것이다. 지휘자에 따라 연주하는 연주자들은 그 악보를 살아 있는 선율로 만들어 우리의 가슴 속에 들어와 우리의 삶을 감동을 통해 풍요롭게 만들 수 있다. 결국 좋은 독자의 좋은 독서법이란 문학 작품이 우리의 삶을 구체적으로 작동시킬 수 있는 방식으로 읽어 내어 작품을 '닫힌 세계'에서 '열린 세계'로 만들어 작가와 독자, 작품과 독자, 독자들의 유대로 만들어 내야 하는 것이 궁극적 목표가 아니겠는가?

루이스는 이 책의 마지막 장인 "실험"(Experiment)에서 문학 비평에 관한 본격적인 논의를 시작한다. 우선 그는 비평가를 4종류로 분류한다.

(1) **평가적인 비평가**(Evaluative critic): 앞서 이미 논의했듯이 루이스는 엄격한 가치평단 비평 방법의 필연성과 유용성에 대해 매우 회의적이다. 그러나 같은 평가적인 비평가 무리 속에 들어있지만 그 반대편에 있는 편집장, 본문 비평가, 논평가, 용어 편찬자들은 작품을 읽을 때 구체적으로 도움을 줄 수 있다고 긍정적으로 평가한다.

(2) **문학사가**(Literary Historian): 한때 경멸받았지만 문학사가들은 '텍스트

들의 맥락'을 알려 주고 '평가하기보다는 기술하는 데 더 큰 관심'을 가지기 때문에 탁월한 문학사가의 경우 유용하다.

(3) **감성비평가**(emotive critic): 이들은 위대한 비평가가 되기는 어렵지만 초보적 안내자가 될 수 있다. 그러나 비평가보다 언제나 작가를 우선해야 한다. 루이스는 "우리는 작가를 즐기기 위해 비평가가 필요한 것이 아니라 비평가를 즐기기 위해 작가가 필요한 법"이고, "(제프리) 초서에 관한 새로운 비평 읽은 것보다 초서를 다시 읽는 것이 언제나 훨씬 나은 법"이라고 강조하고 있다(144쪽).

(4) **불침번 비평학파**(Vigilant School of critic): 루이스는, 이들의 비평은 "사회적이고 윤리적인 위생학의 형태"(145쪽)이며 "진지한 심문관이나 진지한 마녀 색출자는 온건한 방식으로 자신의 선택된 일을 할 수 없는 법"(146쪽)이라고 경계하고 있다.

결론적으로 루이스는 비평의 과잉(폭식)보다 비평의 겸손(금식)을 추천한다. 즉, 비평(가)의 개입보다 작품과 독자의 직접적 만남의 경험의 중요성을 거듭 강조하고 있다.

> 우리는 점점 더 개인적인 반응과 만날 기회가 없어지고 있다. 가장 중요한 결합인 독자와 텍스트의 만남은 결코 저절로 일어나지도 않으며, 자연스럽게 발전하는 것도 아닌 듯해 보인다. 일차적인 문학 경험이 더 이상 가능하지 않은 지점에 이를 정도로 비평에 의해 흠씬 젖고, 현혹되어 혼란스러워진 젊은이들이 분명 여기에 있다. 나에게는 이런 사태가 불침번 비평이 우리를 보호하기 위해 떼어 놓으려고 애쓰는 그런 문화보다 훨씬 더 우리 문화에 위협적인 것처럼 보인다(150쪽).

루이스는 비평의 과잉에 대한 극약 처방을 내린다. 위험한 "비평의 폭식"은 즉각 치료가 필요하며 "비평의 금식"을 권유한다. 그리고 평가적인 비평 방법에서 10년에서 20년 정도 떨어져 지내는 것이 비평 중독증을 치료하는 데 진정한 도움이 된다고 언명한다(150쪽).

루이스는 총 결론의 장인 "에필로그"에서 그가 지속적으로 주장해 온 독서 과정 중에 작품 자체의 수용을 거듭 천명한다. 이 문제는 문학의 기능, 즉 우리는 왜 문학을 읽는가 하는 근본 문제로 돌아간다. 길지만 루이스의 말을 직접 들어보자.

> 위대한 작품을 읽고 난 뒤에 우리가 느끼는 것 중 하나는 '내가 벗어났다'는 느낌이다. 혹은 다른 사람의 관점 속으로 '내가 그 안에 들어갔다'는 느낌이다. 달리 말하자면 다른 단자의 껍질을 뚫고 들어가 그 안이 무엇과 같은지 알아내고 싶은 것이다. … 사랑 속에서 우리는 우리의 자아에서 벗어나 다른 사람 속으로 도피한다. 윤리적인 영역에서 판단이나 자선의 모든 행동은 우리 자신을 다른 사람의 위치에 놓음으로써 우리의 경쟁적인 특이성을 초월코자 하는 것이다. 어떤 것을 이해하게 됨으로써 우리는 있는 그대로의 사실을 선호하여 그런 사실들이 우리를 위해 존재한다고 보는 것을 거부토록 해 준다. 이 모든 것의 원초적인 충동은 자기 자신을 유지하고 확장하는 것이다. 이차적인 충동은 자아로부터 벗어나는 것이며, 자아의 편협성을 교정하고 자아의 고독을 치유하는 일이다. 사랑 · 미덕 · 지식의 추구, 예술의 수용에서 우리는 이렇게 하고 있다(159-160쪽).

이러한 방식으로 읽은 위대한 문학의 경험의 결과는 "치유"이다. 어린이 되기, 동물 되기, 식물 되기 등의 타자 되기를 통해 우리는 수많은 타자들과 대화하고 교유하면서, 공감과 사랑 속에서 우리의 다양한 상처와 억압들을 초월하고 치유할 수 있다. 이러한 문학 경험의 여과 과정을 통해 우리는 밤하늘의 무수한 별들을 바라보지만 나는 아직도 나 자신이듯이 좀 더 우리다운 나 자신으로 굳건히 남을 수 있는 것이다.

윌리엄 셰익스피어: 위대성의 비밀과 『햄릿』 수수께끼 풀기

지난 2016년은 윌리엄 셰익스피어(1564-1616)가 타계한 지 400주년이 되는 해였다. 셰익스피어의 삶과 문학에 관해서는 지난 400년 동안 엄청난 양의 연구와 논쟁이 있었다. 셰익스피어는 과연 신인가? 자연인가? 아니면 그저 천재인가? 루이스는 "셰익스피어와 다른 작가들의 변형"이라는 논문에서 작가 셰익스피어의 위대성과 탁월성의 특징을 2가지로 제시하고 있다. 셰익스피어는 다른 작가들이 결코 성공하지 못한 변형 기술에 의해 두 가지 탁월성, 즉 서정시의 최고 형태의 상상적인 광휘와 인간의 삶과 성격의 사실적인 제시를 결합하는 능력을 가졌다(Selected Literary Essays, 81 이하 SLE로 약칭 SLE). 서구 서정 시인의 어머니인 핀다르(Pindar), 에스킬러스(Aeschylus), 존 키츠(John Keats)는 서정적인 면에서는 우수하고, 19세기 영국 소설가 제인 오스틴(Jane Austen), 조지 메러디스(George Meredith), 조지 엘리엇(George Eliot)은 사실주의적인 면에 출중하다. 그러나 셰익스피어만큼 서정성과 사실성 2가지 모두를 성공적으로 결합시키지는 못했다. 루이스가 제시한 이러한 변형을 통한 서정성과 사실성 결합의 예를 『햄릿』의 주인공 햄릿 왕자의 첫 독백에서 읽어 보자.

햄릿: 오, 너무나 더럽고 더러운 이 육신이
허물어져 녹아내려 이슬로 화하거나
영원하신 주님께서 자살 금지 법칙을
굳혀 놓지 않았으면. 오 하느님! 하느님!

이 세상 만사가 내게는 얼마나 지겹고,

맥 빠지고, 단조롭고, 쓸데 없어 보이는가!

역겹다. 아, 역겨워. 세상은 잡초 투성이

퇴락하는 정원, 본성이 조잡한 것들이

꽉 채우고 있구나. (최종철 옮김)

Oh! that this too too solid flesh would melt,

Thaw and resolve itself into a dew;

Or that the Everlasting had not fix'd

His canon 'gainst self-slaughter! O God! God!

How weary, stale, flat and unprofitable.

Seem to me all the uses of this world!

Fie on 't! ah fie! 'tis an unweeded garden.

That grows to seed; things rank and gross in nature

Possess it merely. (I .. ii . 129-137)

루이스의 설명에 따르면 이슬로 변한 육신과 퇴락하는 정원은 시적 은유들로 충분히 정교하게 만들어진 서정성을 보여 준다. 햄릿은 여기서 탁월한 시인이 된다. 물론 언어의 마술사 셰익스피어가 뒤에 있다. 이 서정성과 더불어 햄릿이 왕자가 처한 너무나 더러운 현실, 즉 자신이 독일 유학 중에 작은 아버지 크라우디우스가 햄릿의 아버지이며 형인 왕을 죽이고 자신의 어머니 왕비 거루트르드와 재혼하고 왕위에까지 오른, 이러한 뒤죽박죽 된 현실을 서정시 형식으로 놀랍게 융합시키고 있다. 엘리자베스 시대의 극은 요즘처럼 산문극이 아니라 모든 시극(poetic drama)이었으니 극작가인 셰익스피어는 위대한 시인이라고 한 것도 바로 이런 연유에서이다. 엘리자베스 시대는 주요 장르도 시나 소설이 아니라 극이었다.

루이스는 『맥베스』에서 또 다른 예를 들고 있다.

맥베스: 내 생각에 외치는 것 같았소. '못자리라!
맥베스는 잠을 죽여 버렸다'고. - 순진한 잠,
엉클어진 근심의 실타래를 푸는 잠,
하루 삶의 멈춤이고 노고를 씻음이며
다친 마음 진정제, 대자연의 주된 요리.
이 삶의 향연에서 주식이고. (최종철 옮김)

Methought I heard a voice cry 'Sleep no more!
Macbeth does murder sleep', the innocent sleep,
Sleep that knits up the ravell'd sleave of care,
The death of each day's life, sore labor's bath,
Balm of hurt minds, great nature's second course,
Chief nourisher in life's feast. (Ⅱ, ii, 36–41)

여기서도 은유들이 햄릿의 대사에서보다 더 정교하다. 야망에 눈이 멀어 던컨왕을 죽이고 자신이 왕이 되려는 계획을 가진 맥베스는 '잠'에 대한 인간 언어로 표현할 수 있는 최고 최상의 표현을 보여 주고 있다. 잠을 자지 못하는 것은 지옥의 저주이다. 각 행마다 맥베스는 위대한 시인이 된다. 셰익스피어 극에서는 등장 인물인 햄릿과 맥베스와 작가 셰익스피어와 같이 위대한 시인이 된다. 셰익스피어는 시적인 광휘를 희생시키지 않고 더럽고 가증스러운 맥베스 자신의 부패한 내면성이라는 현실의 엄혹성을 잘 지켜 내고 있다. 루이스는 이것을 변용(variation)에 의해서만 통합할 수 있는 현실 모방적인 것과 시적인 창조적인 것의 결합을 이루어 내고 있다고 보고 있다(SLE 82-83). 다시 말해 셰익스피어는 시와 리얼리즘을 융합시키는 방법의 타의 추종을 불허하는 천재이다. 루이스는 셰익스피어의 독특한 위대성은 바로 (연)극적인 것과 시적인 것을 결합하는 능력에서 온다고 다시 강조하며, 이러한 셰익스피어의 능력은 수사학의 중세라틴 문학의 전통에서 온 것이라고 결론 내린다. 여기에서 중세와 르네상스 학자로서 루이스는 셰익스피어의 천재성이 담보해 내는 결합 능력의 기원(원천)을 역사 비교학적인 견지에서 논하고 있다는 점을 지적하지 않을 수 없다. 이러한 기법과 장치를 통하여 셰익스피어는 그의 또 다른 위대성인 "장대한 보편성"을 가진 작가로 세계 문학사상 우뚝 솟아오른 것이다.

C. S. 루이스는 1942년 영국학술원 주최 셰익스피어 연례 강연에 초청되어 『햄릿』에 관해 〈『햄릿』 - 왕자인가 시인가?〉라는 제목의 강연을 하였다. 강연 서두에서 루이스는 자신이 셰익스피어 전문가도 아닌데 강연자로 초대받게 되었지만, 전문가적인 박식과 허세를 부리지 못하니 차라리 『햄릿』을 읽을 때 어린아이와 같은 유치한 면을 여실히 보여 주겠다고 말한다. 셰익스피어 극 중 최고의 극인 『햄릿』에 접근하는 루이스의 방식은 주인공 햄릿 왕자의 성격에 관한 논의나 극 자체에 관한 새로운 문제 제기가 아니라 『햄릿』 극에 관한 지금까지의 비평들에서 문제를 제기한다.

우선 루이스는 『햄릿』 비평의 주요한 3대 유파를 소개 제시한다. 첫째 비평 유형은, 햄릿 왕자의 행위에는 적절한 동기들이 제시되거나 부여되지 않았기 때문에 극작품 『햄릿』은 잘못된 극이라는 것이다. T. S. 엘리엇(1888-1965)은 그의 유명한 논문 "햄릿과 그의 문제들"에서 『햄릿』을 "예술적인 실패작"이라고 단언하였다. 20세기 영어권 최고의 시인이며 비평가였던 엘리엇은 자신의 비평 이론인 "몰개성이론"에 따라 햄릿 왕자의 복수를 계속하는 행위와 감정이 독자들에게 분명한 이미지를 줄 수 있는 "객관적 상관물"로 제시되지 않았기 때문에, 햄릿 왕자의 마음이 애매하고 혼란스러운 상태에 빠졌으므로 예술적으로 용인하기 어려운 실패한 작품이라는 것이다.

두 번째 비평 유파는, 햄릿 왕자가 결코 복수를 연기하지 않았고 상황이 허락되는 때에 따라 재빨리 필요한 행동을 수행했다고 주장하는 것이다.

그리고 세 번째 유형의 비평은, 복수를 지연하는 햄릿 왕자를 심리학이나 정신 분석으로 그 지연의 의미를 설명하고자 하는 것이다. 이 유형에서는 3가지 방향으로 심리학적 논의의 방향이 갈라진다. 어떤 비평가들은 극의 시작에서 볼 수 있듯이 햄릿이 겪은 여러 가지 사건들 – 부왕의 죽음과 작은 아버지의 왕으로 등극, 어머니와 작은 아버지의 결혼 – 에 의해 충격을 받았다고 주장한다. 다른 비평가들은 햄릿 왕자가 실제로 광기가 있다고까지 주장한다. 또 다른 비평가들은 그러한 햄릿 왕자의 결단하지 못 하는 모습을 고상한 성품을 가진 햄릿 왕자의 봐줄 수 있는 결점이라고 주장한다. 많은 낭만주의 비평가들인 괴테, S. T. 콜리지, 슐레겔, 해즐릿과 같은 사람들이 여기에 동조하고 ,이들이 심리주의 비평의 주류를 이루고 있다.

『햄릿』은 흔히 '문학의 모나리자'라고 불린다. 설명할 수 없는 그 신비스러움에 독자들은 또 다시 읽게 된다. 읽으면 읽을수록 더 신비 속에 빠진다. 칠흑 같은 밤에 유령의 등장, 해변가 고성(古城)의 음습한 분위기, 고뇌에 찬 왕자 햄릿의 시적 숭고미를 가진 놀라운 독백, 왕의 살해와 시해를 의심받는 그 동생이 즉위와 살해된 왕의 왕비와 결혼하는 등, 긴박하게 연속되는 장면들과 대사들은 독자들로 하여금 햄릿 왕자와 같은 혼란과 고뇌에 빠지게 만든다. 햄릿 왕자는 중세 르네상스 시대에서 근대로 넘어오는 대전환기에 지식인이 처한 정신적이고 지적인 고뇌의 상징인가? 르네상스 시대 천재화가 미켈란젤로의 모나리자는 들여다보면 볼수록 설명을 넘어서는 일종의 신비에 빠지듯이 우리가 언어의 마술사이며 천재 작가인 셰익스피어의 『햄릿』을 읽을 때나 실제 무대에서 공연을 볼 때 모두 불확정성의 끊임없는 미로에 빠진다. 독자들은 설명할 수 없는 모순적인 삶과 운명에 빠진 햄릿 왕자처럼 지난 400여 년간 다른 사람의 동의를 얻기에 어려운 각자의 견해만을 내세워 왔으나, 셰익스피어는 "만개의 심안"을 가진 불멸의 시인으로 『햄릿』은 아직도 '수수께끼'로 남아 있다. 어떤 해결책이 있을 것인가?

C. S. 루이스는 그 해결책의 하나로 극작품 『햄릿』에서 햄릿 왕자의 성격을 규정하는 일에 함몰되지 않고 '상황'(situation)에 주목하자고 제안한다. 루이스는 이렇게 성격 비평의 문제점을 지적하고 자신이 10대 어린 나이에 『햄릿』을 읽었던 경험을 회고하면서, 어린 시절의 『햄릿』 읽기의 경험에서 자신은 햄릿의 성격 분석이라는 따분함보다 이 극에서 제공하는 다른 모든 것들을 즐겼다고 지적한다. 무엇보다도 이 극에서는 시와 상황으로 접근하라고 충고한다. 등장 인물은 그 자체로 존재하는 것이 아니라 시와 상황을 위해 존재한다는 것이다. 루이스는 19세기 낭만주의 시대부터 시작된 셰익스피어 극을 성격 중심으로, 심리주의와 정신 분석을 중심으로 하는 고답적인 비평 방법을 포기하고, 자신의 어린 시절 읽던 방식으로 돌아가고 있다.

유령 이야기는 언제나 흥미 있는 것이다. 루이스는 『햄릿』에서 극의 1막 1장 첫 부분부터 나타나는 유령의 문제를 제기한다. 『햄릿』이라는 극은 유령과 분리될 수 없고, 햄릿 왕자는 유령에 의해 임무가 부여된 사람이다. 등장 인물의 동기나 성격에 대한 추상적인 양식화에 반대하여 시의 맛과 냄새를 구체적으로 경험해야 한다. 『햄릿』에서 부왕의 유령은 그저 미신으로 쉽게 무시할 수 없는 것이다. 햄릿 왕자의 유명한 독백들은 모두 유령의 등장들과 깊은 관계가 있다.

루이스에 따르면『햄릿』의 주제는 "죽음"이다. 막이 내리기 직전에 이 극의 주요 인물들인 햄릿 왕자, 플로니어스, 오필리어, 숙부 왕, 재혼한 어머니 왕비, 오필리어의 오빠 라에르테즈 등 모두 죽는다. 어떤 의미에『햄릿』은 우리 모두에게 언젠가 닥치는 갑작스러운 죽음에 의한 불안과 염려의 분위기로 가득 차 있고,『햄릿』의 세계는 모든 사람이 길을 잃고 헤매는 세계이다. 햄릿 왕자는 계속 길을 읽고 헤매고 주저한다. 그러나 5막 2장에 가서야 자신의 길을 깨닫는다.

> 햄릿: 아주 상관없어. 우린 전조를 무시해. 참새 한 마리가 떨어지는 데도 특별한 섭리가 있잖은가? 죽을 때가 지금이면 아니올 것이고, 아니올 것이면 지금일 것이지. 지금이 아니라도 오기는 할 것이고, 마음의 준비가 최고야. 누구도 자기가 무엇을 남기고 떠나는지 모르는데, 일찍 떠나는 게 어떻단 말이냐? 순리를 따라야지. (최종철 옮김)

> Not a whit, we defy augury: there's a special providence in the fall of a sparrow. If it be now, 'tis not to come; if it be not to come, it will be now; if it be not now, yet it will come: the readiness is all. since no man has aught of what he leaves, what is't to leave betimes? (232-8)

『햄릿』과 같은 시극(poetical drama)에서 시는 묘사된 등장 인물의 일부분이 아니라 매체이므로,『햄릿』은 시로 읽어야 한다. 극작가 셰익스피어를 위대한 시인이라고 하지 않는가? 따라서 성격 비평은 잃는 것이 많다.

『햄릿』이 문학 작품으로서 위대성과 신비함(mystery)을 가지고 있다는 것은 누구나 다 인정한다. 이러한 미스터리 때문에 이 극은 재미있다. 재미를 주는 것이 예술의 첫 번째 의무가 아닌가? 그러나 성격 비평가들은 엉뚱한 데서 그 신비를 찾고자 하는 잘못을 저지르고 있다. 인간 상황의 지속적인 신비함이 이 극에 잘 담겨져 있다. 따라서 C. S. 루이스는 1930년대 셰익스피어 비평계를 풍미했던 시적 방법 또는 이미저리(imagery) 방법을 주장한 윌슨 나이트(Wilson Knight)와 캐롤라인 스퍼전(Caroline Spurgeon) 같은 학자들에 동조하고 있다. 어린아이나 고등 교육을 받지 못한 농부들처럼 『햄릿』에 등장하는 여러 가지 재미있는 요소와 장면들인 밤, 유령들, 가파른 절벽과 성, 개울(오필리아가 빠져 죽은), 묘지, 검은 상복을 입고 다니는 창백한 왕자 등에 주목하고 일단 작품에 몰입해서 즐기는 것이 독자들이 가장 먼저 해야 할 일이다. 이와 더불어 『햄릿』은 인물 중심이 아니라 위와 같은 상황 속에서 독자들이 상상력을 충분히 작동시켜 구체적인 시로 재미있게 읽어 내는 것이야말로 셰익스피어의 최고의 걸작인 『햄릿』을 읽는 올바른 방법이라는 것이 비전문가 루이스의 소박한 결론이다. 셰익스피어 전문 학자들이 루이스의 말을 들으면 쉽게 수긍할 수 없을 지도 모른다. 항상 문학 작품과 보통 독자와의 관계 정립을 중요시하는 루이스에게는 너무나 당연한 일이다. 루이스는 추상적 용어나 개념 그리고 어떤 이론 체계보다는 대상으로서의 작품을 의심하지 않고 있는 그대로 받아들이면서, 독자의 감정 이입을 통한 현상학적인 읽기 과정을 권장하고 있다. 루이스는 다른 곳에서 소위 문학 전공자나 연구자들은 자신들의 학술 논문 작성을 위해 작품 자체를 항상 분석이나 비평의 대상으로 삼아 작품 자체를 즐기며 향유하지 못하는 것을 비판하였다. 문학을 통해 우리는 타자되기를 경험하고 우리 자신을 확장시켜 세계와의 교류를 확대하는 것이다. 이것이 문학이 우리에게 주는 축복이라면, 문학 작품을 즐기지 못하는 일부 문학 전공자들은 저주를 받고 있는 셈이다.

존 밀턴: 영문학 최고의 기독 서사시 『실낙원』 새로 읽기

C. S. 루이스는 1961년에 간행된 『문학비평에서의 실험』에서 영국 문학사 최초의 기독 서사시인 『실낙원』을 쓴 존 밀턴(1608–1674)에 대한 견해를 다음과 같이 소개한 바 있다.

밀턴은 영향력 있는 비평가들에 의해 교수형에 처해졌다가 끌려 내려와 또 다시 능지처참되었다. 그러자 그런 비평가 사도들은 아멘이라고 복창하였다. 그 밀턴이 이제는 서서히 부활하는 것처럼 보인다(124쪽).

1960년대 들어서 밀턴의 작가로서의 지위가 조금씩 개선된 데에는 루이스가 1942년에 출간한 이 『실낙원 서문』이 기여한 바도 있을 것이다. 이 입문서는 총 19장으로 구성되어 있다. 1–8장은 『실낙원』의 서구 서사시 문학 전통 속에서 논하고 문체에 대한 언급을 덧붙임으로써 형식에 관한 논의가 진행된다. 9장부터 18장까지는 이 기독 서사시의 내용과 주제에 관한 논의가 이루어지고, 결론인 19장에서 마감된다.

루이스는 『실낙원』을 제대로 이해하려면 호메로스의 『일리어드』 이래 서양 문학의 오래된 전통인 "서사시"(epic)에 대해 공부해야 한다고 전제하면서, "서사시라는 문학의 역사는 우리가 『실낙원』을 읽는 데 있어 적어도 시인 밀턴의 전기만큼 도움이 될 것입니다."라고 선언한다(23쪽). 그는 밀턴이 『실낙원』을 쓰기 전에 서사시, 비극, 서정시 중 어떤 형식을 쓸 것인가를 고민했다고 지적하면서 다음과 같이 설명한다.

(A) 서사시

Ⅰ. (a) 장황한 서사시(호메로스, 베르길리우스, 타소)

(b) 간략한 서사시(〈욥기〉)

Ⅱ. (a) 아리스토텔레스의 규칙을 따르는 서사시

(b) 자연의 규칙을 따르는 서사시

Ⅲ. 소재 선택('노르만 정복 이전의 어느 왕이나 기사')

(B) 비극

(a) 소포클레스와 에우리피데스 모델을 따른 비극

(b) 〈아가서〉나 묵시록 모델을 따른 비극

(C) 서정시

(a) 그리스 모델을 따른 서정시('핀다로스와 칼리마코스')

(b) 히브리 모델을 따른 서정시(성경 율법서와 예언서에 줄곧 자주 등장한 노래들)

이 세 가지 모델 중에서 밀턴이 선택한 것은, 물론 서사시 형식이다. 그렇다면 서사시 형식 중에서도 누구의 어떤 모델을 사용 할 것인가?

이렇게 문제 제기를 한 후 루이스는 2장에서 과연『실낙원』에 관한 "비평은 가능한가?"라는 질문을 던지고 당시 학자와 비평가들의 밀턴 문학에 대한 무시와 무지에 대해 "문학계는 해체되어 서로 소통하지 않는 창문 없는 모나드의 집합으로 변합니다. 각 모나드는 저도 모르는 사이에 좁쌀만 한 자기만의 영토의 교황이자 왕으로 등극했습니다."라고 탄식했다(27쪽). 그러나 루이스는 곧 바로 3장에서부터 본격적인 서사시에 관한 논의를 시작한다. 일차적 서사시, 일차적 서사시의 기법, 일차적 서사시의 제재에 관하여 상술한다. 독자의 입장에서 보면 루이스가『실낙원』이해를 위해서 왜 이렇게 서사시에 관하여 장황하게 논의할까 의아할 정도이다. 그러나 6장은「베르길리우스와 이차시 서사시의 제재」에서 잠정적으로 밀턴이 자신의 야심작『실낙원』의 구성과 진행을 위해 로마 시인 베르길리우스의 로마 건국 신화를 토대로 쓴 『아이네이스』의 서사시적 전범을 따르기로 결정했다고 결론 내리고 그 의미에 대해 다음과 같이 덧붙였다.

> 우리가 또 다른 서사시를 갖게 된다면, 그것은 베르길리우스를 출발점으로 삼고 거기서 더 나아간 것이어야 합니다. … 『아이네이스』 이후 모든 서사시의 제재가 명백하게 종교적인 색채를 띠게 된 것은 베르길리우스가 정해 준 것입니다. 이제 남은 것은 거기서 더 발전해 가는 일뿐입니다(76쪽).

루이스는 "이차적 서사시의 문체"에 대해 논하면서, 밀턴이 자신의 서사시에서 웅장하고 고양된 문체를 사용하는 방식과 관련해 다음의 세 가지를 지적한다.

> ⑴ 의고체(擬古体)를 포함해 다소 낯선 단어와 구조를 사용
> ⑵ 고유 명사와 그 명사들이 화려하고 외지고 끔찍하고 육감적이거나 기념할 만한 대상들의 이름을 사용
> ⑶ 우리의 감각 경험에서 관심을 끄는 것의 온갖 출처(빛, 어둠, 폭동, 꽃, 보물, 성애 등)를 언급, 대단히 엄격한 분위기로 모든 것을 제어하고 관리함(78쪽)

루이스는 밀턴이 이러한 문체를 지속적으로 사용함으로써 『실낙원』을 읽는 독자들의 주의력을 유지할 수 있다고 보고 있다. 루이스는 밀턴이 복잡한 구문을 구사한다는 것과 그것이 끼치는 전반적인 효과를 다음의 예에서 보여 준다.

> 만일 그대가 그라면, 아, 너무나 추락했도다! 너무나 변했도다.
> 행복한 빛의 나라에서

더없는 광휘에 싸여 밝은 뭇별보다
찬란하게 빛나던 그대였건만! 만일 그대가 그라면,
한때는 동맹을 맺고 생각과 뜻을 합쳐
영광스런 대업을 위해
같은 희망으로 모험을 감행했으나,
이젠 같은 파멸에 빠져 불행을 함께하게 되었으니,
그대는 알리라, 얼마나 높은 데서 얼마나 낮은
구렁텅이로 떨어졌는가를.

If thou beest he; But O how fall'n! how chang'd
From him, who in the happy Realms of Light
Cloth'd with transcendent brightness didst outshine
Myriads though bright: If he Whom mutual league,
United thoughts and counsels, equal hope
And hazard in the Glorious Enterprize,
Joynd with me once, now misery hath joynd
In equal ruin: into what Pit thou seest
From what highth fall'n.

루이스에 따르면 밀턴은 『실낙원』에서 "원형적인 패턴들"인 "천국, 지옥, 낙원, 신, 악마, 날개 달린 용사, 벌거벗은 신부, 외계의 허공 등"에 관한 이미지를 사용하였다. 그리고 루이스는 밀턴이 이 서사시에서 사용한 문체에 대해 옹호한다. 밀턴이 웅장한 문체를 사용하는 것은 결국 독자들을 위한 것이고, 자신의 서사시에 참여하여 인간 타락으로 시작되는 이야기가 "모든 기독교계가 추는 거대한 춤"에 초대하는 것이다(111쪽). 밀턴은 우리가『실낙원』을 읽고서 "새로운 힘과 넓이와 밝음과 열정을 느끼고 세상이 달라졌음을 깨달아 고개를 들고 '세상에!'하고 말하는 어린 학생"이 되기를 원했던 것이다. 우리는 독자로서 어린아이처럼 밀턴이 이끄는 대로 따라간다면 결국 인간의 타락과 구원, 지옥과 천당, 그리스도와 사탄에 대한 확실한 그림을 그릴 수 있고 기독교의 인간의 타락과 구원이라는 세계 최고의 거대 서사에 참여할 수 있다.

루이스는 9장부터『실낙원』의 주제(내용)에 관한 논의를 시작한다. 그는 그 서사시의 내용을 이해하기 위해서는 무엇보다도 "역사적 상상력"이 필요하다고 전제한다(118, 131쪽). 이러한 역사 의식은 "변하지 않는 인간 마음"이라는 잘못된 보편성의 허구를 넘어설 수 있는 전략이다. 역사의식이란 결국 작가가 작품을 쓸 당시의 시대정신으로 돌아가는 것이다. 우리가 호메로스를 읽기 위해서는 기원전 8세기 그리스와 서사시『일리어드』에서의 그리스와 트로이의 전쟁이 실제 일어났던 몇 세기 전의 시대도 점검하는 것이 작품의 온전한 이해를 위해 큰 도움이 된다. 또한 루이스는 자신이 기독교인인 것이『실낙원』을 이해하는 데 커다란 이점으로 작용했다고 고백한다(120쪽).

루이스는 밀턴과 아우구스티누스를 비교하면서 밀턴의 서사시에서 타락 이야기는 결국 아우구스티누스의 이야기인 "기독교 전체의 이야기"라고 언명한다(121쪽). 그는 아우구스티누스와 아우구스투스주의자인 밀턴의 신학적인 핵심을 11가지로 정리한다.

(1) 하나님은 만물을 예외 없이 선하게 창조하였습니다.

(2) 우리가 악하다고 하는 것들은 선한 것들이 왜곡된 것입니다.

(3) 선은 악 없이 존재할 수 있으나 악은 선 없이는 존재할 수 없습니다. 선한 천사와 악한 천사의 본질은 같고 하나님을 붙들면 행복해지고 자기 자신을

붙들면 비참해집니다.

⑷ 하나님은 모든 피조물을 선하게 만드셨지만 그중 일부가 자발적으로 악해질 것을 미리 알고 계시고 그때 가서 그들의 악함을 선하게 사용하실 것도 미리 아십니다.

⑸ 만약 타락이 없었다면, 인류는 그 충만한 수까지 늘어난 후 천사의 지위로 격상되었을 것입니다.

⑹ 사탄이 아담보다 하와를 공격한 이유는 그녀가 아담에 비해 지력이 떨어지고 더 쉽게 믿는다는 것을 알았기 때문입니다.

⑺ 아담은 속지 않았습니다. 그는 아내의 말을 옳다고 믿지 않았지만 둘 사이의 관계 때문에 아내 말을 따랐습니다.

⑻ 타락의 본질은 불순종이었습니다.

⑼ 타락의 본질은 불순종이지만, 그 원인은 사탄의 경우와 마찬가지로 교만이었습니다.

⑽ 타락의 본질이 상급자에 대한 불순종이었기 때문에, 그에 대한 벌로 인간은 하급자에 대한 권위를 상실했습니다.

⑾ 인간의 신체가 인간에게 불순종함을 지금과 같은 모습의 성욕에서 분명하게 드러납니다.

루이스는 『실낙원』의 세계관(우주관)은 위계 질서를 갖춘 우주 개념이라고 보고 이 서사시를 올바르게 이해하기 위해 필수적이라고 강조한다(132쪽). 밀턴은 위계 질서에 대한 우주적 질서관을 이 서사시 전체에 "내주하는 생명"이며 "지복의 삶은 질서 잡힌 삶"(142쪽)이라고 전제하고서 다음과 같이 설명한다.

『실낙원』은 위계 원리를 마지못해 받아들인 사람이 아닌 그것에 매료된 사람

> 이 쓴 작품입니다. 전혀 놀랄 일이 아닙니다. 밀턴에 관하여 알려진 내용을 고려하면 그가 위계 질서에 매료되었을 것이라 짐작할 수 있고, 위계 질서가 그의 양심뿐 아니라 상상력에도 호소력을 발휘했을 것이며, 주로 그의 상상력을 통해 그의 양심에 영향을 주었을 것이라고 확실할 수 있습니다. 그는 단정하고 우아한 사람이고 '그리스도의 신부'이며 깔끔한 정원을 거니는 꼼꼼한 사람입니다. 문법학자요, 검객이며, 푸가를 특히 사랑하는 음악가입니다. 그가 아끼는 것들은 모두 질서, 균형, 측정, 총제를 요구합니다(143-4쪽).

루이스는 13장에서 『실낙원』에서 가장 논쟁 거리인 '사탄'에 관해 논하면서 "사탄을 밀턴의 영웅으로 보는 시각이 완전히 잘못된 것이라 생각한다."고 선언한다(168쪽). 그리고 사탄을 흠모하는 것은 "비참한 세계: 거짓과 선전, 헛된 바람의 세계, 끊임없이 자기 이야기만 늘어놓는 세계에 한 표를 던지는 일"이라고 천명하며, 사탄은 "하늘에서 섬기기보다 지옥에서 다스리는 것이 낫다."(182쪽)는 교만과 불순종의 결정을 내린 타락한 천사일뿐이라고 규정한다. 또한 제15장에서 루이스는 밀턴이 묘사한 천사들에 대한 오해 문제를 논하고, 제16장에서는 아담과 하와의 문제를 논하고, 제17장에서는 타락하지 않은 성에 관하여, 제18장에서는 타락에 관해 논하고 있으나 지면 관계상 생략한다.

이제 루이스의 제19장 결론에 다다랐다. 이 책은 1939년에 웨일즈의 방고르대학교에서 행한 매튜스 강좌에서 행한 특강으로 이루어진 것이다. 루이스는 이 강연의 목적을 주로 『실낙원』의 감상을 가로막는 장애물을 제거하고 이 서사시의 가치를 전체적으로 간략하게 평가해 보는 것이라고 언명한다(225쪽). 루이스는 이 결론의 장에서 『실낙원』의 약점과 문제점들을 제시하고 답변하고 있다.

(1) “『실낙원』은 심각한 구조적 결함을 가지고 있습니다.”라는 비판에 대해 루이스는 “밀턴의 재능이 일시적으로 그를 따라 주지 않았다고 하는 선에서 만족해야 합니다.”(226쪽)라고 답변한다.

(2) “밀턴이 묘사한 성부 하나님의 모습이 만족스럽지 않다는 사람들이 늘 있었습니다.”라는 비판에 대해 그는 긴 변론을 하고 난 뒤 “그러나 저는 밀턴이 하나님을 그렇게 엉망으로 그려냈다고 생각하지는 않습니다. 오히려, 썩 나쁘지 않게 해냈다고 봅니다.”(232-3쪽)라고 대답한다.

루이스는, 밀턴에 대한 부정적인 비평의 배경이 “문학적인 현상이라기보다는 혁명적 정치와 도덕률 폐기론적 윤리와 인간에 의한 인간 숭배가 문학에 드리운 그림자”(233쪽)때문이고, 많은 비평가들이 “그 중심 테마에 대한 증오와 무지로 인해 터무니없는 이유로 『실낙원』을 칭찬하거나 비판했(다고) … 밀턴의 예술적 역량이나 그의 신학을 문제 삼는 식으로 화풀이 했다.”(234쪽)고 보았다. 총 결론의 자리에서 루이스는 밀턴에 대한 부정적 비평자들을 세 가지로 분류하고 모두 끝낸다.

(1) 가장 질이 낮고 경멸한 부류는 두려움과 질투 때문에 밀턴을 싫어할 수 있습니다.

(2) 훨씬 더 훌륭한 독자군이 『실낙원』을 싫어하는 이유는 특정한 리얼리즘에 사로잡혀 있기 때문입니다.

(3) 장벽 안에 들어올 수 없어서 장벽 바깥에 있는 야만인들도 있습니다(235-240쪽).

지금까지 C. S. 루이스는 영국 문학사상 최초로 밀턴의 기독 서사시 『실낙원』에 대한 형식, 구조, 문체에 대한 역사적 접근과 분석, 그리고 이 서사시의 내용에 관한 다양하고 상세한 설명을 가하고 있다. 우리 시대에 밀턴 문학을 비판하는 경향에 대한 배경과 그 자신의 해명은 이제 일반 독자들도 서사시로 『실낙원』을 다시 읽고 즐기면서 웅장하고 숭고하게 구성된 기독교의 기본 강령들로 다시 되새길 수 있게 된 것이 아닐까?

나가며: 문학 비평가 루이스의 올바른 타작(打作)을 향하여

글을 마무리하면서 필자는 C. S. 루이스의 문학 비평의 특징들에 관하여 생각해 보고자 한다. 첫째로 루이스는, 철저하게 영국 문학 비평의 전통 안에 있는 '경험론적 비평가'이다. 시인으로 별로 성공하지 못했지만 소설가로서는 크게 성공한 루이스는 영문학 비평의 특징인 시인 · 비평가(poet critic) 전통의 반열에 들어가는 비평가이다. 영문학 비평사에서는 17세기 존 드라이든(John Dryden), 18세기 사무엘 존슨(Samuel Johnson), 19세기 S. T. 콜리지(Coleridge), 20세기 T. S. 엘리엇(Eliot)과 같이 순수 이론가보다는 창작을 겸한 비평가가 높은 평가를 받고 있다. 루이스는 어떤 문학 이론이나 비평 유파에 따르기보다 독자로서의 자신의 경험을 토대로 두고 구체적인 비평적 문제들을 논의한다. 둘째로 루이스는, 무엇보다도 문학 작품 자체의 구성 원리에 초점을 맞추고 있다. 그는 그 작품을 창작한 시인 작가에 대한 잡다한 지식과 정보보다는 오로지 작품 텍스트에 집중한다. 따라서 그는 비평에서 작가를 중시하는 것은 "개인적 독단"(personal heresy)이라고 부르며 비판한다. 이와 연계해 셋째로 루이스는, 작품의 토대인 언어의 다양한 문체 그리고 수사학적 측면에 주의를 기울이는 문헌학(philology)에 대한 탁월한 능력을 가졌다. 넷째로 루이스는, 그리스와 로마 등 서양 고전 문학자로서의 해박한 지식을 바탕으로 비교 문학적인 방법을 자연스럽게 도입하고 있다. 논의의 대상인 어떤 작가를 다른 작가들과의 맥락 속에서 논의하기 때문에 그의 비평적 논의에서는 자연스럽게 역사적 조망을 가지게 된다. 루이스는 다시 말해 역사 의식과 역사적 상상력으로 잘 무장된 비평가이다. 비평가로서 루이스가 지닌 이러한 네 가지 장점들은 루이스를 능력 있는 비평가로 만들 뿐 아니라 영국 문학 비평사에서 확실한 위치를 점할 수 있게 했다.

끝으로 중세와 낭만주의를 좋아했던 루이스는 무엇보다도 신화와 환상(fantasy)에 큰 관심을 가지고 상상력의 중요성을 항상 강조했다. 동시에 그는 철학 전공자답게 이성과 합리성을 결코 무시하지 않았다. 루이스의 모든 글에는 항상 이성과 상상력이 서로 만나 대화적 구조를 이뤘다. 그는 양극단을 피하며 언제나 조화와 중용의 길을 선택했다고 말할 수 있다. 이러한 모든 면에서 영국인들 특유의 "균형 속의 견제"(balance and check)의 사유 방식을 루이스도 공유하고 있다. 일반적으로 영국인들의 정치, 종교, 문화 등의 모든 영역에서 경험주의에 뿌리를 두고 있는 이러한 대화적 상상력이 작동된다고 볼 수 있다.

이 개론적인 글에서 필자가 거의 다루지 못한 부분들이 있다. 우선 영문학자와 문학 비평가인 루이스가 지닌 그의 다른 영역, 즉 소설가로서 그리고 기독 변증학자와 대중 신학자로서와의 상관관계에 관한 논의이다. 이 논의는 루이스의 전작을 모두 읽고 난 뒤에야 가능할 것이지만 반드시 이루어져야 할 일이다. 그래야 루이스의 전모를 통합적으로 이해하게 될 수 있기 때문이다. 그 다음 과제로는 이 글에서 전혀 다루지 못한 영문학 비평사에서 다른 주요 비평가들과 관계를 정립하는 일이다. 그런 다음에야 정통 영문학 비평사에서 거의 주목을 받지 못하고 있는 비평가로서의 C. S. 루이스의 위상이 드러날 것이다. 마지막으로 탐구해야 할 과제는 중세 르네상스 영문학자로서 루이스가 다르게 정의한 바 있는, 그동안 거의 "암흑의 시대"로 무시되었던 1000년간의 "중세"(Middle Age)에 대한 새로운 조명이 필요할 듯하다. 특히 최근에 새롭게 논의되고 있는 "신중세"(新中世)론과 우리 시대의 "탈근대"와 연계된 논의에도 응분의 관심을 기울여야 한다고 본다.

이 글을 마무리하면서 필자는 잠정적이나마 C. S. 루이스의 문학 비평에서 기독교인인 우리가 배워야 할 것이 무엇일까 생각해 보았다. 루이스는 비평의 기초 단계인 올바른 독서 방법에 많은 관심을 가지고 있음을 이미 살펴보았다. 루이스의 관심사는 언제나 작품과 독자 사이의 바람직한 관계 설정이었다. 여기에서 우리는 성경을 읽을 때에도 루이스처럼 읽기를 생각해 볼 수 있겠다. 우선 하나님과의 인격적 관계를 만들고, 말씀을 어린아이처럼 단순하고 순수한 마음으로 일단 있는 그대로 읽고 이해하는 것. 그 다음 하나님의 꿀맛 같은 말씀의 가능한 많은 생명의 말씀을 암송하고 즐기는 것. 여기에서 더 나아가 하나님이 육화(肉化)된 말씀을 우리 삶에 구체적으로 적용하여 나의 삶을 바꾸어 하나님 사랑과 이웃 사랑을 실천하는 것이다. 복음을 땅 끝까지 전하면서 우리 자신이 언제나 거듭 태어나 새로운 변화된 삶을 살아간다면, 주님의 기도문에서처럼 "지금 여기의" 이 땅을 하나님 나라로 만드는 작업에 동참하는 은혜를 받을 수 있다. 루이스는 우리가 문학 작품을 읽는 궁극적 목적이 결국 우리 마음을 고양시키고 시야를 넓혀서 우리 자신이 변화되고 세상을 변화시키는 상상력의 교육을 강조하지 않았던가?

참고문헌

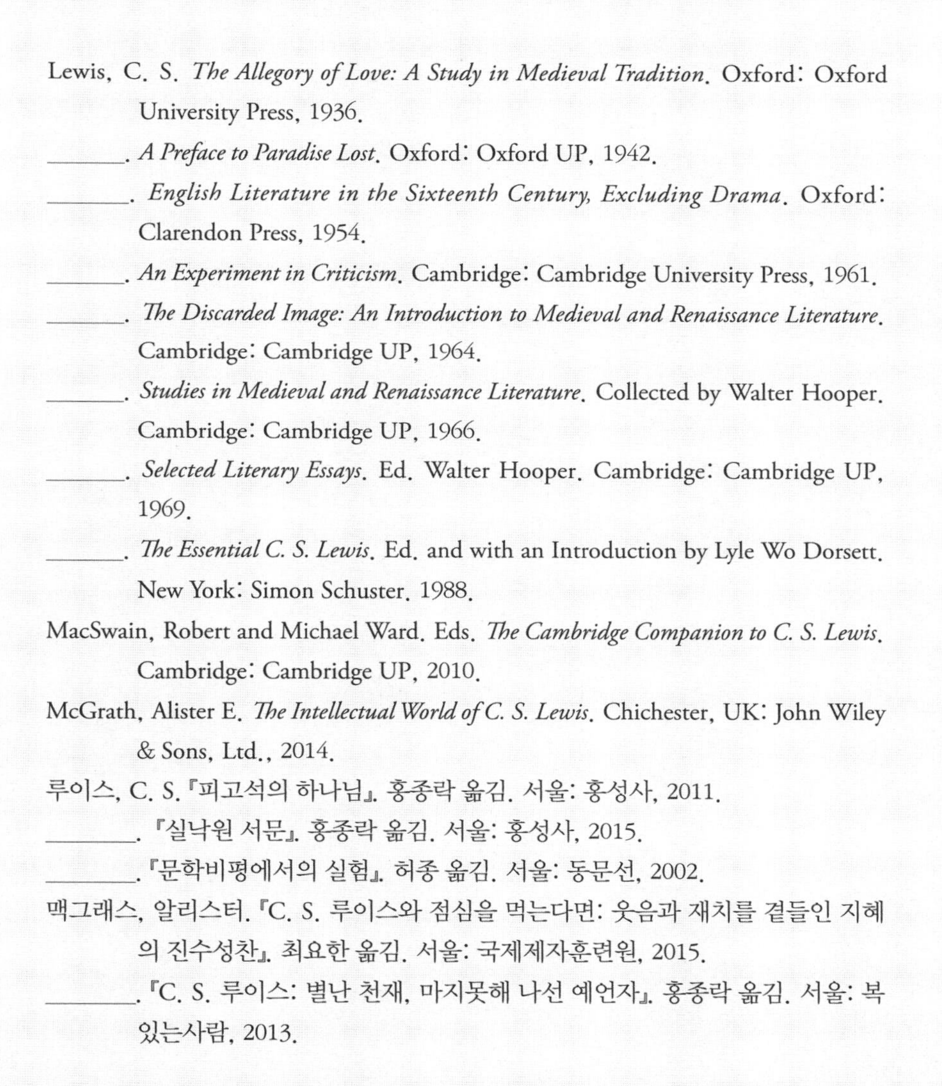

Lewis, C. S. *The Allegory of Love: A Study in Medieval Tradition*. Oxford: Oxford University Press, 1936.

______. *A Preface to Paradise Lost*. Oxford: Oxford UP, 1942.

______. *English Literature in the Sixteenth Century, Excluding Drama*. Oxford: Clarendon Press, 1954.

______. *An Experiment in Criticism*. Cambridge: Cambridge University Press, 1961.

______. *The Discarded Image: An Introduction to Medieval and Renaissance Literature*. Cambridge: Cambridge UP, 1964.

______. *Studies in Medieval and Renaissance Literature*. Collected by Walter Hooper. Cambridge: Cambridge UP, 1966.

______. *Selected Literary Essays*. Ed. Walter Hooper. Cambridge: Cambridge UP, 1969.

______. *The Essential C. S. Lewis*. Ed. and with an Introduction by Lyle Wo Dorsett. New York: Simon Schuster. 1988.

MacSwain, Robert and Michael Ward. Eds. *The Cambridge Companion to C. S. Lewis*. Cambridge: Cambridge UP, 2010.

McGrath, Alister E. *The Intellectual World of C. S. Lewis*. Chichester, UK: John Wiley & Sons, Ltd., 2014.

루이스, C. S.『피고석의 하나님』. 홍종락 옮김. 서울: 홍성사, 2011.

______.『실낙원 서문』. 홍종락 옮김. 서울: 홍성사, 2015.

______.『문학비평에서의 실험』. 허종 옮김. 서울: 동문선, 2002.

맥그래스, 알리스터.『C. S. 루이스와 점심을 먹는다면: 웃음과 재치를 곁들인 지혜의 진수성찬』. 최요한 옮김. 서울: 국제제자훈련원, 2015.

______.『C. S. 루이스: 별난 천재, 마지못해 나선 예언자』. 홍종락 옮김. 서울: 복있는사람, 2013.

Appendix 1

Engaging Reason and the Imagination: Reflections on the Importance of C. S. Lewis for Theology and Ministry

Prof. Alister McGrath

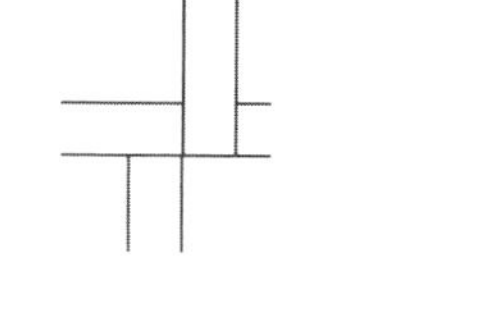

Engaging Reason and the Imagination: Reflections on the Importance of C. S. Lewis for Theology and Ministry

Professor Alister McGrath[1]

Abstract | This lecture opens by considering Lewis's history, focussing particularly on the reasons why he moved from atheism to Christianity. The lecture then focusses on aspects of Lewis's thought which are particularly significant for both academic theology and Christian ministry, including: 1) Lewis's view of Christianity as a 'big picture' of reality; 2) Lewis's use of stories, and its importance for preaching; 3) Lewis's apologetic method, including his 'argument from desire'; and 4) Lewis's analysis of how we can learn from and use the resources of the past.

It is a very great pleasure to be with you here in Korea, and to speak on C. S. Lewis and his relevance for theology and ministry. Lewis and I have some things in common: we were both born in the city of Belfast, and we were both atheists who discovered Christianity at Oxford University. I would like to begin this lecture

1 Andreas Idreos Professor of Science and Religion, University of Oxford, UK; Director of the Ian Ramsey Centre for Science and Religion; Fellow of Harris Manchester College

by explaining to you how I discovered C. S. Lewis, and came to have such a great appreciation for his writings and his thought. As many of you will know, I was an atheist when I was a younger man. I took the view that Christianity was outdated and irrelevant, and that it would soon disappear from the cultural landscape. One reason for my atheism was my interest in the natural sciences. It seemed clear to me that I had to be an atheist if I was going to be a good scientist. But another reason was that I could not see that Christianity possessed any intellectual or imaginative power.

After leaving high school, I went to Oxford University to study the natural sciences – especially chemistry – and began to realise that my earlier assumption that the sciences required atheism was very shallow and unsatisfactory. I began to realise that science and faith could be held together in a constructive and deeply satisfying way. I also began to realise that I had failed to understand what Christianity was all about. I had considered it simply as a set rules I needed to obey, and a set of beliefs that I needed to accept. I failed to appreciate that there was some living reality at its heart which, when properly understood, changed the way I behaved and the way I thought. I also began to realise that atheism was actually a belief system – a faith. When I was an atheist, I could not prove that there was no God. My position was therefore one of believing there was no God, but being unable to demonstrate conclusively that this was the case. And so in one sense my conversion to Christianity was about moving from one faith system – atheism – to another!

As I began to reflect on Christianity, having grasped something of its richness and relevance, I began to realise that I would need help in deepening my understanding of Christianity, and making connections between my new faith and my love for the natural sciences. I was very fortunate to encounter many leading scientists at Oxford University who were Christians, and who shared with me the ways in which they personally created links and connections between their faith and their scientific commitments. But I found it difficult to find Christians who had gone deep into their faith. For example, I was unable to find Christians who could help me to understand what the doctrine of the Trinity really meant, why it was important, and how to handle the apparent intellectual tensions that the idea of God as three–in–one seemed to create.

Then in February 1974 I discovered C. S. Lewis. Some of my friends, who found it difficult to answer some of the questions I was asking about Christian doctrines like the Trinity, suggested I should read Lewis, as they felt he had some good answers to the questions I wanted to explore. At this stage, I knew very little about C. S. Lewis. I knew he had written a children's book which had something to do with lions and wardrobes – but that was all I knew about him. However, encouraged by my friends, I began to read him. I found in Lewis someone who wrote beautifully and clearly, who seem to have anticipated many of the questions I was asking, and offered me answers which I found satisfying and helpful. And so my love affair with C. S. Lewis began, and it continues to this day. As many of you will know, I marked the occasion of the 50thanniversary of Lewis's death in 2013 by publishing a new biography of this remarkable man. So it is a pleasure to be able to speak to you about why he is so interesting and significant in this lecture.

Let me explain to you the structure of this lecture. I shall begin by considering Lewis's history, focussing particularly on the reasons why he moved from atheism to Christianity. I will then move on, and considers some aspects of Lewis's thought which are particularly significant for both academic theology and Christian ministry, including:

1) Lewis's view of Christianity as a 'big picture' of reality;
2) Lewis's use of stories, and their importance for preaching;
3) Lewis's apologetic method, including his 'argument from desire'; and
4) Lewis's analysis of how we can learn from and use the resources of the Christian past.

Let me begin by telling you something about C. S. Lewis, and how he moved from his early atheism to his mature Christianity. Clive Staples Lewis (to use his full name) was born in the Irish city of Belfast on 29 November 1898, entering into a changing political world increasingly shaped by the growing influence of Irish nationalism. A close relationship developed between Clive and his elder brother, Warren. In 1905, the family moved to a large new house in Belfast. Lewis's earliest memories of this house were of large quantities of books, scattered throughout its bedrooms and corridors. Both his father and mother read widely, and Lewis found that he was free to roam and read as he pleased. When his brother left home to go to school in England, Lewis found comfort in reading, developing a vivid sense of imagination and longing. Literature seemed to him to be a gateway to another world.

Lewis's mother died of cancer in August 1908, bringing the innocence and security of his childhood to an end. Unwisely, Lewis's widowed father decided to send his younger son away from home, to be educated at boarding schools in England. As Lewis's autobiographical narrative in *Surprised by Joy* makes clear, he found life at these schools somewhat difficult. In the end, realizing how unhappy his son had become, Albert Lewis decided that his only option was to have his son taught privately. Lewis was sent to study with William Kirkpatrick, a retired schoolteacher who had once been Albert Lewis's headmaster, who now lived in the southern English county of Surrey.

It was a good decision. Lewis flourished in this new environment. Kirkpatrick introduced Lewis to the Oxford tutorial model, forcing him to develop and defend his views in sustained conversation. Lewis's experience with Kirkpatrick was educationally formative. Thanks to Kirkpatrick's astute mentoring, Lewis won a scholarship to University College, Oxford to study classics in December 1916. By this time, Lewis had become a trenchant, even strident, atheist. Lewis's letters to his close friend Arthur Greeves during this period make it clear that this was not an adolescent reaction against the faith of his parents, but an informed rejection of belief in God based on arguments that Lewis believed to be unanswerable.

By now, the First World War was in its third year. Lewis took the decision to volunteer to serve in the British Army. He went up to Oxford University in April

1917 to study classical Greek and Latin, literature, while at the same time training for military service. In November 1917, Lewis was commissioned as a second lieutenant in an infantry regiment, and deployed to northern France.

His wartime experiences reinforced his atheism. Lewis had ambitions to be a poet, and his poetry of the period protests against a silent and indifferent heaven. Several months later, Lewis was wounded and sent home to England to recover. He was demobilized in December 1918, and resumed his academic studies at Oxford University in January 1919, joining many other young soldiers who had survived the war, and were now trying to return to living a normal life.

Lewis proved to be an outstanding student. Kirkpatrick's mentoring ensured he could hold his own in tutorials, and had given him a deep grasp of both Latin and Greek, allowing him to study the history, literature and philosophy of the ancient world from the original texts. He was awarded first class honours in classics. Realizing that he needed to widen his academic competency in order to secure a teaching position at Oxford, he gained first class honours in English Language and Literature in 1923, compressing two years of studies into a single year.

Lewis was appointed to a temporary lectureship in philosophy at University College for the academic year 1923-4, before being appointed to a tutorial fellowship in English Language and Literature at Magdalen College, Oxford, in 1925. Lewis became a member of the Oxford University Faculty of English Language and Literature, where he developed a growing friendship with J. R. R. Tolkien, playing a key role in encouraging Tolkien to complete and publish the 'romantic trilogy' now known as *The Lord of the Rings*. Tolkien was looking for a sympathetic reader to help him develop his writing skills, and found Lewis to be his best – and often his only – literary advisor.

Although Lewis was still an atheist when he took up his fellowship at Magdalen College, he was clearly experiencing doubts about the intellectual coherence and spiritual adequacy of this position. There are signs that he was prepared to consent (though with considerable reluctance) to the possible existence of some abstract notion of God by around 1920; nevertheless, his conversion to theism involved realizing that God was an active agent, not simply an explanatory principle.

During the 1920s, Lewis came to see atheism as intellectually uninteresting as stifling the life of the imagination. The world of the logically provable was inadequate and unsatisfying. Lewis became convinced that there had to be more to life than this. He found that two forces seemed to be at war within his soul: a plausible yet dull rationalism and a risky yet potentially exhilarating faith. These words from his autobiography *Surprised by Joy* (1955) sum up the dilemma he faced at this time:

On the one side, a many-islanded sea of poetry and myth; on the other, a glib and shallow rationalism. Nearly all that I loved I believed to be imaginary; nearly all that I believed to be real I thought grim and meaningless.

These lines of thought provoked Lewis to reconsider the rationality of belief in God, and eventually to embrace Christianity.

Although Lewis's conversion is traditionally dated to the summer of 1929, it is my view that the evidence indicates that this change of belief dates from the following year, 1930. However, I do not think that we need to know the precise date of his conversion to understand his significance! Following his discovery of God in 1929 or 1930, a further development took place, partly as a result of a 1931 conversation with J. R. R. Tolkien over the role of narratives in making sense of the world. Lewis now moved from a generalized belief in God to embrace Christianity. While the timescale of this second phase of Lewis's conversion remains frustratingly unclear at points, this process of intellectual realignment was essentially complete by the summer of 1932, when he returned to his home city of Belfast to write The Pilgrim's Regress, an allegorical account of his own journey to Christian faith, along with some reflections on its implications.

Lewis's conversion to Christianity, which he later described in *Surprised by Joy*, initially had little impact on his academic career. His first academic book – *The Allegory of Love* (1936) – was well received, winning the Sir Israel Gollancz Memorial Prize in 1937. The publication of this work marked the beginning of Lewis's rise to academic fame, sealed with his magisterial *English Literature in the Sixteenth Century* (1954) and his election as a Fellow of the British Academy.

Yet Lewis's academic reputation at Oxford was damaged during the 1940s by his decision to write popular works dealing with issues relating to Christian apologetics. Lewis's first work of popular apologetics, *The Problem of Pain* (1940) probably did Lewis's reputation little harm, and may actually have enhanced it. *The Screwtape Letters* (1942), however, irritated many of his colleagues. Yet many admired Lewis's more accessible writings, and encouraged him to write more. Lewis was not so much a populariser as a translator of theology – an apologist who was able to give a good account of the rationality of the Christian faith, and state its core themes in a language that was accessible outside academic circles. The British Broadcasting Corporation invited him to give a series of talks during the Second World War in 1942 which proved so successful that they led to three further series. Lewis eventually published these, with some minor changes, as *Mere Christianity* (1952), now generally considered to be his most influential non-fiction work. Lewis achieved celebrity status in the United Kingdom during the Second World War, and in the United States shortly afterwards.

This fame might have faded away, had Lewis not developed a quite unexpected line of writing, which took most of his close friends and family by surprise. In October 1950, the first of the seven *Chronicles of Narnia* appeared. *The Lion, the Witch, and the Wardrobe* became a children's classic, showing Lewis's remarkable facility to engage the imagination, and use it as a gateway for theological exploration – most notably, in relation to the notion of incarnation. Aslan, the great and noble lion of Narnia, became one of the most firmly established literary characters of the twentieth century.

Yet by the time the final novel in the series – *The Last Battle* – was published in 1956, Lewis had moved on from Oxford University. Lewis had been elected as the first holder of the University of Cambridge's newly established Chair in Medieval and Renaissance Literature. Although Lewis returned to his Oxford home at weekends, he spent weekdays during university term at Cambridge in his rooms at Magdalene College. After his move to Cambridge, Lewis wrote rarely in an explicitly apologetic mode, preferring to supplement his academic writings with more popular works exploring aspects of the Christian faith for the benefit of believers – such as *Reflections on the Psalms* (1958) and *The Four Loves* (1960). The death of Lewis's wife, Joy Davidman, from cancer in 1960 prompted Lewis to write, under a pseudonym, a short book entitled *A Grief Observed*, which is now often cited as one of the finest accounts of the grieving process.

By June 1963, it was clear that Lewis himself was very unwell. Long-standing problems with his prostate gland had become more serious, with renal complications developing which placed his heart under strain. Lewis accepted the inevitable, resigning from his Cambridge chair, and discussing his death openly with his correspondents. He died at his Oxford home in the early evening of 22 November 1963, the same day on which President John F. Kennedy was assassinated in Dallas, Texas. Lewis is buried in the churchyard of Holy Trinity Church, Headington Quarry, Oxford, where he worshipped every Sunday.

Following Lewis's death in 1963, his popularity and influence declined, partly reflecting the rapid changes in western culture during the 1960s. Lewis himself had taken the view that his writings would fade into obscurity within five years of his death, and had no expectations of remaining a long-term presence on the literary or religious scene. Yet he was wrong. By 1980, Lewis had bounced back. Questions of meaning became important again in western culture. Religion, dismissed as an outmoded irrelevance in the 1960s, began to become an increasingly significant force in private piety and public life in the United States. Lewis enjoyed a resurgence. For many, his renewed appeal lay in his imaginatively winsome *Chronicles of Narnia*, especially *The Lion, the Witch, and the Wardrobe*, now regularly cited as one of the best children's books of the twentieth century.

Others point to his rational defence of Christianity in *Mere Christianity* as reassuring many of the intellectual credentials of their faith. Lewis's popularity reflects his remarkable ability to communicate orthodox theological ideas in culturally accessible forms. His appeal to the imagination secured a new lease of life for religious ideas and values in a post-rationalist western culture. Yet whatever the explanations for Lewis's continuing popularity and influence may be, it is a simple fact that, more than a generation after his death, Lewis's works are now more popular than at any point during his lifetime.

Lewis is popular for some very good reasons. He is an elegant and engaging writer, who offers some helpful and stimulating reflections on Christianity. So let us consider the four aspects of Lewis's thought that I believe remain helpful to Christian pastors and theologians today.

Lewis's view of Christianity as a 'big picture' of reality.

So we come to the first major aspect of Lewis's thought that I believe is relevant to theology and ministry today – Lewis's view of Christianity as a 'big picture' of reality. We find this idea expressed at many points in his works, but perhaps most famously in the concluding sentence of a paper he read at the Socratic Club in Oxford in 1945:

I believe in Christianity as I believe that the Sun has risen, not only because I see it, but because by it, I see everything else.

This beautifully crafted sentence acts as both the conclusion and the climax of Lewis's remarkable paper, entitled 'Is theology poetry?'. Lewis's fundamental intention here was to affirm the conceptual capaciousness of the Christian faith, which is able to 'fit in' science, art, morality and other religions.

Some would argue that Christianity is fundamentally about salvation, and the transformation of the lives of individuals and communities. This point needs to be taken very seriously. Yet it cannot be overlooked that part of this transformation is the emergence of a new way of thinking about the world – of seeing our universe, and our place within it. We might think of Paul's great injunction to his readers to be actively 'transformed by the renewal of your minds' rather than being passively 'conformed to the world' (Romans 12:2), or his concept of the 'mind of Christ.' And as an atheist turned Christian, Lewis was convinced of the apologetic need to set out the intellectual and imaginative appeal of Christianity to our wider culture. And this requires intelligent reflection on the content and practice of faith.

Lewis stands in a long tradition of Christian writers who have highlighted the capacity of Christianity to illuminate reality and help us understand what life is all about. For Lewis, an informed understanding of Christianity provides both clarification of what we ought to be doing, and a motivation to do it. As Lewis pointed out in his discussion of the 'Christian hope', what might be seen by some as theological escapism actually turns out to be empowering. 'The Christians who did most for the present world were just those who thought most of the next.'

Lewis here sets out a theme that became increasingly important to him during the 1920s – the need for a worldview that was capable of coping with the complexity of our world outside us and our experience within us. While still an atheist, Lewis noted that he found leading writers of the 1920s, such as George Bernard Shaw and H. G. Wells, to be 'a little thin' and lacking depth. He felt that the 'roughness and density of life' did not seem to be adequately represented in their works. The Christian poet George Herbert, however, seemed to Lewis to excel 'in conveying the very quality of life as we actually live it'. Yet as an atheist at this stage, Lewis was puzzled why Herbert used Christianity as a lens through which to make sense of his world. Maybe Herbert has discovered something about Christianity that he had failed to see.

Lewis became one of the most outspoken defenders of the rationality of the Christian faith during the twentieth century. Lewis's distinct approach was to argue that a 'viewpoint' which was derived from the Bible and the Christian tradition was able to offer a more satisfactory explanation of common human experience than its rivals – especially the atheism he had once himself espoused. His main criterion in making this evaluation was the ability of a way of thinking to take in our observations and experiences.

As we shall see later in this lecture, Lewis's apologetic approach generally takes the form of identifying a common human observation or experience, and then show how it fits in, naturally and plausibly, within a Christian way of looking at things. Lewis held that Christianity provided a 'big picture' of reality, an intellectually capacious and imaginatively satisfying way of seeing things which helped to make sense of what we observe or experience. For example, Lewis argues that the common human experience of a sense of moral obligation is easily and naturally accommodated within a Christian framework. He also argues that the human sense of longing for something that is really significant, yet which proves frustratingly difficult to satisfy, is a 'clue' to humanity's true fulfilment lying with God.

In my own case, I stopped being an atheist while I was a student at Oxford University, partly because of my growing realization of the intellectual over-ambition of the form of atheism I had earlier accepted, but also as I came to realize that Christianity offered a better way of making sense of the world I observed around me and experienced within me. It provided a conceptual framework that brought my world into focus. It confronted the ambiguity of our world and human existence, and offered a way of making sense of what often seemed to be a senseless world. Mine was an intellectual conversion, lacking any emotional or affective dimension.

Yet it was not so much that this or that individual aspect of Christianity seemed of especial importance to me; it was its overall vision, rather than its constituent parts, that lay at the heart of its appeal. As the American philosopher W. V. O. Quine suggested some time ago in his landmark essay 'Two Dogmas of Empiricism', what really matters is the ability of a theory as a whole to make sense of the world. G. K. Chesterton, a British apologist who made a deep impression on Lewis, made much the same point in his famous 1903 essay 'The Return of the Angels.' In this essay, Chesterton pointed out that it was not any individual aspect of Christianity that was persuasive, but the overall big picture of reality that it offered. After a period of agnosticism, Chesterton found himself returning to Christianity because it offered an intelligible picture of the world. For Chesterton, it is the Christian vision of reality as a whole – rather than any of its individual components – that proves compelling. Individual observations of nature do not 'prove' Christianity to be true; rather, Christianity validates itself by its ability to make sense of those observations. 'The phenomenon does not prove religion, but religion explains the phenomenon.' As we shall see in the third section of this lecture, Lewis takes up and develops this approach in his apologetic writings.

Lewis's use of stories, and their importance for preaching.

Let me now turn to my second theme – the importance of stories. Human beings tell stories to make sense of our individual and corporate experience – whether this 'sense-making' is framed in political, religious or more general terms – and to transmit these ideas within culture. Narratives provide a natural way of organizing, recalling, and interpreting experience, allowing the wisdom of the past to be passed on to the future, and helping communities gain a subjective sense of social or religious identity and historical location.

But why do we tell stories in this way? Why are we story-telling and meaning-seeking animals? If story-telling is a fundamental human instinct, what story can be told to explain our propensity to tell stories? The Swiss psychoanalyst Carl Jung famously suggested that there were certain 'universal psychic structures' which underlie human experience and behavior – an idea which was taken up in Joseph Campbell's famous account of the fundamental plotlines of stories, such as the 'myth of the hero.' Campbell developed the notion of a 'monomyth' – the idea all mythic narratives are basically variations on a single great story, so that a common pattern can be discerned beneath the narrative elements of most great myths. This basic idea has proved deeply influential within the film industry, and has created popular interest in seeing how successful movie plotlines often conform to Campbell's basic ideas.

Yet a Christian answer can also be given to the question of why we tell stories, which is grounded in the notion of humanity being created by God and bearing the 'image of God'. For both Lewis and J. R. R. Tolkien, our natural inclination and capacity to create stories such as the great fantasy epic of *the Lord of the Rings* are the result of being created in the 'image of God.' Tolkien put it like this:

Fantasy remains a human right: we make in our measure and in our derivative mode, because we are made: and not only made, but made in the image and likeness of a Maker.

Tolkien argues that we create stories which are ultimately patterned on the 'Grand Story' of God. For Tolkien, one of the great strengths of the Christian narrative was its ability to explain why human beings tell stories of meaning in the first place. The Christian gospel enfolded and proclaimed what he called 'a story of a larger kind', which embraced what he found to be good, true, and beautiful in the great myths of literature, expressing it as 'a far-off gleam or echo of *evangelium* in the real world.' Lewis develops a similar account of the imaginative power and conceptual richness of stories in several of his essays, most notably the three papers 'Myth became Fact' (1944), 'Is Theology Poetry?' (1945), and 'On Stories' (1947). The basic principles set out in these essays are, of course, put into practice in *The Chronicles of Narnia*, which we shall explore further later in this lecture.

We find a similar approach in Dorothy L. Sayers, an important member of Lewis's circle of scholarly friends. In her 1941 work *Mind of the Maker*, Sayers sets out her own distinct view of the 'image of God' in humanity as a kind of imaginative template, which predisposes human beings to think and imagine in certain ways. The same 'pattern of the creative mind' is evident in both theology and art. Sayers held that the pattern of human creative processes 'correspond to the actual structure of the living universe,' so that the 'pattern of the creative mind' is an 'eternal Idea' that is rooted in the being of God. Stories thus express something profound about who we are – which in turn expresses something of the God who created us in this manner.

So let us turn to Lewis, and see how he uses stories in his writings. In a perceptive and sympathetic account of Lewis's use of stories, entitled 'Theology in Stories,' the American theologian Gilbert Meilaender focusses on what he believes to be Lewis's most important achievement: showing how stories help us step inside another way of seeing our world – the Christian way of seeing ourselves and this world. Meilaender suggests that this is aspect of Lewis's thought is seen at its best in the *Voyage of the Dawn Treader*, as Lewis relates how Lucy Pevensie discovered a book that seemed to bring her close to, if not directly into contact with, something of ultimate significance that lay beyond time. Here is what Meilaenderhas to say about this:

[Lewis] tells stories which expand the imagination and give one a world within which to live for a time. Like Lucy, the reader can almost forget he is reading a story at all and can be living in the story as if it were real. Lewis offers not abstract propositions for belief but the quality, the feel, of living in the world narrated by the biblical story.

So how does Lewis use narratives to help us do theology? How can we use stories to communicate theology in our sermons? Let me give an example, to help you see how helpful Lewis can be. The figure of Jesus Christ stands at the heart of the Christian faith – a person who is to be known and adored, rather than being merely the object of theological analysis and dissection. The central Christian idea of the incarnation declares that 'the Word became flesh, and dwelt among us' (John 1:14). This act of divine incarnation is seen as disclosing God's compassion and care for both the world and humanity, and making possible a transformation of the human situation (which Christian theology describes using the language of 'salvation' or 'atonement') which allows those who embraced this new way of existence to live in hope.

While the incarnation helps us grasp the significance of Jesus Christ for humanity, it also tells us something about the kind of God that Christians love and worship. During my own atheist phase, I thought of God as a distant reality standing behind or outside history, detached from human existential concerns and shielded from the traumas of history. I could see no intellectual or existential case for believing in a God like that. Yet the biblical affirmation that the 'word became flesh and lived among us' offers a radically different concept of God – not the abstract and remote 'God of the Philosophers,' but a God who cares for us, not as a passive distant observer, but as an active fellow traveller and constant companion within the historical process. God is someone we can know and address in worship and prayer. If we lose sight of this personal concept of God, Christianity becomes a philosophy of religion, rather than a faith. The British philosopher Roger Scruton expressed this point rather nicely: 'The God of the philosophers disappeared behind the world, because he was described in the third person, and not addressed in the second.'

Perhaps the best example of Lewis using a narrative to explain the significance of the incarnation imaginatively is to be found in a sermon which he preached in London during the Second World War. Lewis here attempted to explain the meaning of the incarnation by telling the story of a diver, who was determined to rescue something precious that has fallen into the mud at the bottom of a deep lake. He plunged into the cold, dark water, going deeper and deeper until, his lungs close to bursting, he finally took hold of the object of his quest, and rose again to the surface. For Lewis, this is the story of God entering into the world, in order to take hold of us, and redeem us. God 'descended into his own universe, and rose again, bringing human nature up with him.'

It is a helpful narrative, which is open to further development and exploration – for example, in highlighting the costliness and commitment of redemption. Yet its chief function is to give imaginative substance to a central Christian theme which can too easily become an intellectual abstraction. The 'incarnation' is not a static and timeless idea, but the Christian way of interpreting something which *happened* – the life, death, and resurrection of Christ – and its implications for us.

Lewis also helps us reflect on how to communicate Christian ideas that too easily seem as abstract and difficult to conceive – such as sin. It is too easily perceived as an abstract idea, which lacks substance and imaginative appeal. There is an important point being made here: we need a way of grasping the reality and significance of sin through becoming imaginatively receptive towards it. And one of the best ways of doing this is through narratives, which engage our imaginations in order to help us reflect on their intellectual substance.

So what narrative could be told, to help convey the idea of sin as a force which entraps us, and from whose power we cannot escape? How can we become imaginatively receptive to such an idea? In his *Voyage of the Dawn Treader*, C. S. Lewis tells the story of a rather unpleasant schoolboy called Eustace Clarence Scrubb. Lewis portrays Scrubb as a greedy and self-centered person whose objectives are dominated by the idea of becoming rich. Scrubb sees himself in terms of a narrative in which the possession of riches leads to him becoming a master of his destiny and world. Yet, too late, he discovers that he has instead been mastered by his desires, which he finds he cannot control. He has been taken captive by his obsessions.

Lewis explored the corruption of Eustace Scrubb using a literary analogy – the old Norse legend of the greedy giant Fáfnir, who turned himself into a dragon to protect his accumulated treasure. On finding a hoard of riches in a dragon's lair, Eustace becomes intoxicated by thoughts of his sudden acquisition of both power and wealth. In a dramatic and beautifully described moment, Lewis describes Eustace changing into a dragon as a result of his 'greedy, dragonish thoughts.' Eustace has become trapped within his own imagined and self-serving story. As disillusionment sets in, he realizes that he cannot break free from it. He hoped he would turn out to be merely wearing a dragon costume. Yet he soon discovers that has actually become a dragon. He cannot remove the dragon's skin. Every attempt to do so merely reveals yet another layer of scales beneath it. It is difficult for us not to feel sympathy with Eustace, who finds himself in a hopeless and helpless situation.

However, the story then takes a dramatic and unexpected turn. A lion appears, and tears away at the dragon flesh with his claws. Eustace does not know the lion's name; the reader, of course, knows it is Aslan. The lion's claws cut so deeply that Eustace is in real pain. And when the dragon scales are finally removed, the mysterious lion plunges the raw and bleeding Eustace into a well from which he emerges purified and renewed, with his humanity restored. The immersion in the water of the well picks up on the New Testament's language about baptism as our dying to self and rising to Christ (Romans 6), in effect breaking free from a narrative of oppression and captivity, and becoming part of a narrative of liberation.

So what are we to learn from this powerful and shocking story, so vividly depicted? As the raw imagery of Aslan tearing at Eustace's flesh makes clear, Eustace has been trapped by forces over which he has no control. The one who would be master has instead been mastered. The dragon is a symbol, not so much of sin itself, as of the power of sin to entrap, captivate, and imprison. The power of sin can only be broken and mastered by the redeemer – by Aslan, the one who heals and renews Eustace, thus restoring him to what he was intended to be. Eustace, having become trapped in a web of falsehood and self-deceit, realized that he has become so deeply enmeshed and entangled within this story that he cannot break free from its tissue of deception. Only Aslan can break the power of this story and enable Eustace to enter another story – within which he really belongs.

Lewis's narrative serves a double function. First, it represents a narrative transposal of the Christian themes of sin and salvation, vividly and realistically depicting sin as an enslaving force which cannot be overcome by human agency. God's grace alone can break the power of sin, and liberate us from its spell. But second, it invites apologists to reflect on what stories they might tell to make those same points in an imaginatively engaging and compelling manner.

We too easily become entrapped within stories, which affect the way in which we see our world, and blind us to seeing better ways. That was my experience as an atheist many years ago. I was blinded to the truth by narrative that depicted belief in God as intellectually ridiculous. Some of you will know the philosopher Ludwig Wittgenstein's comment that 'a picture held us captive.' This highlights out how easily our understanding of our world can be controlled by a worldview or metanarrative that has, whether we realize it or not, come to dominate our perception of our world. This 'picture' causes us to interpret experience in certain manners as natural or self-evidentially correct, while blinding us to alternative ways of understanding it. Lewis helps us to see that we need to help people to realize that a materialist or atheist narrative is only one option – there are better options, and the best of them all is Christianity.

Lewis's apologetic method, including his 'argument from desire';

Let me now turn to my third theme – Lewis's approach to apologetics. Apologetics is best thought of as a principled attempt to defend and commend the Christian faith, both meeting objections that might be raised against it, and attempting to explore and explain its potential attraction to those who have yet to discover it. Examples of such writings are found throughout Christian history, including such masterpieces as Justin Martyr's defence of Christianity against its Platonist critics in the second century, Thomas Aquinas's demonstration of the rationality of the Christian faith in the thirteenth century, and Blaise Pascal's defence of the reasonableness of belief in God in the seventeenth century. Lewis's public apologetic ministry began in 1940, with the publication of his first explicitly apologetic book, *The Problem of Pain*. The later publication of *Mere Christianity* (1952) solidified still further his reputation as one of the finest apologists of his age.

What is interesting about Lewis's approach is that, although it is thoroughly rational, it also often appeals to human experience as the starting point for an intellectual journey that leads to God. We see this approach especially in *Mere Christianity* itself. For Lewis, our experiences and intuitions – for example, concerning morality and desire – are clues that are meant to 'arouse our suspicions' that there is indeed 'Something which is directing the universe.' We come to realize that our moral experience suggests a 'real law which we did not invent, and which we know we ought to obey', in much the same way as our experience of desire is 'a kind of copy, or echo, or mirage' of another place, which is our true homeland. And as we explore this suspicion, we begin to realize that it has considerable imaginative and explanatory potential.

Lewis thus invites his readers to step into the Christian way of seeing things, and explore how things look when seen from its standpoint. 'Try seeing things this way!' If worldviews or metanarratives can be compared to lenses, which of them brings things into sharpest focus? Clues, taken by themselves, prove nothing; their importance lies rather in their cumulative and contextual force. In other words, the greater the number of clues that can be satisfactorily accommodated by a given view of reality, the more reliable that view of reality is likely to be.

Let's consider Lewis's celebrated 'argument from desire', exploring both its rational structure and its apologetic appeal. The starting point for Lewis's approach is an experience – a longing for something undefined and possibly undefinable, that is as insatiable as it is elusive. Lewis sets out versions of this argument at several points in his writings, including the 'Chronicles of Narnia.' In *Surprised by Joy*, Lewis described his childhood experiences of intense longing (which he names 'Joy') for something unknown and elusive, triggered off by such things as the fragrance of a flowering bush in the garden of his childhood home in Belfast. But what did it mean – if it meant anything at all? What way of seeing it might help him to make sense of it? How was he to interpret it?

While an atheist, Lewis dismissed such experiences as illusory. Yet he became increasingly dissatisfied with such simplistic reductive explanations. His growing familiarity with Christianity led him to appreciate that these experiences could easily and naturally be accommodated within its explanatory framework. What if God were an active questing personal agent, as Christianity affirmed to be the case? If so, God could easily be understood as the 'source from which those arrows of Joy had been shot at me ever since childhood.'

In *Mere Christianity*, Lewis uses this approach to engage the human experience of longing and dissatisfaction – a sense of hovering on the brink of discovering something of immense significance, linked with a sense of sorrow and frustration when what seemed to be so close tantalizingly disappears beyond our reach. Like smoke, it cannot be clasped. As Lewis puts it: 'There was something we grasped at, in that first moment of longing, which just fades away in the reality.' So what does this sense of unfulfilled longing mean? To what does it point?

Some, Lewis concedes, might suggest that this frustration arises from looking for its true object in the wrong places. Others might hold that, since further searching will only result in repeated disappointment, there is simply no point trying to find something better than the present world. Yet Lewis suggests that there is a third approach, which recognizes that these earthly longings are 'only a kind of copy, or echo, or mirage' of our true homeland. Since this overwhelming desire cannot be fulfilled through anything in the present world, this suggests that its ultimate object lies beyond the present world. 'If I find in myself a desire which no experience in this world can satisfy, the most probable explanation is that I was made for another world'.

There are many examples of this experience that I could mention to help you understand the appeal of Lewis's approach. Let me give you one example. Bertrand Russell, one of the most articulate and influential British atheist writers of the twentieth century, put a similar thought into words as follows:

The centre of me is always . . . a searching for something beyond what the world contains, something transfigured and infinite – the beatific vision, God – I do not find it, I do not think it is to be found – but the love of it is my life . . . it is the actual spring of life within me.

Russell's daughter, Katharine Tait, took the view that her father's life was really an unacknowledged, perhaps disguised, search for God. Her reflections on Russell's experience are very helpful to us as we reflect on Lewis's approach to apologetics. 'Somewhere at the back of my father's mind, at the bottom of his heart, in the depths of his soul, there was an empty space that had once been filled by God, and he never found anything else to put in it.' Russell was now haunted by a 'ghost-like feeling of not belonging in this world.'

Here, as throughout his apologetic writings, the starting point of Lewis's approach does not lie with the Bible or the Christian tradition, but with shared human experience and observation. How do we make sense of them? Lewis's genius as an apologist lay in his ability to show how a 'viewpoint' which was derived from the Bible and the Christian tradition was able to offer a more satisfactory explanation of common human experience than its rivals – especially the atheism he had once himself espoused.

Lewis's apologetic approach is to identify a common human observation or experience, and then show how it fits in, naturally and plausibly, within a Christian way of looking at things. For Lewis, Christianity provided a 'big picture', an intellectually capacious and imaginatively satisfying way of seeing things. Christianity is like a lens, which brings things into sharp focus. For Lewis, the truth of Christianity is expressed in its capacity to make sense of what we observe and experience.

But let me make a connection with my topic in the previous section – the use of stories. How does Lewis use stories in his apologetic approach? Let me focus on an objection to Christianity, famously raised by Sigmund Freud. Freud's *Future of an Illusion* (1927) develops a strongly reductionist approach to religion, arguing that religious ideas are 'illusions, fulfilments of the oldest, strongest, and most urgent wishes of mankind.' Belief in God is a mere wish-fulfilment, an expression and outcome of human longings, representing an illusion that shields us from the harsh and unbearable realities of an incoherent world. Freud thus locates the human motivation for inventing a transcendent God in a human inability to cope with life without some transcendent basis.

So how might we respond to these objections? We could, for example, point out that if Freud's account of the psychogenesis of religious belief is correct, then his own atheism has to be seen as the outcome of his own personal history, especially his troubled relationship with his father. Lewis, however, uses a very different approach. He tells a story.

This approach is seen at its best in *The Silver Chair* (1953), one of the later novels in the *Chronicles of Narnia*. Lewis makes use of an imaginative gambit originally deployed by Plato – a dark underworld cave, illuminated only by the flickering flames of a fire. The inhabitants of that cave, who have lived there since birth, have no notion that there is a greater world beyond this realm of shadows. Some visitors from Narnia find themselves in an 'Underland' ruled by a Queen who tries to persuade them that Narnia is simply a figment of their imaginations. One of the Narnians – Puddleglum – tries to explain that there really is an 'Overworld' beyond the dark realms of the Underland, which is illuminated by something that is called 'the sun.'

The Queen ridicules this idea. Puddleglum has simply invented the idea of a sun, basing it on the lamps he saw around him in the Underland. 'You have put nothing into your make-believe without copying it from the real world, this world of mine, which is the only world.' In any case, the Queen argued that the idea of a sun was incoherent. Puddleglum talked about the sun hanging in the sky, and lighting up the Overworld. Well then, just what did the sun hang from?

The reader of this passage encounters what seems to be a sophisticated argument, which would clearly convince any inhabitant of the Underland. Like the prisoners in Plato's cave, they knew no other world, and would thus probably dismiss Puddleglum's ideas about the sun as delusional and incoherent. Yet we read this passage from our own perspective. We know that there is indeed an Overworld, illuminated by the sun. The reader can switch perspectives, seeing how an argument that works well from one perspective is shown to be flawed from another.

Lewis's narrative allows his readers to flip their points of view, thus changing their informing perspectives. It offers another way of seeing things, challenging the narrative of a materialist or naturalist worldview. Unless we see things in this new way, we shall remain trapped in our underground cave, being predisposed to believe, not merely that there is nothing beyond it, but that there *cannot* be anything beyond it. Lewis thus creates imaginative space for his readers to place their beliefs about God, and show that there are plausible alternatives to this kind of naturalism.

For Lewis, Christianity needs to be able to show it can tell a better story about human beings and our world that atheism. In his 1941 sermon 'The Weight of Glory,' Lewis considers how the cultural dominance of a materialist worldview might be challenged. Like any materialist ideology, this seeks to make the idea that there is no transcendent dimension to life seem *normal*. All ideologies aim to achieve invisibility, so that they ideas and values are simply assumed to be true. So how can their spell be broken?

Lewis's answer remains significant: *to break a spell, you have to weave a better spell.* Lert's listen to what Lewis has to say about this:

Spells are used for breaking enchantments as well as for inducing them. And you and I have need of the strongest spell that can be found to wake us from the evil enchantment of worldliness that has been laid upon us for nearly a hundred years.

To break the spell of one narrative, a better narrative needs to be told, capable of capturing the imagination and opening the mind to alternative possibilities. Earlier in this lecture, I mentioned Wittgenstein's idea of being held captive by a picture – in other words, being locked into a single way of seeing the world. Lewis's point is that we need to show that there are other ways of seeing the world, and that the Christian way of seeing the world offers a greater clarity of vision and truthful and trustworthy account of that world and ourselves.

This is why the *Chronicles of Narnia* are so important apologetically. They re-tell the Christian story, and show how it connects with the realities of our world and of human experience. Lewis's remarkable achievement in the *Chronicles of Narnia* is to allow his readers to inhabit this Christian narrative—to get inside the story, and feel what it is like to be part of it. *Mere Christianity* allows us to understand Christian ideas; but the Narnia stories allow us to step inside the Christian story and experience it. We can judge it by its ability to make sense of things, and 'chime in' with our deepest intuitions about truth, beauty, and goodness. If the series is read in the order of publication, the reader enters this narrative in *The Lion, the Witch and the Wardrobe*, which concerns the coming of the Redeemer. *The Magician's Nephew* deals with the narrative of creation and fall, while *The Last Battle* concerns the ending of the old order, and the advent of a new creation.

The remaining four novels (*Prince Caspian, The Voyage of the Dawn Treader, The Horse and His Boy*, and *The Silver Chair*) deal with the period between these two advents. Lewis here explores the life of faith, lived in the tension between the past and future comings of Aslan. Aslan is now at one and the same time an object of memory and hope. Lewis speaks of an exquisite longing for Aslan, when he cannot be seen clearly; of a robust yet gracious faith, able to withstand cynicism and skepticism; of people of character who walk trustingly through the shadowlands, seeing them 'in a mirror darkly,' and learning to deal with a world in which they are assaulted by evil and doubt. By retelling the Christian story, Lewis enables Christians to grasp the significance of some of the core themes of their faith. But he also enables those outside the church to grasp something of the deep appeal of the gospel and its profound capacity to change our lives.

Lewis's analysis of how we can learn from and use the resources of the Christian past.

Finally, let us consider Lewis's view that we need to learn from the rich theological legacy of the past. Today's Christians can, he came to appreciate, learn from those who have made the journey of faith before us. Perhaps his best discussion of the issue is found in his introductory preface to an English translation of one of the most influential works of Christian theology, dating back to the fourth century – Athanasius of Alexandria's treatise *on the incarnation*. For Lewis, this represents a classic discussion of this theme, which transcends the barriers of culture and history. It has become a central reference point for contemporary discussion, precisely because it sets out the issues so well and incisively.

Lewis began to read Christian classics as a result of his interests in English literature, and soon realized that books become classics for a reason – namely, that people continue to find in them something of value and excellence, to which they return again and again. Lewis argues that a familiarity with the literature of the past provides readers with a standpoint which gives them critical distance from their own era and thus allows them to see 'the controversies of the moment in their proper perspective.' The reading of old books thus enables us to avoid becoming passive captives of the Spirit of the Age by keeping 'the clean sea breeze of the centuries blowing through our minds.'

Lewis here clearly has Christian theological debates in mind; he is writing in particular about the importance of past theological resources to enrich and stimulate the present. Yet his argument has a broader significance. 'A new book is still on its trial, and the amateur is not in a position to judge it.' Since we cannot read the literature of the future, we can at least read the literature of the past, and realise the powerful implicit challenge that this makes to the ultimate authority of the present. For sooner or later, the present will become the past, and the self-evident authority of its ideas will be eroded – unless that authority is grounded in the intrinsic excellence of those ideas, rather than their mere chronological location.

As Lewis pointed out, with the rise of the ideologies of the twentieth century in mind, someone who 'has lived in many places' is not likely to be taken in by the 'local errors of his native village.' The scholar, Lewis declares, has 'lived in many times' and can thus challenge the automatic presumption of finality of present judgements and trends. Let's listen to Lewis as he sets out his position:

We need intimate knowledge of the past. Not that the past has any magic about it, but because we cannot study the future, and yet need something to set against the present, to remind us that the basic assumptions have been quite different in different periods and that much which seems certain to the uneducated is merely temporary fashion.

The greatest challenge a book faces is perhaps not how it is judged today, but how it will be judged a generation from now. Will it be *valued*? Will it be *remembered* at all? Christian classics – such as Athanasius's treatise *On the Incarnation* or Augustine's *Confessions* – possess the ability to tether us to our collective past, offering us resources that both inform us about our faith while revealing the blind spots of our own chronological parochialism. They anchor us to a continuous tradition of reflection, allowing us to see the great questions and problems of our own time and culture through the eyes of others. As Lewis observed in his own introduction to Athanasius's On the Incarnation, one of the chief values of old literature lies in its ability to challenge some of the assumptions that we take for granted as self-evidently correct, but which are actually culturally situated, and will one day seem strange to future generations.

The rich theological heritage of the past can help us enrich our vision of the Christian truth by allowing us to see the gospel with new eyes, refreshing our vision and challenging our historical and cultural limitations. Lewis spoke of the capacity of literature to open our eyes to a richer vision of reality in a way that 'heals the wound, without undermining the privilege, of individuality.' Let me read a passage from his late work *An Experiment in Criticism*:

My own eyes are not enough for me, I will see through those of others. … In reading great literature, I become a thousand men and yet remain myself. Like the night sky in the Greek poem, I see with a myriad eyes, but it is still I who see.

Engaging with the wisdom of the past, Lewis suggests, enables us 'to see with other eyes, to imagine with other imaginations, to feel with other hearts, as well as our own.' That's why we read Augustine, Luther, and Calvin – to enrich us. And it's why we read Lewis as well. He has become part of this great legacy of the past.

Conclusion

Let me summarize what I have been exploring in this lecture. As we have seen, Lewis affirms the rationality of our universe – but he does so without using cold logic and dreary argumentation. Lewis affirms the power of images and narratives to captivate our imagination – but he does this without giving up on the primacy of truth. As the churches face an increasingly complex cultural context in which they must preach and minister, Lewis offers insights and approaches that are potentially enriching – and, I believe, culturally plausible and intellectually persuasive. We need to engage both the reason and the imagination to help our culture grasp what is so significant about the gospel, and how it could transform life.

In the end, Lewis *tells* the truth by showing the truth. He offers us an intellectually capacious and imaginatively compelling vision of the Christian faith, perhaps best summed up in his rich and engaging statement at the end of his Oxford lecture 'Is theology poetry?' Using the powerful visual image that I mentioned earlier in this lecture, Lewis invites us to see God as both the ground of the rationality of the world, and the one who enables us to grasp that rationality. 'I believe in Christianity as I believe that the Sun has risen, not only because I see it but because by it I see everything else.'

This elegant and rich statement is a fitting memorial both to Lewis himself and to his rich understanding of faith. How appropriate that it now adorns the memorial to Lewis that was placed in Westminster Abbey, London, in 2013 to mark the 50thanniversary of his death. I hope that I will have persuaded you that Lewis is someone who is worth reading, and who opens up important possibilities for us as we reflecton how best to understand and communicate our faith to our culture.

Thank you so much for listening!

Appendix 2

Abstract

C. S. Lewis as a Practical Ethicist: An Examined & Practical Ethics of C. S. Lewis in The Screwtape Letters

Rev. Hyunchan Lloyd Shim[1]

The purpose of this paper is to show the double theme of both C. S. Lewis as a practical ethicist and his ethics of examination and practice in The Screwtape Letters. For this purpose, the essay consists of four parts. First, this essay examines the relevance of the appropriation of the work to Korean churches, and the reasons why they need the work and the ethics of examination and practice. Second, the ethics of Lewis in the work is to be explored and analyzed through the ten major themes of the strategies of Screwtape. Third, this paper touches on the features of the originality of Lewis in the work. As an evangelistic alchemist of language and incarnationalist, he makes an effective approach to both the modern and postmodern audience with his "writing of defamiliarization" of the reversed perspective, along with simple and metaphorical languages. He also shows a model of the biblically examined Christian, and provides us with an ethical guide for our spiritual discernment and wisdom for the discipleship of Christ. And he shows his triple color of spiritual piety with mind, emotion, and spirituality. Finally, in conclusion, this paper examines the lessons and

1 Founder and president, Trinity Institute of Washington in Washington D. C. area, USA.

applications from Lewis and his work to Korean churches in terms of renewal of the holistic faith with mere essence and balance, a "double–listening" as kingdom bridge–builder, and holiness with a godly life, and spiritual discernment and armament.

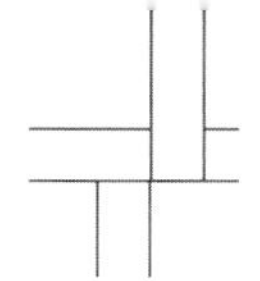

C. S. Lewis as a Philosopher: Lewis on Pain and Grief

Prof. Young Ahn Kang[1]

This paper shows how C. S. Lewis deals with the question of pain and suffering as a philosopher. In Problem of Pain (1942) Lewis argues on pain in a very rational way. In his later work, A Grief Observed (1961), Lewis tries to characterize God as a kind of sadist as he seems to throw out his deep faith in God. This paper evaluates whether or not Lewis, a Christian apologist and philosopher, is consistent in his thinking on pain and suffering.

1 Professor Emeritus in Philosophy Department, Sogang University, Seoul, Korea.

A Study on the Baptized Imagination: Focusing on C. S. Lewis and John Milton

Insung Lee[1]

Regardless of time difference of three hundred years, two authors John Milton and C. S. Lewis share a similar literary code in their ideas and philosophy on the issue of 'myth.' As Milton, who lived in the English Renaissance period, focused on the ideas of literature, culture, and philosophy, Lewis as one of the twentieth century famous writers and scholars also taught the same topics in the Medieval and Renaissance English literature at the Cambridge and Oxford University. Furthermore, they both acknowledged their identity as Christian writers whose aim is to produce and spread the discourse of Christianity.

Among several similarities, their fascination with the Greek-Roman mythology and the use of pagan elements in their literary texts are worthy of attention, not because they are regarded themselves as Christian writers, but they employ the Greek-Roman myth as fictitious elements in comparison with Christian ideas as the factual truths. Thus, this paper aims at analyzing the literary aspects of the "myth" embodied in both Milton's 'L'Allegro' and 'Il Penseroso' and Lewis's The Chronicles of Narnia in order to understand the in-depth meanings and insights

1 Professor, English Department, Soongsil University, Seoul, Korea.

about these writers' ideas of Christianity. This paper also shows that a classical text like Milton's could be reincarnated in a popular literature like Lewis's works in the contemporary times.

The first part examines how Milton and Lewis represent the real world, the Renaissance and World War I & Ⅱ, respectively. The second part analyses how Milton and Lewis discover the limitations of the mythical world. These limitations lead them to search the ultimate imaginative mythical world. The third part explores Miton and Lewis's understandings of the "Baptized Imagination:" the knowledge of Reality which could help human beings avoid the "human dilemma;" the knowledge about Reality; and introduction to the ultimate imaginative mythical world. The final part investigates the concepts of the "Baptized Imagination" and the "Myth became Fact" that are represented in the texts of Milton and Lewis. As Milton and Lewis embody the progress of the "Myth became Fact," the conclusion discusses how they achieve their goals in which the readers experience complete and ultimate mythical world.

A Preface to Literary Criticism of C. S. Lewis: William Shakespeare and John Milton

Chung-Ho Chung[1]

The aim of the essay is to introduce C. S. Lewis the literary critic to the common readers not specialized in English Literature and literary criticism. Among many critical works of C. S. Lewis only two books and two articles are selected: *An Experiment in Criticism*(1961) *and A preface to Paradise Lost*(1942), "Variation in Shakespeare and Others", and "Hamlet: The Prince or The Poem?".

Lewis's basic attitude to literary criticism in An Experiment in Criticism is summarized as British empiricist here. Lewis presents his critical aim and method. He first concentrates on literary works themselves without ignoring the historical consideration, and then puts an emphasis on the relationship between the literary text and the reader. Lewis persuades us that we as readers try to know and change ourselves and then learn how to live peacefully together with our neighbors.

In two essays on Shakespeare and *Hamlet*, Lewis shows us the secret of Shakespeare's greatness: the outstandingly creative fusion of the poetic and the realist. In discussing how to read fruitfully Hamlet as the dramatic poetry, Lewis advises us to find many interesting elements as a child and read *Hamlet* receptively rather than

1 Literary Critic, Professor Emeritus of English at Chung-Ang University, Seoul, Korea

to analyze the character's psychology.

In conclusion, four characteristics of C. S. Lewis' literary criticism are discussed. First, Lewis is an experiential critic in terms of the poet-critic in the great tradition of English literary criticism. Secondly, Lewis's critical orientation is quite text-oriented or internal approach rather than external approach. Thirdly, linguistic analysis and figurative studies are emphasized in Lewis's philological criticism. Fourthly, Lewis's method is the historical-comparative approach that tends to consider the whole history of literature, ancient and modern. The basic principle of C. S. Lewis throughout his whole corpus of literary critical works is "dialogic imagination" or "balance and check" in the British epistemology. Lewis chooses the middle and harmonious way between reason and imagination, past and present, philosophy and literature, language and literature, myth and reality and so on.

The two issues should be discussed further in the future. First all the works of Lewis's practical literary criticism should be read and studied comprehensively for the total vision of C. S. Lewis the literary critic. Secondly, three-dimensional aspects of Lewis as the scholar-critic, the novelist and the popular Christian apologist should be investigated for the whole portrait of C. S. Lewis the man.